ACE

Educación en Lenguas Extranjeras

Introducción a BTM:
Método de entrenamiento de balbuceo

Todas las consultas deben dirigirse a:

Book Domain LLC.
543 E Louise Dr Phoenix, Az 85050

Información para pedidos:
Ofertas por importe. Las empresas, asociaciones y otras entidades pueden acceder a descuentos especiales sobre el importe adquirido. Para más información, póngase en contacto con el distribuidor en la dirección arriba indicada.

Impreso en los Estados Unidos de .

ISBN-13   Rústica :   978-1-967903-44-3
             Libro electrónico : 978-1-967903-43-6

Número de control de la Biblioteca del Congreso: 2025941121

ACE

Educación en Lenguas Extranjeras

Introducción a BTM:
Método de entrenamiento de balbuceo

Revisado en 2025

CHEOL BEOM LEE

BOOK DOMAIN LLC
Publish in Perfection

TABLA DE CONTENIDO

PREFACIO

Tras publicar la primera versión de este libro, *Pensamientos Sobre la Educación en Lenguas Extranjeras*, en 2009, no recibí ninguna respuesta significativa. Lo tomé como un karma para este libro. Sin embargo, me alegré de haber cumplido al menos con mi deber: revelar la verdad indiscutible para una enseñanza exitosa de lenguas extranjeras a quienes lo encontraran más adelante.

Ahora, aproximadamente una década y media después, recibí una respuesta significativa y revisé el primer libro para agregarle fuerza a la única verdad para un FLE exitoso: BTM.

Sabemos que las habilidades pianísticas no se adquieren estudiando reglas, leyendo, escribiendo, memorizando, escuchando, viendo o tocando música con otros. Sabemos que uno solo puede tocar música después de adquirir las habilidades necesarias.

La historia de la enseñanza de lenguas extranjeras ha demostrado que no se pueden aprender estudiando reglas, leyendo, escribiendo, memorizando, escuchando, observando ni conversando. Pocos sabemos que la conversación solo es posible después de adquirir las habilidades necesarias.

Es muy desafortunado que la mayoría absoluta de nosotros, incluidos los líderes de la educación en idiomas extranjeros, aún tengamos una fe ciega en que los idiomas extranjeros se pueden adquirir mediante el estudio de reglas, la lectura, la escritura, la memorización, la escucha, la observación y/o la conversación.

Existe un único método para tocar bien el piano. Sabemos cuál es. De igual manera, existe un único método para hablar bien un idioma extranjero. Sin embargo, muchos de nosotros, especialmente los líderes de la enseñanza de idiomas extranjeros, aún no lo reconocemos.

Ha transcurrido más de una década desde la publicación de este libro. No se han producido cambios significativos en el paradigma de la enseñanza de lenguas extranjeras. Espero que BTM sirva como piedra angular para establecer un nuevo paradigma normal en la enseñanza de lenguas extranjeras.

Desde Flat Iron City
Boulder, Colorado
2025

ACERCA DE ACE EDUCACIÓN EN LENGUAS EXTRANJEROS

ACE Educación en Lenguas Extranjeras ofrece soluciones claras y sencillas para el dilema permanente de los programas de idiomas: no haber adquirido competencia oral. Lee afirma que adquirir competencia oral es un desafío más sencillo en comparación con la adquisición de gramática, lectura, escritura y comprensión auditiva. Lee afirma además que los métodos tradicionales han sido completamente erróneos durante el último siglo, al igual que el geocentrismo lo fue hasta mediados del siglo XIX.

Lee afirma que el lenguaje es una habilidad del órgano del habla que debe adquirirse. La única manera de adquirir dicha habilidad es seguir el secreto de la adquisición natural del lenguaje: el balbuceo. Según la hipótesis de trabajo de Lee, tres factores de adquisición —capacidad física, intuición lingüística y recursos lingüísticos— pueden adquirirse simultáneamente solo mediante un entrenamiento intensivo en balbuceo con suficiente información real para sobrevivir. Se han adquirido idiomas con relativa facilidad únicamente balbuceando, sin necesidad de adquirir habilidades gramaticales, de lectura, escritura o comprensión auditiva. Sin embargo, ningún idioma se ha adquirido sin balbuceo.

A modo de metáfora, Lee compara los programas de idiomas con los de piano, que contrastan drásticamente entre sí. Lee enfatiza que los profesores y estudiantes de idiomas deben seguir el ejemplo de los profesores y estudiantes de piano.

En *ACE Educación en Lenguas Extranjeras,* Lee presenta un enfoque universal único y revolucionario, el Método de Entrenamiento de Balbuceo (MBA), para asegurar el éxito en la adquisición de idiomas. Lee también señala las razones exactas del fracaso constante de los programas de idiomas más populares. El MBA es un método integral de enseñanza de idiomas extranjeros orientado a la competencia oral. Sirve como guía para profesores y estudiantes que se dedican a la enseñanza o el aprendizaje de idiomas extranjeros.

En *ACE Educación en Lenguas Extranjeras,* Lee lleva a los lectores a un viaje transformador a través del arte de aprender y dominar nuevos idiomas. Con décadas de experiencia como políglota, profesor de idiomas y experto en lingüística, Lee ofrece una guía completa y paso a paso, accesible para cualquier persona, desde principiantes hasta estudiantes avanzados, que busque aprender un idioma extranjero con confianza.

A diferencia de los libros tradicionales de pedagogía lingüística, que se centran exclusivamente en la gramática y la lectura, *ACE Educación en Lenguas Extranjeras* enfatiza un enfoque holístico y práctico para la adquisición de idiomas mediante ejercicios intensivos para hablar sobre información real, tal como se aprende una lengua materna en el mundo real. El libro derriba barreras comunes que a menudo impiden a los estudiantes alcanzar la competencia oral, como la creencia ciega en la gramática, la lectura extensa, la escucha, ver televisión o películas y la sobrecarga de memorizar listas interminables de vocabulario. Lee introduce a los lectores al concepto de técnicas de inmersión lingüística, condicionamiento mental y aprendizaje mediante información real, ofreciendo estrategias que imitan los métodos naturales de adquisición del lenguaje.

Mediante ejercicios interesantes, ejemplos reales y explicaciones detalladas, *ACE Educación en Lenguas Extranjeras* demuestra que aprender un nuevo idioma no tiene por qué ser abrumador: puede ser una experiencia emocionante y gratificante. Las anécdotas personales de Lee y sus reflexiones sobre cómo el aprendizaje de idiomas moldea la visión del mundo y conecta culturas ofrecen un contexto inspirador al libro.

Ya sea que esté aprendiendo para viajar, para negocios o para crecimiento personal, *ACE Educación en Lenguas Extranjeras* es el recurso definitivo para ayudarlo a lograr fluidez y desbloquear el poder de la comunicación entre culturas.

RESUMEN: HIPÓTESIS BTM

1. Hipótesis de trabajo sobre la adquisición del lenguaje

1. La adquisición del lenguaje requiere balbucear[1] una canti-
    dad adecuada de informació[2] real y tiempo para adquirir[3]
    simultáneamente los tres factores de adquisición sigui-
    entes[4]: (1) intuición lingüística, (2) capacidad física, (3)
    recursos lingüísticos.

2. Hipótesis de trabajo sobre entrada y salida

---

[1] Utilizo el término ' balbuceo ' para referirme a los actos repetidos del alumno de
imitar, copiar, hablar consigo mismo, memorizar, practicar y usar. Aporte Real con
el propósito de adquirir el lenguaje, especialmente la competencia oral. Sin embargo,
en sentido amplio, también utilizo el término para referirme a la práctica repetida
del aprendiz de escuchar, leer y escribir después del Aporte Real con el propósito de
adquirir las habilidades respectivas.

[2] Este término se refiere al insumo real que los estudiantes pueden adquirir y usar en
su vida real. Dependiendo de los resultados esperados, el insumo real puede definirse
como insumo real para aprender a hablar, leer, escuchar, escribir y gramática, respectivamente. El insumo que carece de características como usabilidad, narrativa, conversación, vocabulario, voz y gramática, necesarias para facilitar la adquisición del resultado esperado, no se considera insumo real efectivo ni eficiente para los respectivos
resultados esperados. En sentido estricto, el insumo real se refiere a expresiones prácticas con la voz de hablantes nativos que los estudiantes pueden usar para la comunicación oral en su vida diaria.

[3] La cantidad de información real y el tiempo necesarios varían según la resistencia
lingüística del individuo a la lengua materna y el grado de inmersión mental para
aprenderla. Más adelante se presentará un análisis concreto.

[4] Véase el artículo titulado ' Hipótesis de trabajo sobre la adquisición del lenguaje '.

(1) No hay mutación entre entrada y salida.

(2) Ninguna entrada produce ninguna salida.

(3) Existe una resistencia lingüística individual[5] que debe superarse para lograr una transición significativa del input al output.

(4) La entrada más real, simple y bien entendida para el alumno produce el resultado más eficaz.

(5) El nivel de competencia de los resultados depende de la calidad, la cantidad y la realidad de los insumos retenidos en el acervo de recursos lingüísticos del alumno.

(6) La información se retiene de forma más eficaz en el fondo de recursos lingüísticos si se realiza de forma repetida y regular con un nivel constante y fuerte de inmersión mental.

(7) Existe una determinada secuencia y combinación de categorías de entrada que resulta más eficaz para adquirir y desarrollar la competencia oral como salida.

3. Modelo de práctica de BTM

BTM toma como modelo de práctica el proceso de adquisición del lenguaje natural y la mejora de las habilidades tal como se muestra

---

[5] La resistencia lingüística es el grado de incapacidad física y cognitiva para procesar la información, lo que dificulta la producción de información. Esta resistencia se debe principalmente a la distancia lingüística entre la lengua materna y la lengua materna, y a la edad. La edad refleja el grado de adhesión física y cognitiva a las características lingüísticas de la lengua materna. Además, la resistencia lingüística puede verse incrementada por cualquier tipo de incapacidad individual para procesar la información. La resistencia lingüística explica por qué las diferentes lenguas son más o menos... Un desafío para los estudiantes con diferentes MT Antecedentes para adquirirlos en comparación con otros idiomas. Esto también explica por qué los niños, en general, pueden adquirir un idioma extranjero relativamente más rápido que los adultos.

en el proceso típico por el cual los niños adquieren y desarrollan las habilidades lingüísticas de su lengua materna.

4. Apariencia de BTM

BTM (Método de Entrenamiento de Balbuceo) es un método integral de enseñanza de lenguas extranjeras orientado al desarrollo de la competencia oral. Sirve como guía para profesores que enseñan lenguas extranjeras a estudiantes, o para quienes desean aprender un idioma por su cuenta. BTM ofrece ideas y métodos de enseñanza de lenguas extranjeras basados en un proceso educativo sistemático que abarca desde la adquisición de la expresión oral hasta el desarrollo de la competencia oral. Además, BTM responde a la pregunta más importante en la enseñanza de lenguas extranjeras: "¿ Por qué no funciona?". Además, BTM ofrece respuestas detalladas a preguntas concretas como "¿cuándo?", "¿dónde?", "¿qué?", "¿cómo?" y "¿cuánto?".

El hecho de que existan cientos de idiomas diferentes no implica que se requieran métodos de enseñanza distintos para cada uno. Esto se desprende del hecho de que todas las lenguas maternas se han adquirido con éxito de la misma manera. Por consiguiente, el BTM se proclama el método universal para el aprendizaje de idiomas.

La aparición del BTM ha sido provocada por los siguientes problemas que los métodos convencionales de Educación en Lenguas Extranjeras (" FLE ") comúnmente compartían:

En primer lugar, los métodos FLE convencionales hasta la fecha se han centrado en la adquisición de un área específica de habilidades lingüísticas. Es decir, se limitan en gran medida al desarrollo de una habilidad lingüística específica en lugar de desarrollar las habilidades lingüísticas integrales de hablar, leer, escribir y escuchar. Algunos métodos se centran únicamente en la práctica intensiva de la escucha, mientras que otros se centran en la práctica intensiva de la lectura, la gramática o la conversación. Para resolver este problema, BTM ofrece un proceso FLE sistemático y paso a paso para que los estudiantes adquieran habilidades lingüísticas integrales y desarrollen su competencia oral.

En segundo lugar, los métodos que prevalecen actualmente solo toman las actividades visibles como hablar, escuchar, leer y escribir como los objetivos de la educación de idiomas. Como se limitan únicamente a los fenómenos superficiales de las actividades lingüísticas generales, pasan por alto el importante proceso basado en los fenómenos subyacentes de la adquisición del lenguaje. En consecuencia, no están diseñados para desarrollar las habilidades subyacentes para que los estudiantes adquieran las habilidades lingüísticas integrales. En cambio, están diseñados para demostrar los fenómenos superficiales de las actividades de TL a los estudiantes que no están listos, dejándolos sin lugar para adquirir TL. BTM reconoce que hay un entrenamiento de balbuceo imprescindible en el proceso subyacente de adquisición de habilidades lingüísticas. Con base en tal reconocimiento, BTM ofrece entrenamiento de balbuceo sistemático para que los estudiantes desarrollen las habilidades subyacentes para adquirir las habilidades lingüísticas respectivas, así como para mejorar la competencia oral.

En tercer lugar, a medida que han surgido nuevos métodos tecnológicos sin cambios fundamentales respecto a la práctica tradicional, tanto los profesores como los estudiantes de lenguas extranjeras se deslumbran y se pierden fácilmente. Esto no significa que todos los métodos tecnológicos sean incorrectos. El hecho de que un método o material se haya desarrollado con la tecnología más moderna no significa necesariamente que deba tener prioridad en su aplicación en la enseñanza de lenguas extranjeras. Además, cualquier método o material más reciente no significa que deba ser el mejor. Cada uno de ellos puede encajar perfectamente en ciertas etapas del proceso de enseñanza de lenguas extranjeras. Sin embargo, ciertamente, no todos deberían ser el primer paso para comenzar en la enseñanza de lenguas extranjeras, ni considerarse los mejores sin haber comprobado su eficacia. La industria de la enseñanza de lenguas extranjeras no es una industria pesquera donde el pescado fresco siempre se considera el mejor. BTM aplica los métodos de enseñanza de lenguas extranjeras para desarrollar eficazmente las habilidades subyacentes.

En cuarto lugar, los métodos tradicionales no ofrecen ideas ni métodos para enseñar eficazmente habilidades específicas de la lengua materna. Independientemente de su eficacia, cada vez se introducen nuevos métodos e ideas para el estudio de lenguas extranjeras. Sin embargo, los métodos de enseñanza reales no han cambiado a lo largo de las generaciones. El método de aprendizaje de lenguas extranjeras (BTM), basado en diversas teorías, observaciones sobre la adquisición y la enseñanza de lenguas, y análisis lógicos para la adquisición de habilidades lingüísticas y el desarrollo de la competencia oral en lenguas extranjeras, ofrece un proceso sistemático para la enseñanza o el aprendizaje de lenguas extranjeras.

inconsciente premoderno predominante del proceso de FLE. El reconocimiento más predominante del proceso de FLE durante mucho tiempo se encuentra en el orden gramática → lectura → escritura → comprensión auditiva → expresión oral, con pequeñas diferencias de opinión en algunas partes de dicho orden, pero no con diferencias drásticas o fundamentales. Este tipo de proceso no se ha establecido mediante propuestas particulares y reflexivas. Más bien, se ha establecido de forma natural de acuerdo con las habilidades lingüísticas extranjeras requeridas en diferentes momentos de la historia industrial. El BTM, basado nuevamente en el fenómeno subyacente de la adquisición y el desarrollo de la competencia oral, y en la observación del proceso más natural y efectivo para que las personas adquieran idiomas, introduce un proceso e ideas de enseñanza de lenguas extranjeras sistemáticos y efectivos.

CAPÍTULO 1

Antecedentes de la enseñanza de lenguas extranjeras

Como profesores de lenguas extranjeras, ¿cuántos hablantes fluidos hemos producido en nuestra propia enseñanza?

Como expertos en FLE, ¿qué hemos hecho para ayudar a los estudiantes de FL a aprender TL?

¿Hemos estado en el camino correcto?

¿Por qué la gente viaja alrededor del mundo para aprender una lengua extranjera?

¿ Por qué no pueden aprender el idioma en casa?

1

Tenemos IA. ¿Por qué aprendemos lenguas extranjeras?

El lenguaje es una herramienta de comunicación para los seres humanos. Sin lenguaje, los seres humanos tendrían que sufrir mucho para entenderse. O bien, la vida de los seres humanos sin los lenguajes sofisticados que hemos estado usando podría no ser tan diferente a la de los chimpancés.

Usamos el lenguaje principalmente para compartir, transmitir y/o recopilar información que respalde nuestro proceso de juicio. En otras palabras, el lenguaje es un medio a través del cual las personas transmiten su estado de reconocimiento, pensamientos y necesidades. Por lo tanto, el lenguaje, como medio de comunicación entre personas, es precisamente el que todos deberíamos dominar.

La historia de la Torre de Babel en la Biblia es bastante simbólica, pues muestra el poder del lenguaje cuando es compartido por todos. El lenguaje genera unidad entre las personas que lo habitan, lo que hace posibles cosas imposibles entre personas de diferentes lenguas. Dado que el lenguaje refleja la cultura, los valores, la filosofía, el mundo espiritual y el subconsciente de las personas, el vínculo fundamental para la unidad se establece mediante el dominio del mismo idioma.

Desafortunadamente, sea la voluntad de Dios o no, parece muy poco probable que el mundo pueda mostrar el verdadero poder del mundo humano, ya que no sería realista que las personas del mundo compartieran un idioma en particular.

Ahora que es muy poco realista que todos en el mundo usen un idioma común, lo que permitiría el milagro de alcanzar el cielo, ¿qué deberíamos hacer para maximizar nuestro potencial individual en este mundo competitivo? Sugiero que debemos aprovechar al menos un idioma además de la lengua materna. Si la lengua materna nos permite vivir la vida cotidiana en el lugar donde nacimos, la lengua extranjera nos permite alcanzar el éxito en el mar.

Es evidente que poseer sólidas habilidades bilingües o multilingües aporta un valor incalculable. Aprender idiomas es como adquirir habilidades adicionales a la profesión principal. Dependiendo del nivel de bilingüismo, brinda confianza, ocio, libertad, relajación, seguridad, privacidad, conexión con un mundo diferente, control, logro, orgullo, etc. Sin duda, puede abrirle un mundo de mayores oportunidades. No se necesitan muchas explicaciones ni testimonios para comprender la importancia de los beneficios que una persona bilingüe sólida obtiene en el mundo competitivo donde solo los mejores sobreviven.

Si un ingeniero informático adquiriera las habilidades necesarias para construir una casa, podría disfrutar de sus habilidades para cuidarla cuando fuera necesario. También podría personalizarla a su gusto. Podría controlar el tiempo, el costo, los materiales y los diseños, y además sentirse orgulloso de haberlo hecho él mismo. Además, podría optar por cambiar de profesión si así lo deseara. Disfrutaría de la comunicación con personas del mundo de la construcción. Por supuesto, esto se puede hacer sin necesidad de adquirir habilidades de construcción. El dinero puede impulsar a un caballo.

Sin embargo, hay aspectos que las habilidades bilingües pueden aportar a la vida que otras habilidades o el dinero no pueden: la privacidad y la capacidad de procesar la información directamente de personas que hablan otros idiomas. Por mucho que se pague por contratar a una persona bilingüe, no se puede obtener el sentido lingüístico ni las emociones que reflejan las culturas y filosofías únicas.

Una persona monolingüe, en términos de habilidades de comunicación, es como una computadora con una CPU Z80, una de las primeras generaciones de CPU de la industria informática. ¿Qué fallaba con la computadora con CPU Z80? Nada. No había ningún problema, al menos mecánicamente, con las generaciones posteriores de procesadores 286, 386, 486 y muchos procesadores que se introdujeron secuencialmente. Sin embargo, se han ido eliminando uno tras otro simplemente porque no pueden procesar los niveles tridimensionales de comandos, información y demandas como los usuarios esperarían. Simplemente no tenían la capacidad de procesar eficazmente los altos niveles de información que se les presentaban en constante evolución. Aun así, seguimos esperando que los procesadores evolucionen continuamente. Actualizar un sistema informático no se consigue simplemente comprando dispositivos periféricos muy caros.

En la era de la guerra de la información, el mundo exige que seamos capaces de procesar el bombardeo multidimensional de información en diversos idiomas de todo el mundo. Quienes, además de su experiencia, puedan procesar la información con fluidez son siempre muy solicitados por gobiernos y empresas. La demanda de sólidas habilidades bilingües seguirá aumentando. De hecho, las personas monolingües serán, entre otras, las más vulnerables en tiempos de crisis económica.

Ahora, con la llegada de la era de la IA, se cree que las barreras de la comunicación a nivel global se han reducido significativamente. En el sector de los servicios lingüísticos, la IA ya ha superado a la inteligencia humana. Generalmente, puede proporcionar servicios lingüísticos más rápidos y económicos, siempre que se sepa usar los dispositivos de IA. Puede repetir la traducción de documentos de cientos de páginas en cuestión de segundos sin ningún coste adicional, salvo el precio de compra, que puede ser muy bajo en comparación con las tarifas de los traductores profesionales.

Como traductor profesional jubilado, he visto muchos errores críticos cometidos por la IA. He visto muchos casos en los que el mensaje traducido por la IA era totalmente opuesto al mensaje original. Este problema se puede solucionar con las capacidades avanzadas de la IA. Sin embargo, es posible que no se desee confiar completamente en los servicios lingüísticos de la IA.

Sin embargo, sigue siendo cierto que la IA traerá enormes beneficios al ser humano, ya que puede... traducir una cantidad enorme de información industrial a los idiomas de su elección de manera instantánea.

Diría que la IA está más orientada al lenguaje industrial que al personal, porque este último es mucho más complejo que el industrial. La IA puede que nunca sea perfecta en la traducción del lenguaje personal, como tampoco lo es la comprensión humana.

Sin embargo, los humanos pueden comprender el lenguaje personal mejor que la IA. A diferencia de ellos, la IA no puede comprender el significado de palabras como "Vale", "Sí", "No", "Te quiero "u otras expresiones cotidianas que se dicen mediante la combinación de características no lingüísticas como la entonación, el volumen del sonido, el ambiente de la conversación, los gestos corporales, las expresiones faciales, la dirección de la mirada, el retraso, la especificidad cultural o los tonos de voz renuentes, cariñosos o decepcionados, entre otros.

Por muy avanzada que sea la IA, sería bastante irreal compartir amor, amistad, emociones, confianza, compañerismo, sentimientos, espiritualidad y calidez humana mediante IA. Solo mediante el lenguaje personal se puede construir una relación cercana, amistosa y armoniosa, caracterizada por la comprensión mutua, la empatía, el acuerdo y la comunicación fluida, no mediante el lenguaje de la IA.

Así pues, dejemos que la IA sea lo mejor que pueda. Es necesario ser bilingüe o multilingüe para conectar con la población global y lograr lo que se desea.

2

Objetivos y naturaleza de la enseñanza de lenguas extranjeras

Estoy escribiendo este libro con el énfasis puesto en que El objetivo principal y último de la enseñanza de lenguas extranjeras (« FLE ») debe ser ayudar a los estudiantes a adquirir y desarrollar la competencia oral de la lengua materna.

La gente estaría en gran medida de acuerdo conmigo en los objetivos de FLE. Sin embargo, muchos de ellos no estarían de acuerdo conmigo cuando aclaro que mi punto aquí es excluir todos los métodos tradicionales que enseñan a los estudiantes la lectura y escritura sistemática basada en reglas de TL, que la mayoría de la gente, incluyendo los expertos en FLE, profesores y estudiantes, seguramente creen que son los métodos principales de FLE. La mayoría de ellos piensan de esta manera porque han sido lavados de cerebro por los métodos tradicionales de FLE en la creencia de que la adquisición de tales habilidades de lectura y escritura basadas en reglas es el único puente, que todos deben atravesar para llegar al comienzo del desarrollo de las habilidades del lenguaje oral. Por lo tanto, desarrollan y siguen los métodos de FLE basados en una creencia tan profunda en el conocimiento de las reglas como la solución definitiva para aprender FL. Creo que tal creencia por parte de la gente se basa en una comprensión insuficiente de las naturalezas del lenguaje y la adquisición del lenguaje.

Adquirir la Lengua de Origen (LE) significa dominar el idioma con la misma fluidez que la lengua materna. Si bien el nivel de dominio de la LE puede variar con respecto al de la lengua materna, dependiendo de la experiencia adquirida, el dominio de la LE debe ser similar al de la lengua materna.

Entonces, el estándar para evaluar las habilidades de FL de cualquier persona Deberían ser las habilidades de comunicación verbal. Independientemente de la capacidad de una persona para comprender un idioma mediante la lectura, la escritura y la escucha, no se puede decir que ha adquirido el idioma sin dominarlo con fluidez mediante la comunicación verbal. Por muy deficiente que sea su comprensión lectora, escrita y auditiva, se puede considerar que ha dominado el idioma siempre que pueda dominarlo verbalmente con fluidez.

Hay innumerables personas en el mundo que aún no saben leer ni escribir en su lengua materna, pero que pueden dominarla oralmente con naturalidad y sin dificultad. Si analizamos la historia de la humanidad, hasta la fecha, han vivido en el mundo más seres humanos sin letras que con ellas.

En consecuencia, creo que el aspecto más fundamental de la adquisición de una lengua es la capacidad de comunicarse verbalmente. La habilidad de comunicarse verbalmente en una lengua dada es la habilidad más básica para dominarla. Créanlo o no, estoy seguro de que la comunicación verbal es también la habilidad más fácil de desarrollar, en comparación con la lectura, la escritura y la gramática. Además, una vez desarrollada, esta habilidad facilita el desarrollo de otras habilidades, como la lectura, la escritura y la comprensión gramatical. De hecho, una vez que se domina la forma verbal de la lengua de transmisión con fluidez, es simplemente cuestión de reconocer las palabras escritas para leer y escribir en ella.

Por lo tanto, enfatizo que el objetivo principal de FLE debe ser ayudar a los estudiantes a desarrollar sus habilidades de comunicación verbal hasta alcanzar un nivel fluido mediante la enseñanza del lenguaje oral desde el principio. Todos sabemos que las personas adquieren idiomas extranjeros aprendiendo directamente las lenguas orales de la lengua de aprendizaje en un par de años. Además, todos sabemos que las personas no aprenden idiomas extranjeros aprendiendo la lectura y la escritura basadas en reglas. Por eso es fundamental enseñar el lenguaje oral desde el principio.

Una vez alcanzado este objetivo principal, el FLE debe centrarse en el objetivo final de desarrollar la competencia oral a niveles superiores mediante un amplio entrenamiento de conversación, lectura, comprensión auditiva y escritura. Al alcanzar los objetivos principales y avanzados, se dominará la lengua materna como si se tratara de la propia.

También escribo con énfasis en que el lenguaje, por naturaleza, ya sea lengua materna o LE, no es una ciencia que se estudie o investigue para comprender, sino una habilidad que se adquiere. Genio o no, solo quienes balbucean día y noche... En Lengua de Lenguaje (TL) se puede dominar el idioma con fluidez. Por lo tanto, la FLE no debe centrarse en descomponer los elementos de la TL para que los estudiantes comprendan su funcionamiento, sino en esfuerzos constantes y continuos de enseñanza para que adquieran las habilidades necesarias.

En otras palabras, la naturaleza del lenguaje es similar a la de cualquier instrumento musical o deporte, como el baloncesto y el fútbol. Por lo tanto, la naturaleza de la FLE debería ser similar a la de la enseñanza del piano o de los deportes. Las habilidades para tocar el piano solo se pueden desarrollar mediante ejercicios repetidos de diversos tipos de música de piano hasta obtener habilidades semiinstintivas. No se pueden desarrollar mediante enfoques científicos. Las habilidades para dominar el lenguaje solo se pueden desarrollar mediante balbuceos repetidos de diversas expresiones de la vida cotidiana hasta obtener el instinto lingüístico de la TL.

Expertos en FLE desarrollan diversos métodos FLE basándose en la propia comprensión de la naturaleza del lenguaje. Dadas las diferentes interpretaciones de la naturaleza del desempeño lingüístico, es natural que se desarrollen diversos métodos. Si se considera la naturaleza del lenguaje únicamente como cuestión de vocabulario, se podría centrarse en desarrollar métodos FLE para que los estudiantes adquieran el mayor vocabulario posible desde el principio.

La mayoría de los expertos y no expertos en lenguas extranjeras creen que la lengua extranjera debe estudiarse para comprenderla antes que cualquier otra cosa. Argumentan que aprender una lengua extranjera es diferente a aprender una lengua materna, ya que, por lo general, uno ya tiene un cerebro bastante desarrollado al recibir la lengua extranjera en la escuela. Con un cerebro bastante desarrollado, se tiene la capacidad de comprensión y razonamiento para comprender cómo se procesa la lengua materna. Creen que Una vez que el cerebro humano pueda analizar la lengua materna, se dominará el idioma. Por esta razón, se centran naturalmente en comprender todas las reglas para que los estudiantes comprendan la existencia de la lengua materna.

Sin embargo, por no hablar de la eficacia, dicha enseñanza basada en la regla del átomo y la teoría tiene muchos problemas. En primer lugar, no mucha gente conoce todos los secretos de la TL. En segundo lugar, como se necesitan años de clases repetidas para enseñar las reglas, no tendrían tiempo suficiente para revelar todos los secretos de la TL. Incluso aprenden las reglas y teorías principalmente después a través del proceso de impartir clases en repetición. Una vez que aprenden los secretos de la TL mediante experiencias de enseñanza repetidas, tienden a pensar que los secretos son lo suficientemente fáciles para que los alumnos los aborden y digieran. Olvidan fácilmente que tuvieron tantas dificultades para estudiar los secretos cuando eran jóvenes en la escuela. Es como si una rana no recordara cuando era un renacuajo. Además, los alumnos tampoco tienen tiempo suficiente para superar las dificultades de las reglas y comprenderlas todas.

Por otro lado, algunos expertos en FLE creen que la lengua extranjera se aprende actuando directamente en ella. Por lo tanto, utilizan la lengua materna solo en clase desde el principio y se centran en obligar a los alumnos a hablarla de inmediato. Al desconocer los métodos efectivos para actuar en ella, los alumnos intentan profundizar en ella para descubrir el secreto de los átomos y ver cómo interactúan. Una vez que encuentran la lógica del secreto, la aplican una vez para actuar en el idioma y quedan satisfechos con el resultado. Algunos de los estudiantes más entusiastas se esfuerzan por adquirir más secretos para poder usarlos la próxima vez en situaciones similares. Así es como los alumnos adquieren tanta fluidez solo en las teorías de la lengua materna.

Hasta ahora, he intentado mostrar los objetivos y la naturaleza de la educación para la primera infancia, de los cuales estoy muy seguro. También he intentado señalar el importante mensaje de que diferentes objetivos y una comprensión diferente de la naturaleza de la educación para la primera infancia resultarían en enfoques totalmente distintos. Dado que la educación para la primera infancia es un compromiso plurianual, un enfoque erróneo supondría un enorme desperdicio de recursos, incluyendo un tiempo muy valioso para los jóvenes, irrecuperable. No podíamos permitirnos, a sabiendas, ningún método de educación para la primera infancia engañoso o derrochador.

Antes de seguir leyendo, uno definitivamente debe revisar su propia comprensión de los objetivos y la naturaleza de FLE.

3

Métodos de enseñanza
de lenguas extranjeras

Antes de explicar por qué la competencia oral en lengua extranjera no se aprende en la escuela, permítanme presentar brevemente los resúmenes de los diferentes métodos de FLE que conocemos. Los siguientes resúmenes provienen de una fuente de internet. Nos ayudarán a comprender los diferentes aspectos de los métodos de FLE.

Traducción Gramatical: El método de Traducción Gramatical surgió en la época de Erasmo (1466-1536). Se centra principalmente en la memorización de paradigmas verbales, reglas gramaticales y vocabulario. La aplicación de estos conocimientos se centró en la traducción de textos literarios, centrándose en desarrollar la apreciación de la literatura de la lengua materna por parte de los estudiantes, así como en la enseñanza del idioma. Las actividades que se utilizan en las aulas actuales incluyen: preguntas que siguen a un pasaje de lectura; traducir pasajes literarios de un idioma a otro; memorizar reglas gramaticales; y memorizar equivalentes del vocabulario de la lengua meta en la lengua materna.

Método Directo: El método directo fue introducido por el educador alemán Wilhelm Viëtor a principios del siglo XIX. Centrado en el lenguaje oral, exige que toda la instrucción se imparta en lengua materna sin recurrir a la traducción. Se enseña a leer y escribir desde el principio, aunque se enfatiza la expresión oral y la comprensión auditiva; la gramática se aprende de forma inductiva. Se centra en cuatro habilidades.

El método silencioso: El profesor participa activamente en la creación de situaciones en el aula, mientras que los alumnos son quienes más hablan e interactúan entre sí. Las cuatro habilidades (escuchar, hablar, leer y escribir) se enseñan desde el principio. Los errores de los alumnos son parte normal del aprendizaje; el silencio del profesor fomenta la autonomía y la iniciativa de los alumnos.

Sugestopedia: El ambiente de aprendizaje es relajado y sobrio, con iluminación tenue y música suave de fondo. Los estudiantes eligen un nombre y un personaje en TL e imaginan ser esa persona. Se relajan y escuchan mientras se presentan diálogos con música. Posteriormente, practican los diálogos durante una fase de "activación".

Aprendizaje de idiomas en comunidad: Los docentes reconocen que el aprendizaje puede ser amenazante y, al comprender y aceptar los miedos de los estudiantes, los ayudan a sentirse seguros y a superar sus miedos al aprendizaje de idiomas, brindándoles una energía positiva dirigida al aprendizaje del idioma. Los estudiantes eligen lo que quieren aprender en clase y el programa de estudios es generado por ellos mismos.

Enfoque Natural: Introducido por Gottlieb Henese y el Dr. L. Sauveur en Boston alrededor de 1866. El Enfoque Natural es similar al Método Directo, centrándose en demostraciones activas para transmitir significado mediante la asociación de palabras y frases con objetos y acciones. Las asociaciones se logran mediante la mímica, la paráfrasis y el uso de objetos manipulativos. Terrell (1977) se centró en los principios de la comunicación significativa, la comprensión previa a la producción y la corrección indirecta de errores. La hipótesis de entrada de Krashen (1980) se aplica en el Enfoque Natural.

Método de lectura: El método de lectura se popularizó en Estados Unidos tras el Comité de los Doce en 1900 y el Estudio de Lenguas Extranjeras Modernas en 1928. El método anterior era similar al método tradicional de gramática y traducción y enfatizaba la transferencia de la comprensión lingüística al inglés. Actualmente, el método de lectura se centra más en la lectura silenciosa para la comprensión.

ASTP y el Método Audiolingual: Este enfoque se basa en la creencia conductista de que el aprendizaje de idiomas consiste en la adquisición de un conjunto de hábitos lingüísticos correctos. El alumno repite patrones y frases en el laboratorio de idiomas hasta que logra reproducirlos espontáneamente. El ASTP (Programa de Entrenamiento Especializado del Ejército) fue un enfoque intensivo y especializado para la enseñanza de idiomas, utilizado durante la década de 1940. En la posguerra, la versión civil del ASTP y el método audiolingual se basaban en la memorización de diálogos, la práctica de patrones y el énfasis en la pronunciación.

Enfoques tecnológicos: Este enfoque se ha utilizado desde la década de 1920 en las aulas de lenguas extranjeras. El acceso a equipos y materiales audiovisuales, como discos, radio de onda corta, películas, grabadoras de alambre, videograbadoras y computadoras, mejora la instrucción y brinda a los estudiantes oportunidades de interacción y exposición auténticas en lenguas extranjeras.

Métodos cognitivos: Los métodos cognitivos de enseñanza de idiomas se basan en la adquisición significativa de estructuras gramaticales seguida de una práctica significativa.

Métodos comunicativos: El objetivo de los enfoques comunicativos del lenguaje es crear un contexto realista para la adquisición del lenguaje en el aula. Se centra en el uso funcional del lenguaje y en la capacidad de los estudiantes para expresar sus propias ideas, sentimientos, actitudes, deseos y necesidades. Las preguntas abiertas, las actividades de resolución de problemas y el intercambio de información personal se utilizan como principales medios de comunicación. Los estudiantes suelen trabajar con materiales auténticos en grupos pequeños en actividades de comunicación, durante las cuales practican la negociación de significados.

Método de Respuesta Física Total: Este enfoque de enseñanza de una segunda lengua ("segunda lengua") se basa en la creencia de que la comprensión auditiva debe estar completamente desarrollada antes de esperar cualquier participación oral activa de los estudiantes (tal como ocurre con los niños cuando están aprendiendo su lengua materna).

Método de narración de historias de respuesta física total: este enfoque se inspiró en el método TPR, pero proporciona el vehículo fundamental (la narración de historias) para utilizar y ampliar el vocabulario adquirido al contextualizarlo en historias de gran interés que los estudiantes pueden escuchar, ver, representar, volver a contar, revisar y reescribir.

Enfoque Léxico: Basado en la idea de que una parte importante de la adquisición del lenguaje reside en la capacidad de comprender y producir frases léxicas como conjuntos no analizados, o "fragmentos", y que estos fragmentos se convierten en la información bruta mediante la cual los estudiantes perciben patrones lingüísticos tradicionalmente considerados gramaticales (que la producción lingüística consiste en la construcción de unidades predefinidas, apropiadas para una situación particular), el Enfoque Léxico se centra en el desarrollo del dominio del léxico, o palabras y combinaciones de palabras, por parte de los estudiantes. Este método propone que el léxico, y no la gramática, es la base del lenguaje, y que el dominio del sistema gramatical no es un requisito previo para una comunicación eficaz.

Enfoque de Enfoque en la Forma: Este enfoque considera la gramática como heterogénea, lo que significa que algunos puntos gramaticales son fáciles de explicar y aplicar, mientras que otros son difíciles, si no imposibles. Este método plantea que el verdadero problema radica en que la enseñanza de la gramática en ambos enfoques se limita a un conjunto reducido de prácticas pedagógicas. Una pedagogía de Enfoque en la Forma combina eficazmente habilidades explícitas e implícitas según el elemento gramatical y la tarea comunicativa.

Método basado en el contenido: En la instrucción basada en contenido (ICC), el principio organizador del currículo es la materia, no el idioma. La ICC puede centrarse en cursos académicos regulares, como historia y ciencias, impartidos en lengua materna, o en una serie de temas seleccionados extraídos del currículo regular.

Método Cortina: Este método fue desarrollado por RD Cortina a finales del siglo XIX. Se centra en una breve introducción inicial de las características lingüísticas de la lengua materna y en las interacciones conversacionales durante la clase. Los profesores deben impartir la clase únicamente en lengua materna, a menos que sea absolutamente necesario que utilicen la lengua común para responder o para dar las explicaciones que pudieran requerirse durante las primeras lecciones. Los alumnos deben estar bien preparados antes de asistir a clase, para que puedan dedicar todo el tiempo a la conversación.

Según los tipos y resúmenes mencionados de diversos métodos FLE, parece que los métodos FLE tradicionales a nivel mundial, especialmente para secundaria y educación superior, se han basado principalmente en el método de traducción gramatical y el método de lectura. También he observado que algunos métodos, como el enfoque audiolingual y el enfoque tecnológico, se han aplicado en laboratorios universitarios.

4

La historia de los métodos tradicionales de FLE

Dado que el inglés ha sido el idioma más popular del mundo durante el último siglo, la principal lengua de aprendizaje (LE) para el FLE predominante a nivel mundial ha sido el inglés. Además, en comparación con la educación de otros idiomas, la educación en inglés parece haberse desarrollado de forma más activa en términos de programas educativos, libros de texto y materiales de estudio de referencia, introducidos tanto por individuos como por entidades relacionadas con la educación. Incluso en muchos países de habla inglesa como Estados Unidos, Canadá, Inglaterra, Australia y Filipinas, la educación en inglés para estudiantes extranjeros ha sido muy popular, intensiva y sistemática. Por ejemplo, las escuelas universitarias de inglés como segundo idioma (ESL) en países de habla inglesa ofrecen clases diarias de inglés de 4 a 5 horas a extranjeros durante meses o incluso años. Hasta donde sé, salvo algunas organizaciones o institutos con objetivos especializados, no muchas escuelas o universidades en general en Estados Unidos ofrecen un FLE tan intensivo a sus estudiantes.

Por lo tanto, analizaré las tendencias de la enseñanza del inglés como lengua extranjera (FLE) para analizar las transiciones en relación con los métodos FLE tradicionales. Entre muchos otros países donde la enseñanza del inglés ha sido muy sistemática e intensiva, analizaré las situaciones de TESL en Corea, ya que estoy más familiarizado con el TESL coreano en general que en cualquier otro país.

Si bien en distintos países se han implementado distintos métodos de FLE, asumo que la transición de la enseñanza del inglés en Corea no difiere mucho de la de otros países, salvo en algunos países donde se ha establecido como segunda lengua oficial. Esta suposición se basa en los testimonios de numerosas personas que conocí en diversos países, quienes coincidieron y confirmaron mi suposición. También se basa en que la enseñanza del inglés en los países no angloparlantes se ha orientado a métodos generales de evaluación del inglés, como los exámenes escritos para el examen de admisión a la universidad, el TOEFL y el TOEIC.

La educación tradicional del inglés en Corea comienza al ingresar a la secundaria. La escuela ofrece clases de inglés todos los días y comienza a enseñar gramática básica. Además, muchos estudiantes asisten a institutos privados de inglés después de clase para aprender inglés. Los tres años de inglés en secundaria se dedican principalmente al estudio de la gramática básica. Todos los materiales y libros de texto están diseñados para ilustrar las gramáticas. Los diálogos en inglés de cada capítulo se pasan por alto fácilmente, y los textos en inglés también se utilizan principalmente para encontrar y explicar los puntos gramaticales aplicados.

la secundaria todavía se basa en el método de traducción gramatical. En la secundaria, se enseñan aspectos más sofisticados de la gramática inglesa. Los libros de texto de inglés incluyen textos de dos a tres páginas en cada capítulo para que los estudiantes los lean y comprendan aplicando los componentes gramaticales aprendidos. Durante los tres años de secundaria, la cantidad de textos en inglés que los estudiantes deben leer es de aproximadamente 150 páginas como máximo. Sin embargo, no quiero decir que la cantidad de lectura sea lo más importante para aprender inglés.

Desde hace varios años, cuando el examen nacional de inglés de ingreso a la universidad comenzó a evaluar la comprensión auditiva, las escuelas secundarias coreanas comenzaron a adoptar enfoques tecnológicos además del método de traducción gramatical. Obviamente, esta incorporación del enfoque tecnológico se basa en el concepto del método de respuesta física total. que se basa en la creencia de que la comprensión auditiva debe estar completamente desarrollada antes de que se espere cualquier participación oral activa por parte de los estudiantes.

Con el método intensivo de traducción gramatical para la escuela secundaria y preparatoria, y con los enfoques tecnológicos durante la escuela secundaria, solo unos pocos de los cientos de graduados de la escuela secundaria aún pueden presentar a sus familiares en inglés.

Al ingresar a la universidad, se recibe un año adicional de inglés, como es obligatorio. La educación universitaria típica combina el método de traducción gramatical y el método de lectura. Esto lleva a los estudiantes a leer mucho más que en la secundaria, y se espera que descubran y comprendan los componentes gramaticales de cada oración. Comprender el significado de los artículos sin poder explicar las gramáticas utilizadas en cada oración se considera una falta de conocimientos sólidos de inglés.

Además de las clases de inglés que se ofrecen en la universidad, la mayoría de los estudiantes universitarios estudian inglés con mucha intensidad, ya que el puntaje en los exámenes de inglés se considera uno de los factores más importantes para determinar la competitividad. Por ello, dedican al menos de 2 a 3 horas diarias a estudiar inglés durante la universidad. Muchos estudiantes universitarios dedican más de 10 horas diarias a estudiar inglés durante uno o dos años para obtener altas calificaciones en el TOEFL o el TOEIC.

Los métodos que adoptarían principalmente durante este período intensivo de autoaprendizaje en la universidad son el Método de Traducción Gramatical, el Método de Lectura, el Método de Enfoque Léxico y el Método de Enfoque Tecnológico para mejorar su comprensión auditiva. En otras palabras, estudiarían la gramática inglesa, la lectura y la comprensión auditiva en conjunto, dedicando un par de horas diarias a cada una de las áreas de estudio.

En general, mucha gente en Corea dedicaría cerca de 10 años de intenso esfuerzo a métodos de enseñanza del inglés como los mencionados anteriormente. De esta forma, no muchos estudiantes universitarios lograrían obtener puntuaciones muy altas en el TOEFL y el TOEIC.

Sin embargo, incluso quienes han aprobado los exámenes aún no dominan el inglés y no lo dominan a la perfección. Pueden presentar a sus familiares con un murmullo severo, pero su desempeño en los negocios en inglés es deficiente. Es muy frustrante que los estudiantes no puedan hablar ni siquiera el inglés básico con la suficiente fluidez después de tantos años de esfuerzo y dedicación siguiendo diversos métodos.

Como la gente aún no dominaba el inglés, empezaron a buscar nuevos métodos. Para ellos, solo había un método que no habían probado: el método de inmersión, que defino como un método para sumergir a los estudiantes en la comunidad de hablantes de otros idiomas. Al descubrir que todos los métodos que habían probado hasta el momento habían fracasado, creyeron que uno debía integrarse en la comunidad de hablantes de otros idiomas para aprender el idioma. Para integrarse en la comunidad de hablantes de otros idiomas, miles de estudiantes universitarios viajan cada año a países de habla inglesa de todo el mundo para aprender inglés. Aprovechan las ventajas de tomar clases de inglés como segundo idioma en las escuelas de inglés como segundo idioma y, al mismo tiempo, sumergirse en la comunidad inglesa. Yo utilizaría el método de inmersión y el de inglés como segundo idioma para este tipo de método.

Las escuelas universitarias de ESL y las escuelas privadas de inglés en países de lengua inglesa, como Estados Unidos, Inglaterra, Australia, etc., por ejemplo, han dado la bienvenida a los estudiantes que han llegado desde todo el mundo para sumergirse en la comunidad inglesa.

La mayoría de las escuelas de ESL en países de habla inglesa adoptan los mismos métodos que las escuelas en Corea : principalmente, imparten programas de ESL basados en el Método de Traducción Gramatical y el Método de Lectura. Sin embargo, la diferencia radica en que las clases son impartidas por profesores exclusivamente angloparlantes y que las clases de inglés en ESL son mucho más intensivas. Además de estos métodos tradicionales de FLE, las escuelas de ESL añaden métodos adicionales, como el Método Directo y el Método de Instrucción Basada en el Contenido (CBI), ofreciendo clases como la de cultura inglesa en inglés.

La mayoría de los estudiantes coreanos de inglés como segundo idioma (ESL) se quedan un año o menos en el extranjero para aprender inglés. Tras un año de inmersión en la comunidad inglesa y clases de ESL, los estudiantes pueden gestionar sus asuntos cotidianos en inglés, como pedir comida en un restaurante, alquilar un coche, saludar a la gente, preguntar direcciones, etc. Este es un resultado bastante productivo en comparación con los resultados de unos 10 años de educación en inglés en Corea. Sin embargo, ese es el límite de sus habilidades en inglés. La mayoría aún no domina el inglés lo suficiente como para gestionar asuntos de negocios.

Uno de los problemas del método de ESL e inmersión es que los estudiantes no se integran plenamente en la comunidad inglesa. En su mayoría, se llevan bien con personas que vienen de otros países para aprender inglés, como ellos. No son hablantes nativos de inglés. Solo los profesores lo son. En consecuencia, la mayoría de los estudiantes de ESL no se integran plenamente en la comunidad inglesa.

Dado que el método de ESL e inmersión de un año no es tan efectivo para que los estudiantes universitarios adquieran fluidez en inglés, muchos padres adinerados en Corea comenzaron a enviar a sus hijos a escuelas primarias o secundarias en países de habla inglesa por períodos más largos. Consideran que la edad universitaria es demasiado avanzada para aprender un idioma extranjero, y que un año en la comunidad local no es suficiente.

Los hijos permanecían en el país de tres a cuatro años, o hasta graduarse de la secundaria o incluso ingresar a la universidad. Para ello, los miembros de la familia debían estar separados durante muchos años, ya que la madre debía quedarse con los hijos y el padre permanecía en Corea para mantener a la familia en el extranjero. Para este tipo de familias, se crearon nuevas palabras coreanas según su nivel de riqueza.

La Familia Águila se refiere a la familia adinerada que podía permitirse los gastos y el tiempo para viajar y visitarse cuando quisieran; la Familia Ganso se refiere a los miembros de una familia adinerada y mediocre que podían permitirse los gastos y el tiempo para visitarse por temporada ; y la Familia Pingüino se refiere a los miembros de una familia con menos recursos que no pudieron permitirse los gastos ni el tiempo para visitarse durante muchos años. Utilizaré el término "Método de la Familia Ganso" para este tipo de FLE.

Aún es demasiado pronto para evaluar si el Método de la Familia del Ganso tiene éxito. En cuanto a la adquisición del inglés, parece que el Método de la Familia del Ganso está funcionando. Los niños pequeños de familias de gansos y pingüinos de mi entorno aprenden inglés después de unos tres años. Sin embargo, se han reportado en la prensa numerosas familias desintegradas por razones fácilmente imaginables. El sufrimiento de las familias intactas también es inimaginable.

Desde el punto de vista de la adquisición del inglés, el Método Familiar Goose parece ser bastante eficaz para casi cualquier niño pequeño si la familia puede apoyarlo durante más de tres años. Además, aunque los estudiantes no adquieran un buen dominio del inglés, el Método de ESL e Inmersión, de aproximadamente un año de duración,... Parece ser bastante eficaz en comparación con la educación tradicional en inglés en Corea. Sin embargo, uno de los problemas con estos métodos es su alto costo y su disponibilidad limitada a personas adineradas. Por lo tanto, no pueden considerarse un método para la educación pública.

Recientemente, muchas universidades en Corea han adoptado el método CBI para mejorar las habilidades de inglés de sus estudiantes. Para ello, muchas universidades recomiendan encarecidamente a los profesores que impartan clases exclusivamente en inglés. Sin embargo, aún queda por ver si el método CBI en una universidad mejorará las habilidades de inglés de los estudiantes, algo que, lamentablemente, dudo.

Otra tendencia muy popular en Corea es la construcción de Aldeas Inglesas, donde los estudiantes pueden visitarlas y vivir experiencias de inmersión en la vida inglesa durante semanas o incluso meses. Considerando los resultados de los métodos de ESL e inmersión en países angloparlantes durante uno o dos años, es probable que la idea de una Aldea Inglesa sea solo superficial.

Hasta ahora, he presentado en detalle las transiciones de varios métodos de TESL en Corea. Basándome en la información que he recopilado de muchos amigos de otros países no angloparlantes, creo que las transiciones de TESL en otros países son bastante similares, con pequeñas diferencias derivadas de las características de los sistemas educativos.

Además, creo que los métodos FLE para distintos idiomas además del inglés en distintos países básicamente no difieren mucho de los métodos TESL aplicados en Corea.

He demostrado que el método tradicional de aprendizaje de idiomas (FLE), basado principalmente en el método de traducción gramatical y el método de lectura, no ha logrado durante varios años ayudar a los estudiantes a adquirir la lengua materna. Además, he intentado demostrar que el método de ESL e inmersión para estudiantes con conocimientos de gramática y lectura tampoco es tan eficaz.

Mostré cómo los estudiantes, por ejemplo, en Corea, que han tenido mucho éxito en los exámenes de inglés de la generación anterior, como el TOEFL y el TOEIC, no han logrado hablar inglés con fluidez. En consecuencia, está comprobado que ninguno de estos métodos ayuda realmente a los estudiantes a adquirir el inglés.

El punto que estoy tratando de transmitir a los lectores al presentar las transiciones específicas de los métodos TESL en Corea es que, independientemente de algunas diferencias en las tendencias de los métodos FLE para un idioma en particular, los métodos FLE aplicados sin pensamientos serios sobre los objetivos y la naturaleza de la educación en lenguas extranjeras no tienen sentido y podrían causar interferencias en los esfuerzos serios de uno para aprender TL

5

Problemas con los métodos FLE

En el artículo anterior, presenté diferentes tipos de métodos de FLE. La mayoría de ellos se conocen desde hace varias décadas. Entre ellos, el método de traducción gramatical parece ser el predominante, adoptado mundialmente durante el último siglo. A pesar de la gran variedad de métodos que se han introducido, la historia de FLE muestra que pocos han logrado formar hablantes de lenguas extranjeras con fluidez.

Juzgar el éxito de un método es, por supuesto, muy difícil. Una de las razones es que el éxito de FLE depende de la combinación de métodos, profesores y estudiantes. Por muy bueno que sea un método, no tendrá éxito sin el esfuerzo efectivo de profesores y estudiantes. Por la misma razón, por mucho que trabajen juntos profesores y estudiantes, carecerá de sentido si el método no los lleva realmente al idioma en sí. No puedo dejar de creer firmemente que la principal razón del fracaso de FLE hasta la fecha se debe a este último caso.

En realidad, al juzgar los efectos de los métodos FLE, no es imposible ni demasiado difícil encontrar los esfuerzos de los profesores y los compromisos de los estudiantes para aprender al máximo nivel de sus capacidades si se consideran los esfuerzos desesperados ejercidos tanto por los profesores como por los estudiantes para abordar el inglés como segunda lengua en muchos idiomas no angloparlantes. Uno puede encontrar fácilmente que los estudiantes de inglés en esos países se esfuerzan desesperadamente por aprender inglés. En su mayoría, comenzarían con el método de traducción gramatical y avanzarían, sin un orden sistemático, a diferentes métodos como el enfoque léxico, el método de lectura, el método de escucha, etc. Los profesores, tanto en escuelas como en institutos privados, también se comprometerían a enseñar inglés a los estudiantes a través de varios tipos de métodos de enseñanza no sistemáticos.

Sin embargo, hasta donde sé, la mayoría coincide en que la educación mundial en inglés no ha logrado formar hablantes de inglés con fluidez. Esto es especialmente cierto en los países de lenguas no indoeuropeas. Creo que hay una razón para ello, que puede explicarse por el concepto de distancia lingüística, que se presenta en un capítulo posterior.

Algo que descubrí de los métodos mencionados es que se centran principalmente en la enseñanza de las características lingüísticas y las habilidades comunicativas no verbales de la lengua materna, en lugar de desarrollar las habilidades lingüísticas intuitivas para la competencia oral. En otras palabras, ninguno de los métodos parece centrarse realmente en desarrollar las habilidades lingüísticas básicas para que los estudiantes desarrollen sus habilidades comunicativas verbales. Todo el mundo coincide en que es fundamental que los estudiantes desarrollen habilidades básicas sólidas para adquirir una lengua extranjera.

Por lo tanto, todos los profesores y programas se han centrado en ofrecer FLE a los estudiantes para que desarrollen las llamadas habilidades básicas sólidas durante un tiempo considerable. Sin embargo, tras años de FLE, la mayoría de los estudiantes descubren fácilmente que carecen de habilidades lingüísticas básicas, como la producción correcta de sonidos y frases, cruciales para una expresión significativa en lenguas extranjeras.

Esto, después de todo, nos indica que hemos malinterpretado el concepto de las habilidades lingüísticas básicas y cómo ayudar a los estudiantes a desarrollarlas. Entonces, ¿cuáles son las habilidades básicas que se deben adquirir para aprender un idioma? Propongo que la intuición lingüística y la capacidad física sean las habilidades básicas que los estudiantes deben desarrollar para adquirir un idioma.

Defino el término intuición lingüística como la comprensión y el manejo semiinstintivos de los sonidos, las estructuras de palabras y oraciones, la interpretación de significados y el uso de recursos lingüísticos como conjuntos de expresiones, morfemas, palabras, modismos y otras expresiones útiles de una lengua. Por otro lado, la capacidad física se refiere a la capacidad física de escuchar y articular los sonidos de la lengua materna con fluidez.

Algunos métodos parecen ser más realistas y efectivos que otros para desarrollar las habilidades comunicativas verbales. El método Cortina, por ejemplo, parece centrarse en la práctica de la comunicación verbal. Además, les presenta brevemente las características lingüísticas básicas desde el principio. Sin embargo, parece centrarse principalmente en guiarlos para que se comuniquen en lengua materna desde el principio, dejando que descubran cómo adquirir y mantener las habilidades lingüísticas básicas, lo cual representa un gran desafío para ellos, ya que no están familiarizados con la idea de cómo adquirir y mantener dichas habilidades.

Este método puede ser más eficaz para estudiantes que aprenden una lengua materna con una distancia lingüística muy corta o una lengua de familia muy cercana. En el caso de lenguas estrechamente relacionadas, como el inglés y el italiano, por ejemplo, les costaría mucho menos esfuerzo, basándose en su intuición lingüística y sus habilidades en su lengua materna, desarrollar las habilidades lingüísticas básicas, como la producción de sonidos y la adquisición de la intuición lingüística.

Por lo tanto, los estudiantes cuya lengua materna es una de las lenguas de la familia de su lengua materna podrían participar fácilmente en la clase donde se aplica el método Cortina sin sufrir las dificultades derivadas de la distancia lingüística. El concepto de distancia lingüística se refiere al grado de diferencia entre dos lenguas y se presentará en un capítulo posterior.

Sin embargo, para idiomas con una gran distancia lingüística entre sí, como el coreano y el inglés o el japonés y el inglés, no sería práctico impartir la clase solo en lengua materna, dejando a los estudiantes la tarea de desarrollar las habilidades lingüísticas básicas por sí mismos como tarea. Además, este método no es práctico en muchos países donde no hay muchos profesores de lenguas extranjeras que puedan impartir clases solo en lengua materna.

Dado que los métodos no guían a los estudiantes a desarrollar las habilidades lingüísticas básicas de la lengua de origen, son ellos quienes deben adquirirla por sí mismos hasta alcanzar el nivel de ejecución. Ninguno de los métodos muestra realmente cómo enseñar a los estudiantes a adquirir la intuición lingüística, en lugar del conocimiento lingüístico de la lengua de origen, para alcanzar el nivel de ejecución. No es práctico asumir que los estudiantes, que no saben qué hacer, cómo hacerlo ni cuánto hacer, puedan adquirir la lengua de origen por sí mismos en casa hasta alcanzar el nivel de ejecución oral, independientemente de lo que se enseñe en clase.

Como expresión metafórica, diría que los métodos mencionados sirven para enseñar a bebés recién nacidos a jugar al fútbol. Desde la perspectiva del fútbol, estos métodos se basan en reglas, estrategias, técnicas de tiro, regate o pase, observar a otros jugar y la práctica física del juego. Cuando los bebés aún no pueden ponerse de pie, caminar ni correr, todos los métodos podrían no ser efectivos. Es necesario enseñarles habilidades básicas como sentarse, ponerse de pie, trabajar, correr y controlar el balón, todo lo cual requiere muchísima práctica repetida, mucho antes de que se les enseñe a desarrollar técnicas tan avanzadas. No veo que ninguno de estos métodos esté diseñado específicamente para desarrollar habilidades tan básicas como aprender un idioma.

Para ello, presento un Método de Entrenamiento de Balbuceo (MBA) de cinco niveles **que abarca las etapas más impor-**

tantes del aprendizaje del idioma. En la adquisición del lenguaje, el Entrenamiento de Balbuceo para aprender a hablar (el "**Entrenamiento de Balbuceo**[6]") es el requisito más importante para que cualquier persona adquiera fluidez. Sin un dominio exitoso del Entrenamiento de Balbuceo, nadie podría adquirir un idioma.

Otra cosa que encontré que faltaba en los métodos es que ninguno de los métodos mencionados introduce pasos sistemáticos para la enseñanza de la lengua materna (LM) para que los estudiantes la adquieran desde el inicio hasta los niveles de competencia. Cada método solo podría ser útil si se aplica correctamente a una etapa específica del proceso de adquisición del idioma.

Por lo tanto, los métodos deben organizarse de forma sistemática para que los estudiantes adquieran la lengua materna de la manera más eficaz. Actualmente, tanto profesores como estudiantes de lenguas extranjeras se enfrentan a numerosos métodos sin estructura. En consecuencia, al no comprender el proceso adecuado de adquisición del idioma, se ven obligados a tomar decisiones sin fundamento. En consecuencia, eligen los métodos uno tras otro según lo que escuchan.

También quiero señalar que algunos métodos podrían ser bastante peligrosos. Si los profesores y estudiantes de FLE se vieran obligados a usar algunos de ellos durante mucho tiempo, les resultaría difícil recuperar los daños sufridos.

historia de FLE en el mundo ha demostrado que, en el mejor de los casos, este método solo produce monitores, no hablantes. Esto lo han demostrado cientos de miles de estudiantes que se formaron exhaustivamente con este método. Cuanto más se profundiza en la

---

[6]   En este libro, utilizo el término "Entrenamiento del Balbuceo "generalmente para referirme a la práctica repetida de los estudiantes, según lo sugerido por BTM, para aprender a hablar. Sin embargo, también lo utilizo para referirme a la práctica repetida de los estudiantes, según lo sugerido por BTM, para aprender a leer, escuchar, hablar y escribir, cuando se utiliza en los contextos respectivos.

gramática, más profesional es el monitor. Podrían señalar fácilmente errores gramaticales en el discurso de otras personas basándose en su limitada comprensión gramatical, pero en realidad no pueden comunicarse verbalmente en lengua de transmisión.

Por naturaleza, la gramática no es una parte del lenguaje sino una descripción sistémica del mismo. Idioma. Por lo tanto, dominar la gramática de un idioma no tiene nada que ver con las habilidades lingüísticas. Es como dominar las reglas del fútbol no tiene nada que ver con las habilidades futbolísticas del jugador.

Se ha demostrado que el método de escucha también causa daños. Muchos de mis lectores que afirmaron haber dedicado dos o tres años a escuchar con dedicación para estudiar inglés me dieron testimonio al respecto. Escucharon audios profesionales o vieron televisión durante muchos años siguiendo el método de escucha. Sin embargo, se desilusionan con lo que finalmente obtienen: pueden escuchar un poco, pero no pueden expresarse por sí mismos para sobrevivir.

Quisiera advertir a los profesores y estudiantes de FLE que primero deben comprender claramente qué se necesita para hablar un idioma con fluidez. Hablar un idioma extranjero con fluidez no debería ser muy diferente de hablar un idioma en sí. Para dominar un idioma, se necesita un entrenamiento de balbuceo sistemático o idealmente estructurado. Eso es todo.

Nuevamente, aprobar o desaprobar ciertos métodos de FLE no es fácil. Demostrar la eficacia o ineficacia de ciertos métodos es aún más difícil, ya que el enfoque científico de la adquisición del lenguaje aún está demasiado avanzado. Sin embargo, debemos posicionarnos con respecto a los métodos de FLE introducidos hasta la fecha, ya que claramente no han sido productivos ni exitosos en la formación de hablantes bilingües con fluidez. Deberíamos explicar por qué hemos fracasado durante siglos en FLE. Un criterio que aplico para explicar el fracaso de los métodos proviene del proceso de adquisición del lenguaje natural (PLNA) del ser humano. ser.

Al comparar los aspectos principales de los métodos FLE y los de NLAP, se observa fácilmente una gran diferencia. En NLAP, se dedica una cantidad considerable de tiempo al entrenamiento de balbuceo. Por otro lado, los métodos FLE no se centran tanto en él. No mencionan su papel fundamental en el aprendizaje de lenguas extranjeras. Esto probablemente se deba a que desconocen dicho papel fundamental en la adquisición del lenguaje. Todos se centran en la enseñanza de los factores superficiales del aprendizaje de idiomas.

En la vida de una rana, existen tres etapas secuenciales: la etapa de renacuajo, la etapa de rana y la etapa de crecimiento. Asimismo, en la adquisición del lenguaje, también existen tres etapas secuenciales: la etapa de balbuceo para aprender a hablar, la etapa de adquisición y la etapa de mejora.

Por lo tanto, para ahorrar tiempo, esfuerzos y una enorme cantidad de recursos, presentaré ideas estructuradas sobre cómo adquirir y desarrollar la competencia oral, basadas en mis experiencias directas de aprendizaje y enseñanza de lenguas extranjeras, así como en los valiosos aportes de otras personas que están involucradas en FLE y que han mostrado gran interés en FLE.

6

¿Por qué la competencia oral no se aprende en la escuela?

En cuanto a la enseñanza de idiomas en la escuela, no puedo evitar pensar que ha estado fallando hasta ahora. No conozco ningún programa de idiomas en escuelas públicas o privadas que forme bilingües competentes por méritos propios. Estoy bastante seguro de que la mayoría de los programas de enseñanza de idiomas en las escuelas no han logrado formar bilingües competentes. Si hay escuelas públicas o privadas que hayan tenido mucho éxito en la formación de este tipo de bilingües, me encantaría considerarlas excepcionales.

Algunos podrían señalar que determinar si los programas de idiomas escolares son un éxito o un fracaso es una cuestión muy subjetiva, y que el enfoque de las evaluaciones debería variar según los objetivos de los programas. No niego lo primero, pero discrepo con lo segundo, ya que ningún programa de idiomas debería tener otro objetivo principal que el de que los estudiantes hablen el idioma desde el principio.

Por supuesto, creo que todos coinciden en que el objetivo final de los programas de idiomas es que los estudiantes dominen el idioma. Por consiguiente, el éxito o el fracaso de cualquier programa de idiomas debe juzgarse en función de la capacidad de los estudiantes para hablar el idioma como lengua extranjera. Por ello, creo que los programas de lengua extranjera, tanto tradicionales como contemporáneos, en las escuelas de Estados Unidos y otros países han estado fracasando.

Parece que los resultados del aprendizaje de lenguas extranjeras (LE) en entornos sociales como la familia, amigos, parientes y miembros de la comunidad que hablan en lengua extranjera con los estudiantes contrastan drásticamente, en términos de competencia oral, con el aprendizaje en el entorno escolar, con programas lingüísticos aparentemente muy bien organizados y sistemáticos. Es decir, los estudiantes adquieren una LE con mayor eficacia en el entorno social que en el escolar.

Quiero enfatizar aquí que, al referirme a los tipos de entornos de aprendizaje de lenguas extranjeras (LE), utilizo el término "entorno escolar" para referirme específicamente solo a los entornos escolares tradicionales o contemporáneos. Considero que cualquier programa escolar de idiomas que no se centre principalmente, desde el principio, en enseñar a los estudiantes a hablar una LE pertenece a la educación de idiomas tradicional o contemporánea. No pretendo incluir en él ningún entorno escolar excepcional en particular para la enseñanza de lenguas extranjeras (LE), ni categorizar todos los entornos escolares futuros en constante evolución como iguales al entorno escolar tradicional o contemporáneo. Esto se debe a que no quiero negar las futuras posibilidades de la LE en entornos escolares que superen a los entornos sociales. De hecho, creo firmemente que existe una manera de que la escuela supere al entorno social en términos de enseñanza de lenguas extranjeras a los estudiantes. Por esa razón, escribo esto para compartir mi visión con los lectores.

Admito que la comparación de los resultados del aprendizaje de lenguas extranjeras en ambos entornos no se basa en la conclusión de una investigación científica. Realizar investigaciones científicas sobre este tema requeriría numerosas observaciones, experimentos y análisis de datos basados en diversos factores, como la edad de los estudiantes, el período de estudio, las horas diarias de estudio, los métodos de enseñanza, las áreas de las asignaturas impartidas, los antecedentes de la relación lingüística con la lengua extranjera, las distancias lingüísticas entre la lengua materna y la lengua extranjera, etc.

Sin presentar conclusiones científicas, hasta el momento no he conocido a nadie que niegue el argumento de que el aprendizaje de lenguas extranjeras en el entorno social es más efectivo que en el escolar. Todos parecían dar por sentado, sin dudarlo, que el aprendizaje de lenguas extranjeras se logra con mayor eficacia en el entorno social.

Pregunté a la gente qué les hace creer que aprender una lengua extranjera es más efectivo en el entorno social. La mayoría respondió que se debe a que los estudiantes se ven obligados a sumergirse en ella cuando están rodeados por el entorno social. Además, creen que los estudiantes, por otro lado, no pueden sumergirse tanto en ella cuando la estudian en el entorno escolar. Otras respuestas a la pregunta son que los estudiantes no pueden comunicarse en lengua extranjera en el entorno escolar. Otro grupo de personas respondió que, en el entorno escolar, los estudiantes no encuentran la motivación para hablar una lengua extranjera, mientras que, en el entorno social, se les exige con urgencia hablar una lengua extranjera para sobrevivir o, al menos, para llevarse bien. Bueno, todas parecen buenas respuestas.

Sin embargo, tengo la sensación de que les falta comprensión de algunos hechos fundamentales. ¿Acaso los profesores de idiomas no incentivan con fuerza a los alumnos a sumergirse en lo que se enseña en la escuela? Los profesores de idiomas siempre insisten en ideas para que los alumnos se sumerjan en lo que enseñan, no solo en la escuela, sino también en casa después de clase. Siempre dan... Trabajos, pruebas, exámenes y proyectos para los estudiantes. Esto ocurre en todas las escuelas: secundaria, preparatoria y universidad.

Dudo mucho que el nivel de inmersión en el entorno escolar sea significativamente menor que en el social.

Tomemos como ejemplo a los estudiantes universitarios para el nivel de inmersión forzada. Los programas de idiomas de mi departamento en la Universidad de Colorado en Boulder ofrecen cursos de 5 créditos en lenguas asiáticas, como árabe, chino, hindi, japonés y coreano. Cada curso consta de 5 horas de clase semanales. Es fácil darse cuenta de que quienes toman uno de estos cursos deben repasar y prepararse para las clases a diario; además, deben trabajar en tareas, exámenes frecuentes, parciales, finales y proyectos. Esto fácilmente los llevaría a una inmersión bastante intensiva y activa en una lengua extranjera, de al menos 2 o 3 horas entre semana, y mucho más durante el periodo de exámenes y proyectos.

Otro ejemplo interesante de inmersión forzada en lenguas extranjeras son los programas de inglés como segundo idioma (ESL). Basándome en la información que he recopilado de numerosos ensayos, correos electrónicos y artículos publicados por estudiantes de ESL de todo el mundo, he descubierto que los programas de ESL en todos los países son iguales o bastante similares. También es cierto que muchos de los programas de ESL que conozco son, de hecho, muy similares o al menos similares.

Los estudiantes del programa de inglés como segundo idioma (ESL) de la Universidad de Colorado en Boulder provienen de todos los países del mundo, pero sus idiomas no son el inglés. El programa ofrece de 4 a 5 clases de inglés diarias, de lunes a jueves o viernes. Es un programa de inglés muy intensivo. Estudiantes de todo el país se ven obligados a sumergirse en el inglés prácticamente todo el día, tanto en la escuela como después de ella, ya que viven en Estados Unidos. En comparación con el programa de lenguas extranjeras (FL) de mi departamento en la Universidad de Colorado en Boulder, el grado de inmersión forzada para los estudiantes de ESL es mucho más intenso.

Para comprender mejor los verdaderos problemas de la idea de la inmersión, analicemos con más profundidad cómo los estudiantes de inglés como segundo idioma estudiaban inglés antes de asistir a la escuela de inglés como segundo idioma en sus países. Permítanme primero centrarme en la inmersión de los estudiantes en Corea, ya que crecí y viví allí unos 28 años antes de venir a Estados Unidos. Dado que he estado en contacto constante con lo que ocurre en Corea, principalmente a través de los medios de comunicación, diría que aún estoy bastante familiarizado con el ambiente escolar coreano.

En resumen, los estudiantes de secundaria y superiores en Corea se ven obligados a sumergirse en las clases de inglés al menos dos horas al día. La mayoría se esfuerza por profundizar su conocimiento dedicando muchas más horas diarias a estudiar inglés, tanto dentro como fuera de la escuela. La mayoría de los estudiantes universitarios en Corea se sumergen en el estudio del inglés durante muchas horas al día, incluso más de cinco horas intensivas. Están firmemente comprometidos a desafiarse y aprender inglés para toda la vida. Después de todo, los estudiantes en Corea se sumergen profundamente en el inglés durante un período de 6 a 10 años. Muchos de ellos asisten a programas de inglés como segundo idioma (ESL) en EE. UU. o en otros países de habla inglesa para profundizar en el inglés durante uno o dos años.

Muchas personas de Japón y China que conozco confirmaron voluntariamente que la situación en sus países es similar. Comparada con la inmersión en inglés de los estudiantes de Corea, Japón y China, la inmersión en lengua extranjera de los estudiantes estadounidenses no parece ni de lejos equiparable. Un estadounidense diría: «No me extraña, somos estadounidenses de verdad». Sin embargo, no es ese mi punto. Lo que quiero decir es que, a pesar de las intensas y voluntarias inmersiones en lenguas extranjeras (principalmente inglés) impulsadas por la escuela por los coreanos, japoneses y chinos, siguen siendo coreanos, japoneses y chinos auténticos sin ser bilingües sólidos.

Después de todo, utilicé el ejemplo anterior para demostrar que el nivel de inmersión forzada en el aprendizaje de lenguas extranjeras (LE) en el entorno escolar no es menos grave que el nivel de inmersión proveniente del entorno social, si no mayor. También puedo demostrar con abundantes fundamentos que los entornos escolares estimulan a los estudiantes a hablar una LE y que enfatizan la importancia de hablar el idioma con fluidez.

Ahora, permítanme abordar lo que considero que falta en el entorno escolar para la enseñanza de lenguas extranjeras. Lo que falta en el entorno escolar es la formación oral. Esto es precisamente lo que veo que falta en las clases de lenguas extranjeras. No hay mucho lenguaje oral que aprender en la clase de lenguas extranjeras. Estoy seguro de que esta es la razón por la que la competencia oral en lenguas extranjeras no se aprende en la escuela.

La única diferencia entre el entorno escolar y el entorno social para el FLE es el hecho claro de que, en un entorno, los estudiantes aprenden todo menos la lengua oral, y, en el otro entorno, no aprenden nada más que la lengua oral.

Hasta ahora, no creo que las escuelas hayan enseñado lo suficiente el idioma oral a los estudiantes durante las clases. O, al menos, la formación en el idioma oral ha sido completamente ignorada o sepultada por la educación. Entiendo que nadie pretendía hacerlo. Se creía que enseñaban los mejores métodos para que los estudiantes aprendieran el idioma. Creo firmemente que los métodos de enseñanza que han aplicado en la escuela hasta ahora simplemente no han funcionado. Por lo tanto, no es de extrañar que las escuelas no hayan formado hablantes bilingües sólidos mediante las clases de idiomas.

Cuando existe una diferencia tan drástica entre ambos entornos, ya no se trata de quiénes son mejores profesores, entre los miembros del entorno social y los profesores de lengua de la escuela.

Independientemente de quién enseñe, los estudiantes fracasarán en un entorno y tendrán éxito en el otro.

¿A qué me refiero con que la lengua oral falta en la enseñanza de idiomas en la escuela? ¿A qué me refiero con que las escuelas han enseñado todo menos la lengua oral a los estudiantes? Hablemos de ello.

7

Porque no hemos enseñado el entrenamiento del balbuceo

Entonces, ¿qué han estado enseñando en las clases de idiomas de la escuela?

Tradicionalmente, el FLE escolar se compone de cinco asignaturas principales: gramática, lectura, escritura, comprensión auditiva y expresión oral. Por lo tanto, se cree que se debe seguir una secuencia o combinación específica entre estas cinco asignaturas para abordar el idioma. Es decir, independientemente de si es correcto o no, existe una cadena lógica en la mente que conecta cada una de estas asignaturas en una secuencia específica.

De alguna manera, entre tantas disciplinas, la mayoría de quienes se dedican a la lengua extranjera, tanto en la antigüedad como en la actualidad, consideran la gramática como la materia fundamental para el estudio de lenguas extranjeras. Por lo tanto, empiezan a enseñar gramática a los estudiantes antes que nada. Usan cientos de términos gramaticales desconocidos sin explicarles claramente su significado ni su funcionamiento.

También citaban varios textos para analizar las oraciones y encontrar sus componentes gramaticales. En ocasiones, intentaban que los estudiantes dijeran algunas expresiones para demostrar cómo se aplican las reglas al hablar el idioma. Tras años enseñando la gramática de esta manera, les indicaban que comenzaran a concentrarse en la lectura en lengua extranjera.

Como la gramática es tan difícil y evoluciona a diario, los profesores tendrían que dedicar años a enseñar partes de la gramática repetidamente para ayudar a los estudiantes a comprenderlas. Comprender la gramática de un idioma que no se habla es muy difícil. Incluso comprender la gramática del propio idioma no es fácil. Luego, se acaba pronto, antes de que realmente lo entiendan: los estudiantes se gradúan de la escuela.

Después de todo, en la clase de Lengua Extranjera (LE), la mayor parte del tiempo que profesores y alumnos dedican a enseñar y aprender Lengua Extranjera (LE) se dedica a la compleja gramática. Como resultado, los alumnos ni siquiera tienen muchas oportunidades de leer en LE. Incluso si lo hicieran, solo descubrirían lo difícil que es leer y comprender debido a sus conocimientos gramaticales incompletos. Como resultado, al salir de la escuela, los alumnos vuelven al punto de partida en cuanto a sus habilidades de LE. Lo único que les queda es el recuerdo de las clases intensivas de gramática.

Aunque los profesores intentan apoyar a los estudiantes hasta alcanzar los niveles de lectura, escritura y expresión oral en lengua de señas, no pueden acceder a los niveles superiores porque no tienen tiempo suficiente ni siquiera para completar una educación gramatical completa. Finalmente, muy pocos egresan de la escuela con habilidades de lengua de señas muy limitadas en general, y mucho menos con la competencia oral. Solo unos pocos al finalizar la escuela pueden leer bien en lengua de señas, y mucho menos hablar el idioma, después de tantos años de invertir todo tipo de recursos personales, escolares y gubernamentales. Por eso lo considero una pérdida total.

Tradicionalmente, el objetivo de la FLE en las escuelas ha sido enseñar a los estudiantes a adquirir las habilidades perceptivas de la lengua materna, principalmente la escrita. Esto se debe, creo, a que hasta mediados del siglo XX, las personas no tenían que lidiar con situaciones que requerían interacciones verbales instantáneas con extranjeros. La comunicación tradicional con extranjeros se basaba en documentos, en lugar de la comunicación verbal simultánea. Por lo tanto, en aquel entonces, debería ser suficiente para los estudiantes poder simplemente leer documentos y responder por escrito a la correspondencia de sus interlocutores extranjeros.

Por lo tanto, no sorprende que la enseñanza tradicional de lenguas extranjeras (FLE) en escuelas secundarias y superiores se centre principalmente en la enseñanza de la gramática de la lengua materna. Más allá del aspecto económico y de la rapidez, es cierto que la gramática ayuda a analizar y comprender el significado de las oraciones en lengua materna. Por consiguiente, con buenos conocimientos y habilidades gramaticales, se podría lograr sin necesidad de adquirir una lengua materna. Por esta razón, todos siguen el mismo camino. Sin embargo, muchas personas parecen desconocer lo difícil, ineficaz, improductivo, destructivo y perjudicial que es abordar un idioma desde la perspectiva gramatical.

Esta tendencia a ofrecer enseñanza basada en la gramática es especialmente relevante en las escuelas de muchos países no angloparlantes, donde la mayoría de los profesores de lengua extranjera no son hablantes nativos de la lengua materna o no la hablan. Esto también aplica a la mayoría de las escuelas de inglés como segundo idioma (ESL) en EE. UU. Asimismo, en países asiáticos como Corea, China y Japón, donde el inglés se considera una de las segundas lenguas más importantes para los estudiantes, la enseñanza de inglés como segundo idioma (FLE) en las escuelas tradicionalmente ofrece clases intensivas de gramática inglesa durante muchos años.

Para comprender que en las clases de idiomas escolares no se aporta mucha información real para aprender a hablar, es necesario comprender a fondo la naturaleza del lenguaje humano y cómo se adquiere. El lenguaje humano, por naturaleza, es una herramienta intuitiva de comunicación vocal. Dominar el idioma con fluidez requiere movimientos inconscientes semiinstintivos de los órganos del habla. Estos movimientos físicos semiinstintivos de los órganos del habla solo se pueden adquirir mediante ejercicios repetidos hasta que el cuerpo desarrolle los semiinstintos necesarios para reaccionar de forma semiinstintiva a la idea que proviene del cerebro.

El hecho de que un conocimiento de una lengua extranjera superior al de un hablante nativo no permite hablar el idioma con fluidez ha sido demostrado por millones de personas en todo el mundo que estudiaron, por ejemplo, la gramática inglesa durante muchos años y, sin embargo, ni siquiera pueden pedir una comida en un restaurante en inglés.

El hecho de que las excelentes habilidades de lectura y escritura en lenguas extranjeras, además de un excelente conocimiento gramatical, no permitan hablar el idioma con fluidez, también ha sido demostrado por millones de nuestros antepasados y personas contemporáneas a nuestro alrededor. Por ejemplo, podían leer y escribir en inglés con gran fluidez, obteniendo puntuaciones muy altas en los exámenes de inglés. Sin embargo, la mayoría de ellos tampoco podrían pedir comida en un restaurante en inglés.

Quienes se esforzaron tanto más allá de lo que enseñaban los profesores en la escuela, como gramática, lectura y escritura, para poder escuchar y comprender bien una lengua extranjera, tampoco lograron desarrollar un nivel avanzado de competencia oral. Han logrado obtener puntuaciones muy altas en exámenes de lengua extranjera, como el PBT, el CBT, el TOEFL o el TOEIC, por ejemplo. Sin embargo, muy pocos pueden hacer una simple llamada telefónica de negocios en lengua extranjera.

Después de todo, en la mayoría de los países del mundo, es bien sabido que las escuelas dedican aproximadamente seis años a la enseñanza de gramática, lectura y escritura, principalmente basadas en el programa tradicional de Lengua Extranjera (FLE), durante la secundaria y preparatoria. Luego, los estudiantes más dedicados dedican aproximadamente otros cuatro años a estudiar Lengua

Extranjera (TL) en la universidad. No solo eso, muchos continúan estudiando Lengua Extranjera incluso después de la universidad. Esto es especialmente cierto para quienes estudian inglés en Corea, por ejemplo. Sé que en muchos otros países la situación es similar a la de los coreanos. Sin embargo, los más de diez años de FLE no han aportado prácticamente nada a los estudiantes en lo que respecta a su rendimiento en Lengua Extranjera (LE). En otras palabras, todos los esfuerzos durante tanto tiempo son en vano.

Sobre todo, no se trata simplemente de una pérdida de tiempo y recursos. Significa mucho más que eso. Con 10 años dedicados a estudiar gramática, leer, escribir y escuchar la lengua materna, la mayoría de los estudiantes perderían muchas oportunidades y las mejores condiciones físicas para aprender la lengua oral a nivel profesional, debido a que sus músculos y nervios de los órganos fonadores ya han envejecido. Todos sabemos lo que el envejecimiento significa para nuestra capacidad de aprender una lengua materna. La pérdida de oportunidades y la adaptabilidad física para un rendimiento excelente, debido al envejecimiento, podría ser el mayor sufrimiento de este tipo de educación descuidada.

Los hechos anteriores deberían ser suficientes para demostrar que el FLE tradicional y contemporáneo, con un fuerte enfoque en la gramática, la lectura, la escritura e incluso la comprensión auditiva, ha demostrado ser ineficaz para alcanzar el objetivo de la competencia oral. La razón fundamental de esta ineficacia reside en que ninguna de las asignaturas constituye el idioma en sí misma. El idioma, por naturaleza, es una herramienta de comunicación oral. Nada de lo anterior está relacionado con las habilidades de comunicación oral. Estas solo pueden desarrollarse mediante un entrenamiento intensivo en comunicación oral.

Por lo tanto, por muy bueno que sea un profesor, independientemente de los procedimientos o secuencias de enseñanza que se apliquen al impartir las asignaturas, el aprendizaje de lenguas extranjeras (LE) tradicional y contemporáneo tiene pocas posibilidades de formar estudiantes con las habilidades lingüísticas orales necesarias. Es muy lamentable que la mayoría de los profesores de lenguas extranjeras (LE) en todo el mundo, con o sin decisión propia, sigan aferrándose a los métodos tradicionales de enseñanza de lenguas extranjeras.

Dado que la educación en lengua extranjera (LEF) tradicional y contemporánea resulta improductiva, comenzamos a ofrecer educación en lengua extranjera (TL) a un número limitado de estudiantes mediante inmersiones breves o prolongadas en la comunidad TL. En realidad, no les impartíamos clases. Más bien, algunos padres adinerados enviaban a sus hijos a la comunidad TL, donde aprendían el idioma. Las personas con mayor poder adquisitivo podían enviar a sus hijos a la comunidad TL por un período más prolongado para una mejor adquisición del idioma. O incluso, toda la familia se mudaba al país de la TL para que los niños aprendieran el idioma. Por otro lado, los niños que solo se sumergían por un corto periodo de tiempo recibían un fuerte estímulo y un gran reto para estudiar el idioma.

Mientras que los pocos estudiantes seleccionados están fuera de la escuela sumergidos en la lengua materna con o sin su familia, la mayoría de los profesores de lengua materna enseñaron a la mayoría restante de los estudiantes con los métodos tradicionales sabiendo que no funcionaría y creyendo que cada vez más estudiantes deberían dejar las escuelas para vivir en países de lengua materna.

En general, las escuelas públicas parecen ser las más reacias al cambio. Más bien, se niegan a cambiar. Por otro lado, las escuelas privadas y los institutos de idiomas privados son más receptivos a la hora de reconocer los problemas y adaptar sus métodos de enseñanza.

Por lo tanto, algunos profesores de lenguas extranjeras en grupos de educación privada se han dado cuenta de que lo que enseñamos hasta ahora no es productivo y han intentado enseñar el idioma en su verdadero sentido a los estudiantes mediante la conversación o la instrucción individual. Otros profesores nativos también han guiado a los estudiantes utilizando métodos directos. Sin embargo, no parece que estos profesores hayan estado enseñando lo que motiva a los estudiantes a aprender lenguas extranjeras.

Ahora, revisemos los problemas una vez más. ¿Qué lleva a los estudiantes a aprender Lengua Extranjera (LE) al sumergirse en la comunidad de LLE? ¿Por qué no aprenden LLE en las clases de Lengua Extranjera (LE)? Hay muchas respuestas diferentes a estas preguntas. La mayoría atribuye la causa a la "falta de habilidades gramaticales", en primer lugar, y a la "falta de habilidades lectoras", en segundo lugar, y aboga por una mayor enseñanza de Lengua Extranjera (LE) en gramática y lectura. Muchos otros culpan a la "falta de vocabulario" de los estudiantes.

Así que hemos enseñado más gramática, lectura y vocabulario, pero en vano. Otros afirman que se debería enseñar la comprensión auditiva, algo que muchos estudiantes hicieron por sí mismos, pero en vano. Entonces, la gente parece haberse dado cuenta del verdadero problema cuando dice: «Necesitamos enseñar a hablar el idioma».

Sin embargo, al analizar en profundidad su trabajo, no parece que realmente enseñen a los estudiantes qué les impulsa a aprender el idioma. En otras palabras, enseñan las habilidades de habla superficialmente. No parecen darse cuenta de que hay muchos preparativos que realizar bajo la superficie para poder expresar una sola expresión.

Básicamente, les hemos enseñado todo lo posible a nuestros estudiantes. Independientemente de lo que hayan dicho los expertos en FLE, ya sea ellos mismos o terceros, se lo hemos enseñado.

Sin embargo, todos estos métodos comparten un problema fundamental: solo se centran en las áreas del sistema lingüístico y en los fenómenos que se observan fácilmente por encima del nivel superficial. Se han omitido por completo las observaciones exhaustivas para descubrir y desarrollar los fundamentos de estos fenómenos de adquisición y desarrollo del lenguaje a nivel superficial. Basándonos en lo que observamos en los patos flotando libremente en el agua, hemos desarrollado numerosos métodos para que los estudiantes floten en el agua.

En consecuencia, ninguno de nuestros estudiantes logró flotar con éxito en el agua. En cambio, para desarrollar métodos sin fallos, deberíamos haber observado con mucha atención lo que ocurre bajo el agua para que los patos parecieran flotar con tanta libertad.

Hay algo subyacente que es sumamente necesario, real y crucial, y que haría que los estudiantes aprendieran Lengua Extranjera (TL) sin importar dónde la estudien. Si no lo captan, no aprenderán el idioma, por muy inmersos que estén en la comunidad lingüística. Si no se lo enseñamos, no aprenderán. Sin él, nada en la superficie tiene sentido. A esto me refiero con que no hemos enseñado en la clase de idiomas. Lo llamo Entrenamiento de Balbuceo.

8

Respuestas incorrectas sobre la adquisición del lenguaje

Durante el último siglo, los programas de idiomas han fracasado una y otra vez, añadiendo nuevas áreas cada vez, lo que ha resultado en una larga lista de áreas. Entre ellas se incluyen gramática, vocabulario, lectura, comprensión auditiva, conversación, escritura, profesores nativos, comunidad lingüística, formación de idiomas en el extranjero, etc. Parece que ya no quedan más áreas por añadir.

Por lo general, los estudiantes tardan más de 10 años en completar esta larga lista de vías. Sin embargo, prácticamente nadie ha alcanzado un nivel significativo de competencia oral. En consecuencia, se ha demostrado que todas estas vías, individual o colectivamente, no son eficaces para adquirir la competencia oral.

En consecuencia, las preguntas de "¿ qué hacer?" y "¿cómo hacerlo?" para adquirir competencia oral nunca han cesado. Sin embargo, ha sido muy frustrante que muchos lingüistas y profesores de idiomas sigan ofreciendo algunas de las vías de la lista como respuestas creativas y exitosas a las preguntas.

Algunos ofrecen un programa de lectura basado en la teoría de la entrada óptima o i+1 como si esto garantizara el éxito. Muchos estudiantes ya han cursado muchos programas de lectura y han demostrado ser un fracaso para adquirir competencia oral. No entiendo por qué están tan estancados en el programa de lectura.

Otros ofrecen la pista de escucha, enfatizando que uno debe ser capaz de escuchar y comprender primero antes de poder hablar. Además, enfatizan que no se puede hablar un idioma sin habilidades de escucha y comprensión. Lo cual es totalmente falso. Por lo tanto, enfatizan la práctica de no preguntar al escuchar televisión, series o películas. ¿Cómo es que no pueden ver el hecho comprobado de que innumerables estudiantes que obtuvieron excelentes calificaciones en las pruebas de escucha y comprensión no han logrado adquirir competencia oral?

Muchos profesores de idiomas también afirman que los estudiantes necesitan experiencias para conocer y probar a hablantes nativos. Esta forma de convivir con hablantes nativos no solo no es viable para la mayoría de los estudiantes, sino que tampoco les permite adquirir competencia oral. A ningún hablante nativo, salvo a los niños, le gustaría pasar tiempo relacionándose con extranjeros que no hablan ni entienden su idioma. Relacionarse ocasionalmente con hablantes nativos no ayuda en absoluto.

Además, aunque de todos modos no cuentan porque ninguna de ellas son ideas nuevas, sino parte de la larga y vieja lista de pistas que han demostrado ser un fracaso, todas esas respuestas tienden a ser confusas, vagas y contradictorias.

Al escuchar las diversas respuestas de supuestos profesores de idiomas o lingüistas profesionales, siempre sentía una especie de nudo en el estómago. Primero, sabía que ninguna de las respuestas era buena. Segundo, aunque fueran incorrectas, eran demasiado abstractas y carecían de instrucciones detalladas. Ninguna de las respuestas indicaba a los estudiantes por dónde empezar ni con qué. Eran vagas y contradictorias: ¿Cómo un estudiante que no hablaba el idioma podía vivir la experiencia de hablar con un hablante nativo? ¿Cómo podían ver series y películas si no entendían el idioma?

He aquí una razón muy clara por la que los estudiantes tienen que gastar muchos años de su vida y toneladas de dinero solo para fracasar: los profesores de idiomas y los maestros no solo los han guiado o empujado por caminos equivocados, sino que también les han dado respuestas muy erróneas, vagas, confusas y abstractas a sus preguntas.

Como única forma de adquirir con éxito la competencia oral, he desarrollado e introducido el Método de Entrenamiento del Balbuceo (BTM). El modelo práctico del BTM es la forma en que los niños adquieren el lenguaje. La forma más sencilla de seguir el modelo es adoptar la forma en que enseñan piano. Todos conocemos la única forma en que los profesores de piano enseñan y lo que hacen los estudiantes para aprender a tocar el piano.

Es un hecho universalmente comprobado que los niños adquieren el lenguaje con fluidez en unos 30 meses. El hecho de que los bebés puedan adquirir el lenguaje en unos 30 meses no es un milagro. Simplemente significa que la forma en que los bebés adquieren el lenguaje es la más fácil y sencilla.

BTM garantiza que cualquier estudiante adquiera el idioma a un nivel que se corresponda con la cantidad de información real que haya adquirido y retenido; al igual que los estudiantes de piano adquieren habilidades pianísticas a un nivel que se corresponde con la cantidad de música que han adquirido y retenido. Cuanto más adquieran, mayor será su dominio. La información real, en sentido estricto, se refiere a expresiones prácticas con la voz de un hablante nativo[7] que los estudiantes pueden usar para la comunicación oral en su entorno cotidiano.

---

[7] Este término se refiere al insumo real que los estudiantes pueden adquirir y usar en su vida real. Dependiendo de los resultados esperados, el insumo real puede definirse como insumo real para aprender a hablar, leer, escuchar, escribir y gramática, respectivamente. El insumo que carece de características como usabilidad, narrativa, conversación, vocabulario, voz y gramática, necesarias para facilitar la adquisición del resul-

Además, he escrito, editado y publicado una serie de cuatro libros llamados *BTM Inglés Real* como libros de texto de entrada real ejemplares para profesores y estudiantes de inglés.

Para adquirir un idioma, BTM sugiere que, dependiendo del alumno, se debe adquirir un mínimo de 1000 a 3000 entradas reales y retenerlas durante 2 o 3 años. Una vez adquirido un idioma, se requiere un entrenamiento continuo de balbuceo para adquirir más entradas reales, no solo para mantener el dominio del idioma adquirido, sino también para mejorar la competencia oral, tal como lo hacen los hablantes nativos.

Al principio de los párrafos, afirmé con valentía: « Normalmente, los estudiantes tardan más de diez años en completar esta larga lista de trayectorias. Sin embargo, nadie ha alcanzado un nivel significativo de competencia oral ».

Lo afirmé con seguridad porque, basándome en la hipótesis de entrada y salida de BTM, sé que nadie puede adquirir competencia oral sin una cantidad significativa de información real adquirida y retenida, suficiente para hablar el idioma. Es igual que nadie puede tocar el piano sin una cantidad significativa de música adquirida y retenida, suficiente para tocarlo.

Ninguno de los métodos tradicionales de enseñanza de idiomas ha llevado a los estudiantes a un entrenamiento intensivo de balbuceo sobre la información real. Por consiguiente, ningún estudiante podría haber adquirido y retenido una cantidad significativa de información real; por lo tanto, es lógico concluir que ninguno de ellos podría haber alcanzado un nivel significativo de competencia oral.

---

tado esperado, no se considera insumo real efectivo ni eficiente para los respectivos resultados esperados. En sentido estricto, el insumo real se refiere a expresiones prácticas con la voz de hablantes nativos que los estudiantes pueden usar para la comunicación oral en su vida diaria.

CAPÍTULO 2

Problemas de Stephen Krashen vs. BTM

Lo cierto es que el lenguaje solo se adquiere mediante el entrenamiento del balbuceo. Esta es la única condición necesaria y suficiente para su adquisición. Por lo tanto, no se puede hablar sin aprender primero a hablar.

Krashen dijo que la adquisición natural ocurre después **del silencio. Periodo** en el que se proporciona información comprensible de forma constante. Si lo hubiera observado correctamente, habría dicho que la adquisición natural se produce tras **un entrenamiento de balbuceo exitoso.**

Krashen ha ofrecido variaciones de entradas, pero no ofreció ninguna para el entrenamiento de balbuceo. El habla no se puede adquirir mediante entradas para leer, escuchar, escribir, hablar o gramática.

Todas las entradas que Krashen ha introducido son entradas para leer y escuchar, no para aprender a hablar.

Es por eso que las teorías de Krashen han fracasado, como todos los métodos tradicionales.

Hablar de distintos tipos de entradas no tiene sentido cuando no existe un programa diseñado para que los estudiantes aprendan a hablar primero.

1

Problemas con las teorías de entrada de Krashen :

Hipótesis de entrada (i+1), entrada comprensible y entrada óptima

1. Historia de las hipótesis de entrada de Krashen

destacado lingüista y, al parecer, la persona más influyente en la enseñanza de idiomas, ha introducido diversas teorías y guías sobre la adquisición de lenguas. En sus inicios, Krashen creía en la gramática y dirigió durante mucho tiempo programas de enseñanza de idiomas basados en ella en la Universidad del Sur de California.

Luego, confesó que la gramática no ayuda a los estudiantes a adquirir el lenguaje y se apartó de las teorías gramaticales para adentrarse en las teorías de entrada. Introdujo múltiples teorías de entrada, como la Hipótesis de Entrada (i+1), la Hipótesis de Entrada Comprensible y la Hipótesis de Entrada Óptima. Parece creer que el fracaso en la adquisición del lenguaje hasta la fecha se debe fundamentalmente a entradas ineficaces, como la gramática.

Continuó detectando problemas con sus teorías de entrada e introdujo una tras otra. Sin embargo, en mi opinión, ninguna de ellas parece marcar una diferencia significativa en el mundo real de la enseñanza de idiomas. Desafortunadamente, sus teorías parecen haber generado más confusión y un concepto inestable de la enseñanza de idiomas para estudiantes y profesores.

No sabemos cuándo dejaría de introducir una nueva teoría de la entrada. Además, las entradas que ha introducido hasta ahora, consideradas eficaces para la adquisición del lenguaje, no son, creo, nada nuevo, salvo las que han sido probadas por cientos de millones de personas en el mundo y que la historia de la enseñanza de idiomas ha demostrado ser un fracaso.

Sé que cientos de miles de personas en Corea han probado todo tipo de recursos disponibles en librerías, películas, series, revistas y libros de cuentos durante más de diez o incluso veinte años, pero no han logrado dominar el inglés. Sé que los coreanos no son los únicos que anhelan aprender inglés como segunda lengua.

2. Todos adquirimos el lenguaje de la misma manera

Krashen responde a la pregunta más importante sobre la adquisición del lenguaje: "¿Cómo adquirimos el lenguaje?", con la Hipótesis de la Entrada Comprensible: "Adquirimos el lenguaje de una sola manera cuando recibimos información comprensible en un entorno de baja ansiedad". También declaró: "Todos adquirimos el lenguaje de la misma manera". Además, afirmó que la adquisición natural se produce tras un período de silencio, cuando se proporciona información comprensible constantemente a los estudiantes, y es un fenómeno inevitable.

de Krashen contradice sorprendentemente una de sus antiguas hipótesis: la hipótesis de la adquisición-aprendizaje del lenguaje, donde argumentaba que la adquisición (conversación) contribuye a la fluidez y, por otro lado, el aprendizaje (gramática) contribuye a la precisión. Basándose en esta teoría, él, un lingüista-gramático muy típico, insistió en que los programas de adquisición basados en la conversación y los programas de aprendizaje sistemático basados en la gramática debían implementarse conjuntamente. Sin embargo, no dudó en rechazar su propia teoría al descubrir que tanto la fluidez como la precisión se logran únicamente mediante la adquisición. También afirmó. que la enseñanza sistemática de la gramática no funciona en la enseñanza de idiomas.

de Krashen presuponen el mecanismo de adquisición del lenguaje (LAD)[8]. Es decir, parece creer que, cuando esos datos se proporcionan constantemente a los estudiantes, el LAD contribuirá a la adquisición. También... Parece creer que la adquisición debe tener lugar cuando se proporcionan insumos de manera constante.

Estoy totalmente de acuerdo con Krashen en que adquirimos el lenguaje de una sola manera. Sin embargo, no estoy de acuerdo con su teoría de la entrada comprensible como la única forma de adquirir el lenguaje, ya que la historia ha demostrado que la "entrada comprensible en un entorno de baja ansiedad" ha fallado a innumerables estudiantes.

Para mí, adquirimos el lenguaje de una sola manera. El entrenamiento intensivo de balbuceo con estímulos reales durante un período prolongado es la única manera de que todos adquiramos el lenguaje.

3. Problemas con las teorías de Krashen

3.1. Teoría de entrada

Las hipótesis de entrada de Krashen, ya sean i+1, comprensibles u óptimas, presentan el problema de que sus definiciones son muy

---

[8]   LAD (Dispositivo de Adquisición del Lenguaje) es un concepto virtual introducido por Chomsky según el cual todos los hombres nacen con un dispositivo de adquisición del lenguaje en algún lugar del cerebro, que procesa y adquiere las entradas lingüísticas.

vagas y poco concretas. En una conferencia, explicó qué es una entrada comprensible. Tomó como ejemplo la descripción de un rostro humano que nombra y señala los ojos, la nariz, la boca y las orejas... Parecía que la entrada comprensible se refiere a una entrada comprensible para los estudiantes según el contexto. Esto limitaría la enseñanza de lenguas extranjeras (LE) principalmente a entornos de inmersión natural o a programas que requieren el uso de recursos visuales, lo que generaría numerosas barreras, restricciones y dificultades en la mayoría de los programas de LE.

En muchas conferencias, Krashen hizo hincapié en la lectura para que los estudiantes aprendieran el idioma. Esto demuestra claramente que Krashen recomienda la lectura como una forma de recibir información comprensible. ¿Y qué hay de la escritura?

Sin embargo, la historia de la enseñanza de idiomas muestra claramente muy pocos casos de estudiantes que han adquirido el lenguaje mediante la lectura. Además, la historia ha demostrado claramente que pocos estudiantes lo han adquirido también mediante la escucha.

Para mí, las teorías de entrada deben fracasar porque esas entradas comprensibles u óptimas para leer no están diseñadas para un entrenamiento de balbuceo efectivo y eficiente para la adquisición.

3.2. Teoría del filtro afectivo

Para mejorar la adquisición, Krashen propuso la teoría del Filtro Afectivo, según la cual el nivel de adquisición del estudiante puede variar según la motivación, la autoestima y la ansiedad. Parece lógico que un estudiante con baja motivación, baja autoestima y alta ansiedad no adquiera el lenguaje. Sin embargo, la teoría del Filtro Afectivo no ha logrado explicar el hecho contrario: numerosos estudiantes con alta motivación, alta autoestima y baja ansiedad aún no logran adquirir el lenguaje tras incontables esfuerzos por comprender la información que se les proporciona.

Si la historia muestra claramente que la adquisición de excelentes habilidades de lectura y escucha a través de mucha lectura y escucha ha impedido que los estudiantes adquieran el lenguaje, ¿de qué sirve hablar de un aporte efectivo de la lectura y la escucha, o incluso de la escritura?

Hasta ahora, he señalado los problemas de las teorías de la Entrada Comprensible y el Filtro Afectivo de Krashen. Me gusta su observación de que la gramática ya no cuenta en la adquisición del lenguaje y que adquirimos el lenguaje de una sola manera.

Sin embargo, no estoy de acuerdo con que la entrada comprensible sea la única condición porque Krashen carece de un requisito fundamental para adquirir el lenguaje : el entrenamiento del balbuceo.

De hecho, me niego a admitir la teoría de la entrada comprensible como un método eficaz para la adquisición del lenguaje. No difiere mucho de los métodos tradicionales que han engañado y defraudado a los estudiantes.

3.3. Teoría de la entrada óptima

La hipótesis de la entrada óptima de Krashen no difiere mucho de la hipótesis de la entrada comprensible. Parece haber creado simplemente un concepto de entrada óptima que incluye lo "convincente", lo "rico", Insumos de calidad y cantidad, además de los de comprensión. Argumenta que el insumo óptimo sería el más eficaz para la adquisición del lenguaje. Además, argumenta que la escucha de cuentos y la lectura guiada son los mejores métodos para obtener el insumo óptimo.

Krashen argumenta que la adquisición se produce mediante el aporte óptimo. Es decir, los estudiantes adquirirán el lenguaje cuando se les proporcione el aporte óptimo que contenga las cinco características de «comprensible», «convincente», «rico», « de calidad» y «cantidad» a través de la escucha y la lectura.

Sin embargo, en la vida real, leer muchos libros solo ayuda a los estudiantes a mejorar sus habilidades de lectura. De igual manera, escuchar cuentos u otros tipos de escucha solo ayudan a los estudiantes a mejorar sus habilidades de escucha. Esto se ha demostrado como una realidad, especialmente para las lenguas extranjeras[9], a lo largo de la historia de la enseñanza de idiomas.

Por ejemplo, no es ningún secreto que los estudiantes con altas puntuaciones en comprensión auditiva y lectura en el TOEFL o el TOEIC seguramente tienen un alto nivel de comprensión auditiva y lectura, pero no tienen fluidez oral. Esta experiencia práctica, comprobada históricamente, indica que las teorías de Krashen sobre la comprensión y la comprensión óptima de la información no implican la adquisición de la competencia oral.

Creo que no se puede esperar la adquisición del lenguaje cuando la entrada no está diseñada para un entrenamiento de balbuceo efectivo y eficiente, independientemente de si alguna entrada sería óptima para leer y escuchar o no.

---

[9] Utilizo este término para referirme a idiomas totalmente ajenos entre sí, con características lingüísticas y culturales extremadamente diferentes, como el coreano y el inglés o el japonés y el inglés. Por otro lado, idiomas como el inglés, el español y el alemán presentan relativamente pocas diferencias lingüísticas y culturales. A estos idiomas los llamo lenguas primas, que son mucho más fáciles de aprender.

2

Razones fundamentales del fracaso de las teorías de Krashen

El hecho de que la teoría de la entrada de Krashen se haya complementado y desarrollado en diversas versiones demuestra que la serie de teorías de entrada, si es exitosa, no garantiza la adquisición. Esto significa que la entrada definida por las teorías y los actos requeridos para tomarla, si son exitosos, no satisfacen los requisitos para la adquisición.

Entiendo por qué las teorías de entrada no pueden lograr una adquisición exitosa. Explicaré las razones con las hipótesis de trabajo de BTM.

1) No hay mutación entre la entrada y la salida

Una de las hipótesis de trabajo de entrada-salida de BTM estipula que ninguna entrada puede producir una salida de diferente categoría. Es decir, una entrada comprensible para la lectura solo producirá la adquisición de la habilidad lectora como salida. De igual manera, una entrada óptima para la escucha solo producirá la adquisición de la habilidad auditiva como salida. Por lo tanto, el resultado de la escritura como entrada será la adquisición de la habilidad de escritura. La gramática como entrada solo producirá conocimiento gramatical. Por esta razón, la gramática no contribuye a la adquisición, como afirmó Krashen.

Basándome en mi propia experiencia en la enseñanza de idiomas y en mis observaciones, creo que se trata de un fenómeno universal. Algunos cuestionarían esta hipótesis, argumentando que hay personas que adquirieron cierta destreza oral mediante la escucha. Este fenómeno no prueba que la hipótesis sea errónea. Simplemente significa que el estudiante realizó cierto entrenamiento de balbuceo (esfuerzos repetidos para recordar y decir) sobre la información recibida para la escucha. Si alguien adquirió cierta destreza oral mediante la lectura, también significa que el estudiante realizó cierto entrenamiento de balbuceo sobre la información recibida para la lectura.

Los tipos de insumos que Krashen introdujo a través de sus teorías de insumos son insumos para la lectura y la escucha. Por lo tanto, el único resultado esperado de estos insumos será la adquisición de habilidades de lectura y escucha.

2) Ninguna entrada produce ninguna salida

de BTM sobre entrada-salida es que "ninguna entrada produce salida". El fracaso de las teorías de entrada de Kreshan para adquirir fluidez verbal proviene del hecho de que las teorías no ofrecen la entrada real para aprender a hablar excepto en el caso de inmersión.

Krashen argumenta que el aporte óptimo sería el más eficaz para la adquisición del lenguaje. Su aporte óptimo reúne las cinco características: «comprensible», «convincente», «rico» y «en cantidad». Además, argumenta que la escucha de cuentos y la lectura guiada son los mejores métodos para obtener el aporte óptimo.

Sin embargo, los aportes óptimos a través de la lectura guiada y la escucha de cuentos difícilmente constituyen aportes reales efectivos[10] porque están diseñados para ser óptimos para la lectura y la escucha, no para el entrenamiento Babble.

En consecuencia, dado que la entrada del método de entrada óptimo carece de las características necesarias para ser una entrada real, no se puede esperar un resultado significativo para la adquisición de la competencia oral. Independientemente de si se ofrece una entrada i+1, una entrada comprensible o una entrada óptima, estas no cumplen los requisitos para ser una entrada real para el entrenamiento del balbuceo; por consiguiente, los estudiantes no adquirirán la habilidad de hablar.

3) Sin parloteo, no hay adquisición

Otra hipótesis de trabajo de BTM sobre la adquisición del lenguaje es « Sin balbuceo no hay adquisición ». Esta hipótesis, que se explica por sí sola, afirma que no se puede producir adquisición sin actividades de balbuceo [11]. Según esta hipótesis, los tres factores de adquisición: intuición lingüística, capacidad física y recursos lingüísticos, solo pueden lograrse simultáneamente mediante el entrenamiento del balbuceo.

---

[10] Este término se refiere al aporte real que los estudiantes pueden adquirir y utilizar en su vida real. Dependiendo de los resultados esperados, el aporte real puede definirse como un aporte real para aprender a hablar, leer, escuchar, escribir y gramática, respectivamente. El aporte que carece de características como usabilidad, narrativa, conversación, vocabulario, voz y gramática, necesarias para facilitar la adquisición del resultado esperado, no se considera un aporte real efectivo y eficiente para los respectivos resultados esperados.

[11] Utilizo el término "balbuceo" o "balbuceo" para referirme a los actos repetidos del aprendiz de imitar, copiar o practicar la información lingüística con el fin de adquirir el lenguaje, especialmente la expresión oral. Sin embargo, en un sentido amplio, también lo utilizo para referirme a la práctica repetida del aprendiz de escuchar, leer y escribir tras la información lingüística, con el fin de adquirir las habilidades correspondientes.

Si cualquiera de los tres factores de adquisición fuera cero, uno no podría realizar ninguna actividad lingüística como hablar, escuchar, leer y escribir[12]. Además, el entrenamiento intensivo de balbuceo ayuda al alumno a superar la resistencia lingüística[13] que siente hacia la lengua materna. Por lo tanto, el entrenamiento de balbuceo es una actividad imprescindible para adquirir un idioma.

El hecho de que las teorías de entrada de Krashen no ofrezcan la entrada real necesaria para la adquisición de fluidez verbal es una de las dos causas fundamentales del fracaso de los programas basados en la teoría de entrada óptima.

La otra causa fundamental del fracaso de los programas basados en la teoría óptima es que Krashen no ha aplicado a sus modelos de entrada el factor crucial del entrenamiento del balbuceo en la adquisición. Krashen no parece considerarlo un factor crucial en la adquisición. No parece reconocer su papel crucial en la adquisición del lenguaje.

En la adquisición natural del lenguaje, los miembros de la familia, especialmente la madre, desempeñan el papel principal al ofrecer información real y guiar al bebé a balbucear. Por lo tanto, después de cierta cantidad de información real y tiempo de... Entrenamiento

---

[12] Véase el artículo titulado ' Hipótesis de trabajo sobre la adquisición del lenguaje '.

[13] La resistencia lingüística es el grado de incapacidad física y cognitiva para procesar la información, lo que dificulta la producción de información. Esta resistencia se debe principalmente a la distancia lingüística entre la lengua materna y la lengua materna, y a la edad. La edad refleja el grado de adhesión física y cognitiva a las características lingüísticas de la lengua materna. Además, la resistencia lingüística puede verse incrementada por cualquier tipo de incapacidad individual para procesar la información. La resistencia lingüística explica por qué las diferentes lenguas son más o menos... Un desafío para los estudiantes con diferentes MT Antecedentes para adquirirlos en comparación con otros idiomas. Esto también explica por qué los niños, en general, pueden adquirir un idioma extranjero relativamente más rápido que los adultos.

del Balbuceo: la lengua materna se adquiere. Ningún bebé adquiere el lenguaje sin balbucear para aprender a hablar. De igual manera, ningún aprendiz puede adquirir el lenguaje sin un entrenamiento tenaz del balbuceo con estímulos reales.

3

BTM en el mundo real

Personalmente, he tenido la experiencia de fracasar en la adquisición del inglés. También he tenido la experiencia de adquirirlo con éxito por mi cuenta en Corea. Desarrollé el método BTM basándome en mis propias experiencias de fracaso y éxito en la adquisición del inglés; los testimonios de otras personas que lo han logrado; mis propios estudios e investigaciones en lingüística, con especial atención a la adquisición de lenguas extranjeras ; experiencias fallidas enseñando lenguas extranjeras en Corea del Sur y Estados Unidos; y experimentos de aplicación del método BTM, con y sin éxito, en la Universidad de Colorado en Boulder y en un programa privado.

La conclusión que obtuve de todas esas experiencias es que el entrenamiento intensivo de balbuceo, en lugar de la entrada real, es un factor indispensable para adquirir el lenguaje. Mis experimentos demostraron claramente que cualquier compromiso para prescindir del entrenamiento intensivo de balbuceo durante un tiempo prolongado ha resultado en un fracaso.

Tenía un nivel muy bajo de gramática y vocabulario inglés desde la secundaria en Corea. En la preparatoria, que solo ofrecía una hora de clase a la semana, estudié gramática inglesa durante aproximadamente un año y medio, desde el segundo semestre del primer año hasta el final del segundo, de forma constante y diaria. Luego, tuve que rendirme porque no vi ningún progreso en mi inglés hablado.

No estudié inglés en el tercer año, el último año de secundaria en Corea.

Después de la preparatoria, no fui a la universidad, pero conseguí un trabajo. Empecé a estudiar inglés de nuevo. Empecé con el entrenamiento de Babble, usando libros de texto para diálogos conversacionales con cintas de audio. Un año después, agregué el entrenamiento de Babble para aprender a leer. Un año después, también agregué el entrenamiento de Babble para aprender a escribir, escribiendo un diario. Para mi sorpresa, todo salió muy bien. Adquirí bastante confianza al hablar, leer y escribir en inglés. Diría que tardé unos tres años. Cuando vine a Estados Unidos a estudiar lingüística, después de graduarme de una universidad en Corea, tuve la suerte de conseguir un trabajo independiente como intérprete profesional de coreano-inglés para los tribunales estadounidenses, así como para los tribunales estatales de Colorado.

Le presenté el método de estudio, que me resultó sorprendentemente exitoso, a una estudiante universitaria que luego se convirtió en mi media naranja. Empezó con el entrenamiento de balbuceo, igual que yo. Más tarde, añadió el balbuceo para aprender a escuchar. No hizo tanto entrenamiento de balbuceo para aprender a leer y escribir como yo. Aun así, se convirtió en una hablante de inglés muy competente.

También conozco a algunos coreano-americanos que conocí en Estados Unidos, que tenían alrededor de 40 años y hablaban inglés con mucha fluidez. Aunque parezca increíble, es muy raro encontrar coreano-americanos puros que se mudaron a Estados Unidos después de los 30, que vivieron allí más de 10 o 20 años y que hablen inglés con fluidez. Descubrí que tenían experiencias de fracaso con el inglés, igual que yo. También descubrí que lo que hicieron con tenacidad para adquirir fluidez en inglés en Corea durante muchos años fue lo que ahora llamo entrenamiento de balbuceo.

Antes de venir a Estados Unidos, impartí clases de inglés a estudiantes de secundaria y universitarios en Corea durante algunos años, siguiendo los métodos tradicionales: gramática, comprensión lectora, TOEFL y TOEIC. No tuve la opción de desarrollar mi propio método. Ninguno de ellos logró dominar el inglés oralmente. Incluso aquellos que obtuvieron puntuaciones muy altas en TOEFL o TOEIC carecían de una buena comprensión oral del inglés.

Enseñé coreano en la Universidad de Colorado en Boulder. Diseñé el programa BTM para que se adaptara al entorno de la clase. El programa se diseñó para ayudar a los estudiantes a retener todas las expresiones realistas presentadas durante la clase. Por ejemplo, se requiere que los estudiantes puedan interpretar cualquier rol en la clase cualquier día para escenarios seleccionados al azar que se presentan durante el semestre.

Para los cuestionarios, los estudiantes deben escribir las expresiones en coreano correspondientes a mensajes en inglés elegidos al azar de los escenarios. Para los exámenes, los estudiantes deben grabar su propia voz diciendo las expresiones en coreano correspondientes a 100 o 150 mensajes en inglés elegidos al azar.

De esta manera, normalmente, los estudiantes aprenderían y retendrían entre 800 y 900 expresiones realistas en un semestre. Al final del semestre, se volverían muy comunicativos en coreano. Si continuaran tomando la clase durante al menos tres semestres, es muy probable que aprendieran unas 3000 expresiones realistas y sentaran una base sólida para adquirir un nivel de fluidez en coreano, continuando con el entrenamiento de Babble por sí mismos, y así retenerlas durante al menos un año más.

Sin embargo, los estudiantes se quejaban de que la clase era demasiado exigente en comparación con otros programas de idiomas, y la mayoría no regresaba al siguiente semestre, lo cual me desanimaba mucho, como profesor. Por lo tanto, basándome en las hipótesis de trabajo de BTM, creo que los estudiantes habrían fracasado rotundamente a menos que hubieran continuado con el entrenamiento de Babble por sí solos sobre las expresiones aprendidas durante el semestre.

Como los estudiantes se quejaron y no volvieron al semestre siguiente, lo que redujo su tasa de reingreso y haría que mi enseñanza no fuera buena, desarrollé y apliqué un programa similar al método FLE tradicional: gramática, lectura y conversación durante un par de años. A los estudiantes les gustó mucho más, ya que la demanda de la clase es similar a la de otros programas de idiomas.

Casi todos los estudiantes prestaron mucha atención a la gramática, a pesar de que les di mayor importancia a la conversación. Su desempeño fue muy deficiente. No retuvieron las expresiones aprendidas en clase durante el semestre, ya que el programa no las exigía. Al final del semestre, ninguno pudo comunicarse conmigo en situaciones de conversación sencillas utilizando las expresiones presentadas en clase. No tuvieron ninguna oportunidad de aprender coreano. Este resultado no me sorprendió en absoluto.

Enseñé inglés a muchos grupos pequeños de coreano-estadounidenses en el área metropolitana de Denver, Colorado. Era un programa de un año con una clase semanal de dos horas. Tenían entre 40 y 50 años y trabajaban a tiempo completo.

Diseñé el programa para adaptarlo a su situación grupal. Les daba tareas semanales y, al llegar a clase, los dividía en varios grupos de dos personas y les pedía que representaran el escenario entre ambos, independientemente de los personajes.

De esta manera, no tenemos que preocuparnos por igualar el número de caracteres. Yo rodearía a los grupos, escuchando sus articulaciones y ayudándolos a articularlas correctamente. Después de que cada grupo representara el escenario, usaría un proyector para presentarlos en coreano y pediría a los estudiantes que dijeran el mensaje correspondiente en inglés.

Los estudiantes aprendieron unas 2500 expresiones. Fue todo un éxito para algunos estudiantes que dedicaron mucho tiempo y esfuerzo a aprenderlas todas. Me agradecieron poder usar las expresiones aprendidas en sus trabajos y negocios.

Una señora aprendió a aplicar el método BTM para aprender inglés. No pudo asistir a mi clase por problemas de horario. Aprendió inglés por su cuenta con el método BTM usando el material que diseñé. Estaba muy contenta de ver lo bien que le había funcionado el método BTM y me dijo: «Eres la segunda ^{persona} más agradecida después de Dios que he conocido ».

4

Entrada real vs. entrada óptima

de Krashen presenta la entrada óptima como la mejor entrada para los estudiantes, y escuchar historias y la lectura guiada son el mejor método para que los estudiantes obtengan la entrada óptima.

El aporte óptimo consiste en proporcionar a los estudiantes un lenguaje comprensible, interesante y rico. La idea es que los estudiantes adquieran el lenguaje y la alfabetización mediante este aporte óptimo. Tiene las siguientes cuatro características:

1. Comprensible: la entrada debe ser comprensible, incluso si contiene algunas partes incomprensibles.
2. Atractivo: el texto debe ser interesante y atractivo para que los estudiantes olviden temporalmente que está en un idioma extranjero.
3. Calidad: el input debe ser rico en lenguaje e incluir nuevas palabras o estructuras que estén ligeramente más allá del nivel actual del estudiante.
4. Cantidad: Los insumos deben ser abundantes para que los estudiantes tengan más oportunidades de adquirir el lenguaje.

Mientras tanto, el BTM utiliza insumos reales orientados a la producción. Es decir, utiliza insumos reales o prácticos diseñados para la producción requerida. Según la edad, el entorno y la producción requerida del estudiante, se puede organizar la producción real.

El insumo real es el insumo práctico o realista que los estudiantes pueden adquirir y utilizar en su entorno real. Dependiendo de los resultados esperados, el insumo real puede especificarse como insumo real para aprender a hablar, leer, escuchar y escribir, respectivamente. El insumo que carece de las características necesarias para facilitar la adquisición del resultado esperado, como usabilidad, contexto, interacción y voz, no se considera un insumo real efectivo.

En lugar de abordar indefinidamente información nueva y abundante, BTM, para lograr una adquisición eficaz y fluida, prioriza el entrenamiento de balbuceo repetido sobre la información real que las personas usan a diario en diversas situaciones de entornos habituales. BTM busca que los estudiantes analicen esa información real con la mayor frecuencia posible y la almacenen en su Dispositivo de Adquisición del Lenguaje para poder usarla cuando la necesiten y maximizar su intuición lingüística en la lengua meta.

El método detallado para un entrenamiento de balbuceo eficaz se puede encontrar en los siguientes capítulos.

No diré que sea absolutamente imposible que los estudiantes adquieran un idioma mediante la escucha intensiva de cuentos y la lectura guiada con un aporte óptimo. En particular, coincido en que se pueden adquirir idiomas fáciles, hasta cierto punto, mediante dicha escucha intensiva de cuentos y la lectura guiada con un aporte óptimo.

Aunque escuché testimonios de personas que presumían de que sus hijos habían aprendido un idioma tras leer más de mil cuentos durante toda la primaria, dudo de su evaluación. Por ejemplo, quienes no hablan inglés dirían que alguien que apenas sabe pedir hamburguesas en McDonald's lo habla muy bien. Si alguien llega a dominar un idioma extranjero, significa que debe haber aprendido mucho del balbuceo por sí mismo.

De todos modos, FLE no es un programa sólo para un puñado de estudiantes especiales.

El objetivo principal de BTM es que cada estudiante se desenvuelva con fluidez en su vida diaria en aproximadamente uno o dos años, adquiriendo un par de miles de estímulos reales para aprender a hablar. Esto es realmente factible para la mayoría de los estudiantes comprometidos. Posteriormente, BTM busca la adquisición gradual de habilidades de lectura, comprensión auditiva y escritura fluidas, como lo hace cualquier persona normal con el tiempo.

Más adelante en este libro se presentarán breves ejemplos de insumos reales para aprender a hablar y a leer.

5

Enfoque geocéntrico (métodos tradicionales) y enfoque heliocéntrico (BTM)

La verdad nunca ha cambiado. Siempre ha sido la Tierra la que gira y se mueve alrededor del Sol, dándonos días, noches y estaciones. La humanidad tardó mucho en reconocer el heliocentrismo como una verdad del universo. Se equivocaron durante mucho tiempo al creer en el geocentrismo.

La verdad nunca ha cambiado. Siempre ha sido así. El entrenamiento del balbuceo permitió que el hombre adquiriera el lenguaje. Los lingüistas y profesores se han equivocado durante mucho tiempo al creer en los métodos tradicionales de enseñanza de la gramática, la lectura, la comprensión auditiva y la conversación.

La mayoría de los lingüistas y profesores de idiomas son tan obstinados que insisten en que el ser humano debe aprender el idioma mediante la gramática, la lectura, la comprensión auditiva o la conversación, métodos que pueden clasificarse como tradicionales. Los lingüistas y profesores se han dedicado a desarrollar programas avanzados de FLE dentro del marco de los métodos tradicionales geocentristas.

Así es como los lingüistas y profesores de idiomas han causado daños irreparables a cientos de millones de personas en todo el mundo. Por culpa de estos lingüistas y profesores, incluyéndome a mí también, los estudiantes malgastaron tiempo, dinero y vidas aprendiendo idiomas en vano.

Para comprender fácilmente cuán fundamentalmente erróneos han sido los métodos tradicionales desde el principio, afirmo que los métodos tradicionales de FLE son los métodos de FLE de la era del geocentrismo, o métodos geocéntricos. Asimismo, para comprender fácilmente cuán fundamentalmente correcto ha sido el Método de Entrenamiento Babble (« BTM ») desde el principio, afirmo que el BTM es el método de FLE de la era del heliocentrismo, o método heliocéntrico.

El geocentrismo parecía tener respuestas a todas las preguntas que la gente se había planteado durante mucho tiempo, como el cambio de los días y las noches, el cambio de las estaciones, etc., y eso fue suficiente para todos durante mucho tiempo. Sin embargo, algunos astrónomos descubrieron que había un par de cuestiones que el geocentrismo no podía resolver: el cambio de las fases y tamaños de Venus. Además, el misterio del movimiento de Marte no podía explicarse mediante el geocentrismo. Finalmente, este misterio dio origen al heliocentrismo.

Así, los métodos geocéntricos de enseñanza de idiomas satisficieron a lingüistas y docentes, ya que parecían responder a las preguntas sobre cómo analizar las estructuras oracionales, leer y escribir en la lengua meta. Creían que los métodos geocéntricos resolverían todos los problemas de la enseñanza de idiomas.

Sin embargo, los métodos geocéntricos no han logrado resolver el misterio de que ninguno de los estudiantes con A+ domine sus lenguas meta. Por ello, lingüistas y profesores han desarrollado todo tipo de métodos con ideas creativas para complementar los métodos tradicionales y resolver el problema. Sin embargo, han fracasado una y otra vez.

Aun así, no muchos de estos lingüistas y profesores consideran que el método heliocéntrico de la TMB resuelve de forma eficaz y segura el misterio sin resolver de la adquisición del lenguaje. La TMB es el único método para adquirir el lenguaje y todas sus áreas, como el habla, la lectura, la escritura, la comprensión auditiva y la gramática, al mismo tiempo. Ninguno de los métodos tradicionales puede lograrlo.

de Krashen sólo pueden fallar simplemente porque todavía pertenecen al enfoque geocéntrico de los métodos tradicionales.

Ahora bien, con el fin de proporcionar Una respuesta clara a todos los fracasos repetidos de los métodos tradicionales y también de las teorías de entrada de Krashen, ofrezco las hipótesis de trabajo de BTM de adquisición y de entrada-salida, que se presentarán más adelante.

Al comprender las hipótesis, se descubrirá lo que ha estado faltando en las teorías de Krashen así como en los métodos FLE tradicionales.

Presenté BTM como la única forma de aprender un idioma, independientemente de si es fácil o difícil. Sin duda, todos aprendemos un idioma de la misma manera mediante el entrenamiento de Babble con información real.

No pretendo decir que las aportaciones y las maneras sugeridas por Krashen sean completamente ineficaces. Por ejemplo, coincido con Krashen en que los estudiantes adquirirían el lenguaje cuando se les ofreciera constantemente información comprensible en un entorno de inmersión, donde el entrenamiento de balbuceo se llevaría a cabo de forma natural para sobrevivir. Esto se debe a que, en un entorno de inmersión, los estudiantes se ven obligados, voluntaria o involuntariamente, a realizar un entrenamiento de balbuceo muy intensivo para sobrevivir. Sin embargo, este tipo de método es muy poco realista para la gran mayoría de los estudiantes.

Entrenamiento de balbuceo sobre la cantidad debida de información real y El tiempo[14] es la única forma universal para que todos los seres humanos adquieran un lenguaje. Ningún idioma se adquiere sin el Entrenamiento del Balbuceo. Sin la ayuda del Entrenamiento del Balbuceo no se adquiere.

El BTM es muy fácil, sencillo y realista. Se puede aplicar a clases con muchos estudiantes. El profesor de BTM no necesita dominar la lengua meta. El BTM impulsa el desarrollo del lenguaje oral (LAD) de forma muy eficaz, al igual que en la adquisición de la lengua materna. Con el BTM, los estudiantes pueden realizar el entrenamiento de balbuceo con información real, ya sea individualmente o entre ellos.

Se puede usar un dispositivo de audio para practicar el balbuceo. No requiere necesariamente interacción en persona ni compañeros. Se puede practicar el balbuceo sin un profesor. No es necesario viajar por todo el mundo para sumergirse. Se puede balbucear solo en casa, en el trabajo o en el autobús.

Los estudiantes y profesores pueden aplicar las hipótesis de trabajo de BTM presentadas anteriormente como una herramienta para determinar si un programa, libro de texto o teoría de FLE elegido funcionaría o no para la adquisición.

No se trata ni de leer ni de escuchar información comprensible, sino del entrenamiento de balbuceo repetido sobre información real, lo que hace que la adquisición sea inevitable.

---

[14]   La cantidad de información real y el tiempo necesarios varían según la resistencia lingüística del individuo a la lengua materna y el grado de inmersión mental para aprenderla. Más adelante se presentará un análisis concreto.

6

¿Puede la IA resolver los problemas de FLE? No y sí.

Como parte de una investigación sobre métodos eficaces de enseñanza de lenguas extranjeras, revisé cerca de 300 artículos escritos por investigadores y académicos coreanos sobre diversos temas relacionados con la eficacia de los programas de inglés en Corea. Literalmente, todas las ideas abordadas en los artículos se centraban en cómo aplicar las tecnologías contemporáneas a los programas de inglés. Ninguno reconocía el fracaso de los métodos tradicionales de FLE. No es de extrañar que se centraran en temas como cómo ayudar a los estudiantes a comprender mejor y más fácilmente la gramática inglesa mediante el uso de las tecnologías; cómo usar compañeros de conversación en línea; y cómo usar imágenes gráficas para facilitar la lectura, etc.

Ahora que contamos con IA, que ya dependemos más de recursos humanos que de recursos humanos, pronto surgirán muchas ideas sobre cómo utilizarla en FLE. Entonces, casi todos caerán en la trampa de creer que los programas basados en IA son la mejor forma de aprender idiomas. La IA también podrá hacer muchas cosas por profesores y estudiantes. Puede ser un buen compañero de conversación; puede proporcionar materiales de lectura muy eficientes; puede ayudar a los estudiantes a aprender gramática; puede ayudarlos a capacitarse para adquirir habilidades de comprensión auditiva; puede ayudarlos a mejorar sus habilidades de escritura; y puede hacer muchas otras cosas que profesores y amigos han hecho hasta ahora para ayudar a los estudiantes.

Sin embargo, es necesario comprender la naturaleza de la IA. La IA puede ser autodidacta y generativa. Por lo tanto, la IA aprenderá de la enorme cantidad de datos FLE y generará programas FLE basados en ellos. Puede mejorar y producir programas mucho más productivos y efectivos.

Sin embargo, cuando no existen datos de los que la IA pueda aprender, esta no puede ser generativa. Esto significa que lo que la IA puede aprender y generar está limitado por el alcance de los datos. No puede generar un alcance de servicio totalmente diferente que no esté respaldado por los datos proporcionados. Es decir, la IA solo tendría un mejor rendimiento que los humanos si se le proporcionaran códigos o datos equivalentes.

Cabe destacar que el fracaso de los métodos tradicionales de FLE no se debe a la falta de buenos compañeros de conversación, libros de texto para la comprensión auditiva, buenos profesores para enseñar a leer y escribir, ni mejores libros de gramática. Han fracasado simplemente porque ninguno de ellos es un método adecuado para enseñar o aprender idiomas.

En consecuencia, dado que los métodos tradicionales de FLE no han logrado que los estudiantes adquieran competencia oral, es evidente que todos los programas generados por IA con base en los datos de dichos métodos tampoco lograrían dicha competencia. La IA no podría generar los métodos de entrenamiento BTM debido a la falta de datos para dichos métodos.

Dado que el entrenamiento BTM es el único método para asegurar la adquisición de idiomas, podemos proporcionar códigos de entrenamiento BTM a la IA. Así, en un futuro próximo, ofrecerá los mejores resultados para que los estudiantes aprendan el idioma de su elección.

CAPÍTULO 3

Ejemplos de entrada real

Los siguientes ejemplos de entradas reales en este capítulo son de la serie *BTM Inglés Real*, que está diseñada para programas de inglés basados en entradas reales útiles para diferentes niveles de diversas situaciones en las actividades diarias.

De BTM Inglés Real se componen de 4 libros como se detalla a continuación:

Libro 1 para principiantes
Libro 2 para nivel intermedio
Libro 3 para Avanzado 1
Libro 4 para Avanzado 2

Los archivos de audio de todos los libros están disponibles en YouTube: #BtmRealEnglish

1

Aporte real para aprender a hablar 1 : ¿A qué hora llega papá a casa hoy?

2	Mamá:	¡Tim!
3	Tim:	¿Sí?
4	Mamá:	¿Dónde estás?
5	Tim :	Estoy en mi habitación.
6	Mamá:	¿Quieres algo de comer?
7	Tim:	Claro.
8	Mamá:	(entra con una bandeja de comida) Toma, come algo. ¿Qué estás haciendo?
9	Tim:	Simplemente construyo cosas con mis legos.
10	Mamá:	¡Impresionante! ¿Es un barco?
11	Tim:	Sí, es un barco.
12	Mamá:	¿Cómo se llama?
13	Tim:	Tim Ocean. La nombré como yo.
14	Mamá:	Me gusta ese nombre.
15	Tim:	Lo estoy haciendo para el cumpleaños de papá. Así que no se lo digas, ¿vale?

16	Mamá:	Te lo prometo. Seguro que a papá le encantará. ¿Cuánto tiempo crees que tardará?
17	Tim:	No estoy seguro. ¿Unas dos horas, quizás?
18	Mamá:	¿Dos horas? ¿A qué hora será?
19	Tim:	Bueno, ¿qué hora es ahora?
20	Mamá:	Son las tres y media.
21	Tim :	Bueno, creo que puedo terminarlo a las cinco y media. ¿Mamá?
22	Mamá:	¿Hmm?
23	Tim:	¿A qué hora llega papá a casa hoy?
24	Mamá:	Alrededor de las seis, como siempre.
25	Tim:	¡Perfecto! Terminaré con esto justo antes de que llegue a casa.
26	Mamá:	¿Qué vas a hacer después de eso?
27	Tim:	¿Podemos ver una película después de cenar?
28	Mamá:	Claro. ¿Qué película?
29	Tim:	Batman. Hay una función a las siete y media y otra a las nueve y media.
30	Mamá:	Nueve y media es demasiado tarde, pero la función de las siete y media servirá. Cenaremos a las seis y media.
31	Tim:	¿Mamá?
32	Mamá:	¿Sí?
33	Tim:	¿A qué hora nos levantamos mañana para ir al aeropuerto?
34	Mamá:	Salimos a las siete, o sea a las seis y veinte a más tardar.
35	Tim:	¿Por qué nos vamos tan temprano?
36	Mamá:	Se tarda una hora y media en llegar al aeropuerto.
37	Tim:	¿Cuando es el vuelo?
38	Mamá:	Nueve cuarenta y cinco.

39	Tim:	¿Cuánto tiempo se tarda en ir a casa de la abuela?
40	Mamá:	Un poco más de dos horas.
41	Tim:	¿Eso es todo?
42	Mamá:	Bueno, se tarda otra media hora desde el aeropuerto hasta la casa de la abuela.
43	Tim:	¿A qué hora llegaremos allí entonces?
44	Mamá:	Probablemente sean las dos menos cuarto. Chicago nos lleva una hora de ventaja.
45	Tim:	¿Cuándo regresamos?
46	Mamá:	Regresaremos a Denver alrededor de las cuatro y cuarto de la tarde del domingo.
47	Tim:	Entonces, ¿estaremos en casa alrededor de las seis y media?
48	Mamá:	Sí, eso suena bien.

2

Aporte real para aprender a hablar 2 : ¿Podemos hablar de mascotas?

2	Mamá:	¡Hola, cariño! ¿Qué tal la escuela hoy?
3	Tina:	Estuvo bien.
4	Mamá:	Eso no suena muy bien. ¿Qué pasó?
5	Tina:	Nada.
6	Mamá:	¿Estás segura?
7	Tina:	Sí, simplemente no me gustó el almuerzo.
8	Mamá:	¿Qué hubo para almorzar?
9	Tina:	Pollo.
10	Mamá:	¿Qué tenía de malo?
11	Tina:	Fue asqueroso.
12	Mamá:	¿Eso es todo?
13	Tina:	Sí.
14	Mamá:	Ya veo. Bueno, vámonos a casa.
15	Tina:	¿Mamá?
16	Mamá:	¿Sí?

17	Tina:	¿Podemos pasar por el supermercado de camino a casa?
18	Mamá:	¿Por qué? ¿Quieres comer algo?
19	Tina:	Sí, quiero helado.
20	Mamá:	¿Te das cuenta de que has estado comiendo helado todos los días durante la última semana, verdad?
21	Tina:	Sí. ¿Es malo tenerlo todos los días?
22	Mamá:	Claro. Comer cualquier cosa con demasiado saborizante artificial y azúcar todos los días es malo.
23	Tina:	Oh, está bien …
24	Mamá:	¿Tienes tarea?
25	Tina:	Sí, mi maestra dijo que habláramos con nuestros padres sobre los animales.
26	Mamá:	¿Animales?
27	Tina:	Sí, ¡animales que puedes tener como mascotas!
28	Mamá:	Mmm, qué interesante. ¿Tienes alguna otra tarea?
29	Tina:	Tengo algo que leer.
30	Mamá:	Lee primero, luego hablaremos de las mascotas después de la cena.
31	Tina:	Eso es lo que iba a hacer.
32	Mamá:	¡Perfecto!
33	Nota:	(después de la cena)
34	Tina:	¿Papá?
35	Papá:	¿Sí, princesa?
36	Tina:	¿Podemos hablar de mascotas?
37	Papá:	¿Esto es para la tarea?
38	Tina:	Sí.
39	Papá:	Vale, claro. Empieza por enumerar los animales que se pueden tener como mascotas.

40	Tina:	¡Perros !
41	Mamá:	¡Así es! Mucha gente tiene perros porque son muy inteligentes y leales a sus dueños.
42	Papá:	Exactamente.
43	Tina:	¿Podemos tener un perro?
44	Mamá:	¡Podemos discutir eso más tarde!
45	Papá:	Sí, podemos hablar de eso más tarde. ¿Qué otros animales se te ocurren ?
46	Tina:	¿Un gato?
47	Mamá:	¡Sí, por supuesto!
48	Papá:	¡Mucha gente sí tiene gatos como mascotas!
49	Tina:	¡Yo también quiero un gato!
50	Papá:	Tina, no creo que podamos tener un gato y un perro.
51	Tina:	¡Sería muy divertido tener ambos!
52	Mamá:	Lo sé, lo sé, pero cuidarlos requeriría mucho tiempo y esfuerzo.
53	Tina:	¡Pero todos mis amigos tienen un gato o un perro!
54	Papá:	Lo entiendo, ¡pero no podemos permitirnos tener una mascota!
55	Mamá:	Lo siento cariño, ¡tal vez puedas tener ambos cuando crezcas!
56	Tina:	Está bien.
57	Mamá:	¡Qué bien! ¿Qué otros animales podemos tener como mascotas?
58	Tina:	¿Qué hay de los conejos?
59	Papá:	¿Conejos?
60	Tina:	¡Sí! La gente tiene conejos, ¿no?
61	Mamá:	¡Lo hacen!
62	Papá:	No lo creo…
63	Mamá:	Por supuesto que la gente lo hace, cariño.

64	Tina:	¿Qué pasa con las serpientes?
65	Papá:	Sí, conozco a algunas personas a las que les encantan las serpientes.
66	Mamá:	No me gustan las serpientes... serpientes pequeñas, serpientes grandes, serpientes de colores... Las odio todas. ¡Son asquerosas!
67	Papá:	Sí, a mí tampoco me gustan las serpientes.
68	Tina:	Papá, ¿qué otros animales tienen la gente como mascotas?
69	Papá:	¡Una vaca!
70	Mamá:	Cariño, eso no es exactamente una mascota.
71	Tina:	Oh, ¿qué tal un caballo?
72	Mamá:	¡Eso tampoco es una mascota! Son animales criados en una granja.
73	Tina:	Oh, está bien.
74	Tina:	¿Y los gallos?
75	Papá:	¡Esos también se crían en una granja! Bueno, en gallineros.
76	Tina:	¿Qué tal un tigre? ¿Puedes tener un tigre como mascota?
77	Mamá:	No lo creo.
78	Papá:	Nunca he oído hablar de nadie que críe un tigre.
79	Tina:	¿Qué pasa con los monos?
80	Mamá:	Probablemente no. ¡Esos son animales del zoológico para que la gente los vea cuando quiera!
81	Tina:	¡Vi todo tipo de animales allí el año pasado!
82	Papá:	¡Claro que sí! Podemos ir al zoológico este fin de semana, si quieres.
83	Tina:	¿En serio?
84	Papá:	Por supuesto.
85	Tina:	Gracias papá.

86	Papá:	Cualquier cosa por mi niña.
87	Mamá:	¿Eso es todo para tu tarea?
88	Tina:	Creo que sí. ¡Gracias por ayudarme!
89	Papá:	Claro. Cuando quieras.
90	Mamá:	Me alegro de haber podido ayudar.

3

Aporte real para aprender a hablar 3 : No quiero levantarme

2	Nota:	(Parte 1: Mamá despierta a Tina)
3	Mamá:	¡Tina! ¡Buenos días!
4	Tina:	Buenos días. No quiero levantarme.
5	Mamá:	¿Por qué no?
6	Tina:	Simplemente no tengo ganas.
7	Mamá:	¿No dormiste bien?
8	Tina:	No lo sé. Aunque tuve un sueño.
9	Mamá:	Oh, cariño, ¿fue una pesadilla?
10	Tina:	No.
11	Mamá:	Ah, vale. ¿De qué se trataba?
12	Tina:	Mis amigos estaban allí.
13	Mamá:	¿Quién?
14	Tina:	No los conocía.
15	Mamá:	¿Ah, sí?
16	Tina:	Sí. Pero eran agradables.
17	Mamá:	¿Qué hicieron ustedes?
18	Tina:	No lo recuerdo.

19	Mamá:	Está bien, yo tampoco recuerdo nunca mis sueños.
20	Tina:	¿Qué hora es?
21	Mamá:	Son las siete menos cuarto.
22	Tina:	¿Mamá?
23	Mamá:	¿Sí?
24	Tina:	¿Cómo está el clima?
25	Mamá:	¡Hace sol! Voy a abrir las cortinas.
26	Tina:	¿Es miércoles?
27	Mamá:	Es martes. Tienes clases de natación los lunes y ayer tuviste clase, ¿recuerdas?
28	Tina:	Oh, sí. Lo recuerdo.
29	Mamá:	Bien, bien. ¿Ya te levantas?
30	Tina:	Sí. ¿Qué hay para desayunar?
31	Mamá:	¡Tú decides! ¿Qué quieres?
32	Tina:	¡Cereal en leche!
33	Mamá:	Me parece bien. Haz tu cama y prepárate mientras yo te preparo eso.
34	Tina:	¡Está bien!
35	Mamá:	Buena chica. Te quiero, cariño.
36	Tina:	¿Qué me pongo?
37	Mamá:	Lo que quieras.
38	Tina:	¿Qué pantalones, mamá?
39	Mamá:	Los amarillos se ven bien, cariño.
40	Tina:	Está bien.
41	Mamá:	Estaré en la cocina. ¡Baja cuando te laves y te vistas!
42	Tina:	Bien. ¿Ya se levantó Tim?
43	Mamá:	Creo que sí. Papá está en su habitación ahora.
44	Nota:	(Parte 2: Papá en la habitación de Tim)

45	Papá:	¡Buenos días, hijo! Es hora de levantarse. Ya salió el sol.
46	Tim:	¡Buenos días, papá!
47	Papá:	¿Dormiste bien?
48	Tim:	No realmente.
49	Papá:	¿Por qué no?
50	Tim:	Hubo sirenas sonando toda la noche.
51	Papá:	Oh, no escuché nada.
52	Tim:	Sí, me despertaron unas cuantas veces.
53	Papá:	Vaya, debo haber estado durmiendo profundamente.
54	Tim:	¿Papá?
55	Papá:	¿Sí?
56	Tim:	¿Puedo conseguir un teléfono?
57	Papá:	¿Un teléfono?
58	Tim:	Sí.
59	Papá:	Hablaré con mamá. Mientras tanto, vístete y baja a desayunar.
60	Tim:	Gracias, papá.
61	Papá:	Voy a abrir las ventanas para refrescar el aire.
62	Tim:	¿Sabes qué hay para desayunar?
63	Da d:	No, ya veremos.
64	Tim:	Espero que no sea cereal en leche…
65	Papá:	¿Por qué?
66	Tim:	Porque tenemos eso todas las mañanas.
67	Papá:	Aún así está bien.
68	Tim:	Lo sé, pero quiero algo diferente.
69	Papá:	Podemos hablar con mamá sobre esto.
70	Tim:	Papá, ¿puedes llevarme a la escuela?
71	Papá:	¿Qué le pasa al autobús?
72	Tim:	No quiero caminar hasta la parada del autobús.

73	Papá:	No creo que sea una buena razón para pedir que te lleven.
74	Tim:	¿Entonces puedo ir en bicicleta hasta la parada?
75	Papá:	¡Solo son 300 yardas! Además, ¡ de todas formas deberías hacer un poco de ejercicio todos los días!
76	Tim:	Está bien.
77	Papá:	Está bien, levántate y haz tu cama ahora.
78	Tim:	Está bien.
79	Papá:	(mientras sale de la habitación) ¡Y prepárate para la escuela después de eso!
80	Nota:	(Parte 3: Los niños se visten)
81	Tim:	(en su habitación) ¡Mamá!
82	Mamá:	¿Sí?
83	Tim:	¿Dónde están mis calcetines?
84	Mamá:	Deberían estar en el cajón pequeño.
85	Tim:	¡No hay ninguno en el cajón pequeño!
86	Mamá:	(al esposo), ¡Cariño!
87	Papá:	¿Qué pasa?
90	Mamá:	¿Puedes traerle a Tim un par de calcetines del lavadero, por favor?
89	Papá:	Por supuesto.
90	Mamá:	¡Gracias!
91	Papá:	Por supuesto.
92	Tina:	(en su habitación) ¡Mamá!
93	Mamá:	¿Y ahora qué?
94	Tina:	¡No puedo encontrar mi banda de pelo!
95	Mamá:	Mira a tu alrededor.
96	Tina:	Vale, lo encontré. No importa, mamá.
97	Tim:	¿Dónde está mi camisa?

98	Mamá:	Estoy ocupada preparando el desayuno. Pregúntale a papá.
99	Papá:	¿Qué estás buscando?
100	Tim:	¡Mi camisa!
101	Papá:	¿Cuál?
102	Tim:	El que tiene coches.
103	Papá:	Oh, creo que lo vi en la secadora.
104	Tim:	Está bien, iré a buscarlo.
105	Mamá:	¡El desayuno está listo!
106	Papá:	Vamos a comer.
107	Tim:	¡Está bien, estaré allí pronto después de recibir mi camisa!
108	Papá:	Está bien. Date prisa, por favor.
109	Nota:	(Parte 4: En la mesa del desayuno)
110	Tim:	¡Mamá!
111	Mamá:	¿Sí?
112	Tim:	¿Puedo conseguir un poco de jugo de manzana?
113	Mamá:	¿No te gusta la leche?
114	Tim:	Hoy no.
115	Mamá:	Bueno, te traeré jugo de manzana. Aquí tienes.
116	Tim:	Gracias, mamá.
117	Mamá:	En cualquier momento.
118	Tina:	Me gusta la leche por la mañana. Es refrescante.
119	Papá:	Bien, me alegra que te guste la leche por la mañana, pero también deberías tomar fruta, Tina. Tú también, Tim.
120	Tim:	Lo haré.
121	Tina:	¡Mamá!
122	Mamá:	Sí, cariño.
123	Tina:	¿Qué hay para almorzar?

124	Mamá:	Simplemente compra el almuerzo en la escuela hoy.
125	Tina:	Oh, está bien.
126	Papá:	¿A qué hora termina la escuela hoy, niños?
127	Tina:	Papá, ¡siempre haces la misma pregunta!
128	Tim:	En serio. Termina a las dos y media todos los días.
129	Papá:	(se ríe) ¿Qué van a hacer hoy después de la escuela?
130	Tina:	Eso también lo preguntas cada mañana.
131	Mamá:	Pero ustedes no hacen lo mismo después de la escuela todos los días.
132	Papá:	Exactamente.
133	Tina:	Voy a salir con unos amigos.
134	Tim:	Yo también.
135	Papá:	¿Qué vas a hacer con ellos?
136	Tina:	No lo sabemos. Solo sal.
137	Tim:	Creo que vamos a ir en bicicleta por un rato.
138	Papá:	¡Bien, suena bien! ¡Me alegra que hayas elegido eso en lugar de los videojuegos!
139	Tim:	¿Por qué no quieres que juguemos videojuegos?
140	Mamá:	¡Es mucho más saludable jugar al aire libre!
141	Papá:	Definitivamente.
142	Mamá:	Muy bien niños, ¡es hora de ir a tomar el autobús escolar!
143	Papá:	Vayan a cepillarse los dientes y busquen sus mochilas.
144	Tina:	(saliendo de casa para la escuela) ¡Adiós, mamá ! ¡Adiós, papá!
145	Tim:	¡Adiós!
146	Papá:	¡Diviértete!

147	Mamá:	¡Espera, espera! Te acompaño a la parada del autobús.
148	Tina:	¡Está bien!
149	Tim:	Está bien.
150	Papá:	Está bien, bueno, tengo que irme.
151	Mamá:	¡Bueno, adiós! ¡Nos vemos esta noche!

4

Aporte real para aprender a hablar 4 : Después de la escuela

2	Tim:	(Tim llega a casa) ¡Mamá, estoy en casa!
3	Mamá:	¡Hola, cariño! ¿Qué tal tu día?
4	Tim:	¡Estuvo bueno!
5	Mamá:	Me alegra oír eso.
6	Tim:	¿Puedo comer algo?
7	Mamá:	¿Tienes hambre?
8	Tim:	No. Solo quiero algo de comer.
9	Mamá:	¿Cómo estuvo el almuerzo hoy?
10	Tim:	Estuvo bien. Nuggets de pollo y ensalada.
11	Mamá:	Eso no suena tan mal. Bueno, voy a hornear unas papas ahora mismo.
12	Tim:	¿Puedo tomar un poco de helado en su lugar?
13	Mamá:	Lo siento, cariño. Se nos acabó.
14	Tim:	Oh, ¿puede papá conseguir algo en su camino a casa?
15	Mamá:	Puedes preguntarle.
16	Tim:	Está bien. Lo llamaré. ¿Qué hora es?
17	Mamá:	Son casi las cuatro. Debería estar en su oficina.

18	Nota:	(Tim llama a papá)
19	Papá:	¡Hola, Tim!
20	Tim:	¿Cuando llegas a casa hoy?
21	Papá:	Una sexta ronda, ¿por qué?
22	Tim:	¿Podrías pasar por el supermercado y comprar un poco de helado en el camino a casa?
23	Papá:	No veo por qué no.
24	Tim:	¡Gracias, papá!
25	Papá:	Claro, nos vemos luego.
26	Mamá:	¿Qué dijo?
27	Tim:	¡Dijo que compraría algunos en el camino a casa!
28	Mamá:	¡Oh, qué amable de su parte!
29	Tina:	(llega a casa) ¡Estoy en casa!
30	Mamá:	¿Cómo te fue en la escuela, cariño?
31	Tina:	No está mal.
32	Mamá:	¿Pasó algo?
33	Tina:	No, realmente no.
34	Mamá:	Miras hacia abajo.
35	Tina:	Solo estoy cansada.
36	Mamá:	Está bien. ¿Quieres unas papas al horno?
37	Tina:	¡Sí! ¡Me encantan las patatas asadas!
38	Mamá:	¡Ya lo sé! Estarán listos en unos minutos.
39	Tina:	Está bien.
40	Tim:	¡¿Adivina qué?!
41	Tina:	¿Qué?
42	Tim:	Llamé a papá y él comprará helado en su camino a casa hoy.
43	Tina:	¡Genial! ¿De qué tipo?
44	Tim:	No lo sé, pero probablemente galletas y crema como siempre.
45	Tina:	¡Ese es mi favorito!

46	Tim:	El mío también. El helado de chocolate también está bueno.
47	Tim:	¡Mamá!
48	Mamá:	¿Sí, cariño?
49	Tim:	¿Puedo ir a jugar videojuegos?
50	Mamá:	No, ¿qué tal si mejor vas a leer?
51	Tim:	¿Puedo jugar algunos videojuegos después?
52	Mamá:	No creo que tengas tiempo para jugar videojuegos después de leer. Tienes piano, ¿recuerdas?
53	Tina:	Tim, ¿no recuerdas lo que dijo papá?
54	Tim:	¿Qué?
55	Tina:	Dijo que no es saludable jugar videojuegos todo el tiempo.
56	Tim:	Lo sé.
57	Mamá:	¡Las papas están listas! ¡Ven a comer!
58	Niños:	¡Ya vienen!
59	Nota:	(en la mesa)
60	Tina:	¿Podrías pasarme el queso, mamá?
61	Mamá:	Claro.
62	Tim:	Tina, ¿puedes pasarme la sal?
63	Tina:	Aquí tienes.
64	Tim:	Gracias.
65	Mamá:	¿Tienes tarea hoy?
66	Tina:	Sí, pero no mucho.
67	Tim:	Lo mismo digo.
68	Mamá:	Sal y juega con algunos amigos después de comer, ¿de acuerdo?
69	Tim:	Mamá, ¿puedo ir a casa de Kevin?
70	Mamá:	Por supuesto. Recuerda portarte bien, ¿de acuerdo?
71	Tim:	No te preocupes, mamá. No soy un bebé.

72	Mamá:	Tina, ¿y tú?
73	Tina:	Voy a ir en bicicleta.
74	Mamá:	Ten cuidado y asegúrate de tener el casco puesto.
75	Tina:	Lo haré. ¿A qué hora debería estar de vuelta?
76	Mamá:	Seis. Además, asegúrate de cerrar bien la puerta cuando salgas.
77	Niños:	Está bien.
78	Tim:	Por cierto, ¿qué hay para cenar?
79	Mamá:	Sopa de pollo.
80	Tim:	¡Qué rico! Ya terminé mi papa. ¡Hasta luego!
81	Mamá:	Está bien.
82	Tina:	¡Yo también estoy lista! ¡Adiós!
83	Mamá:	Adiós.
84	Nota:	(después de un tiempo)
85	Papá:	Cariño, ¡ya estoy en casa!
86	Mamá:	¡Hola, cariño! ¡Llegaste temprano hoy!
87	Papá:	Sí, mi reunión de campo fue cancelada.
88	Mamá:	¡Qué bien! ¿Qué tal el trabajo hoy?
89	Papá:	¡Genial! ¡Genial!
90	Mamá:	Siempre dices: "¡Genial!"
91	Papá:	Porque me gusta cuando es genial. ¿Y a ti?
92	Mamá:	Estoy un poco cansada. Tuve algunos problemas en el trabajo.
93	Papá:	Tranquila, cariño. No dejes que te molesten.
94	Mamá:	Gracias, cariño. Me gusta cómo manejas este tipo de cosas.
95	Papá:	Me siento halagado.
96	Tim:	¡Ya estoy en casa, mamá!
97	Papá:	¡Hola!
98	Tim:	¡Oye, papá! ¿Conseguiste el helado?
99	Papá:	¿Qué piensas?

100	Tim:	¿Lo tienes?
101	Papá:	Claro. ¿Quién te crees que soy?
102	Tim:	¡Eres mi papá!
103	Papá:	¡Así es!
104	Tina:	¡He vuelto, mamá! ¡Hola, papá!
105	Papá:	¡Hola cariño!
106	Tim:	¡Tengo hambre!
107	Mamá:	Ya lo sé. La cena estará lista pronto.
108	Papá:	¿Cómo les fue en la escuela, niños?
109	Tim:	Lo hice bien.
110	Tina:	A mí también me fue bien.
111	Mamá:	¿Podrías poner la mesa, por favor?
112	Papá:	¡Por supuesto!
113	Mamá:	Gracias cariño.
114	Papá:	En cualquier momento.
115	Mamá:	¡La cena está lista!
116	Niños:	¡Ya vienen!
117	Papá:	¿Se lavaron las manos, niños?
118	Niños:	No. Todavía no.
119	Papá:	Por favor, ve a lavarte las manos.
120	Niños:	Está bien.
121	Tim:	¡Sopa de pollo! Mi favorita.
122	Tina:	¿Podrías pasarme la sal y la pimienta?
123	Mamá:	Por supuesto. Aquí tienes.
124	Tina:	Gracias, mamá.
125	Mamá:	De nada.
126	Papá:	¡Qué rico! Eres un cocinero estupendo.
127	Mamá:	¡Gracias! Sírvete.
128	Tim:	Ojalá la sopa no estuviera tan caliente.
129	Papá:	Sopla con fuerza antes de llevártelo a la boca. Eso debería ayudar.

130	Mamá:	Además, comer rápido no es un buen hábito.
131	Tim:	Bien. ¿Hay suficiente para repetir?
132	Mamá:	Por supuesto.
133	Nota:	(después de la cena)
134	Tim:	Gracias por la cena, mamá. Estuvo muy buena.
135	Mamá:	Por supuesto cariño, me alegro de escuchar eso.
136	Tina:	Yo también disfruté de la cena. Gracias, mamá.
137	Mamá:	Gracias cariño.
138	Tim:	¿Podemos tener helado de postre?
139	Mamá:	Claro.
140	Tina:	¡Sí! Voy por él. ¿Dónde está el helado, mamá?
141	Mamá:	Está en el congelador.
142	Tim:	Voy a buscar la pala. ¿Dónde está la pala, mamá?
143	Mamá:	Debería estar en el cajón de los cubiertos.
144	Tim:	Papá, ¿cuánto quieres?
145	Papá:	Dos bolas, por favor.
146	Tim:	¿Y tú, mamá?
147	Mamá:	Lo mismo digo.
148	Tim:	Está bien. ¿Y tú, Tina?
149	Tina:	Yo misma conseguiré el mío.
150	Tim:	Está bien. Tomaré cinco bolas.
151	Papá:	Eso es demasiado, Tim.
152	Tim:	¿Cuatro bolas? (Papá asiente)
153	Papá:	Niños, ¿ya terminaron con la tarea?
154	Tina:	Todavía no, pero no tengo mucho. No debería tardar mucho.
155	Tim:	Yo tampoco. Lo haré pronto.
156	Papá:	Suena bien.
157	Mamá:	Dúchate antes de empezar con tu tarea, ¿de acuerdo?
158	Niños:	Está bien.

159	Papá:	¡Cepíllate los dientes mientras estás ahí!
160	Tim:	Lo haré.
161	Tina:	Sí, papá.
162	Mamá:	Recuerda poner también tu ropa sucia en el cesto de la ropa sucia.
163	Tim:	Lo sé.
164	Tina:	Sí, mamá.
165	Papá:	¿Alguno de ustedes necesita ayuda con la tarea?
166	Tim:	No, no lo creo. Solo necesito leer un poco.
167	Tina:	Estoy bien. Te avisaré si necesito ayuda.
168	Papá:	¡Bien!
169	Tim:	Ya terminé de comer. Me ducharé primero.
170	Papá:	Niños, ¿podrían llevar sus platos al fregadero?
171	Tina:	Está bien.
172	Papá:	Gracias. Eso ayuda mucho.

5

Información real para aprender a hablar 5 : Preguntas y respuestas sobre información personal

2	Guardia:	Hola, ¿en qué puedo ayudarle?
3	Hannah:	Hola, vine a solicitar SSI.
4	Guardia:	Está bien, escoja un número y tome asiento allí, por favor.
5	Hannah:	Gracias.
6	Oficial:	R231 ventana 5, R231 ventana 5, por favor.... (nadie aparece) Último llamado para R231, ventana 5, por favor.
7	Hannah:	Hola.
8	Oficial:	¿Me puede dar su número, por favor?
9	Hannah:	Claro, aquí tienes.
10	Oficial:	Gracias. ¿En qué puedo ayudarle?
11	Hannah:	Quiero solicitar SSI.
12	Oficial:	Bien, siéntese, por favor. ¿Cuál es su nombre?

13	Hannah:	Hannah.
14	Oficial:	¿Cómo se escribe?
15	Hannah:	H-A-N-N-A-H
16	Oficial:	¿Cuál es tu segundo nombre?
17	Hannah:	No tengo segundo nombre.
18	Oficial:	Ya veo.
19	Oficial:	¿Cuál es su apellido o nombre de familia?
20	Hannah:	Park.
21	Oficial:	¿Puedes deletrearlo para mí también, por favor?
22	Hannah:	Claro, P-A-R-K.
23	Oficial:	Solo para confirmar, ¿tu nombre legal completo es Hannah Park?
24	Hannah:	Sí.
25	Oficial:	¿Cuál es su apellido de soltera?
26	Hannah:	¿Apellido de soltera? No lo entiendo.
27	Oficial:	¿Alguna vez has tenido otros nombres?
28	Hannah:	Lo siento. ¿Podrías repetirlo, por favor?
29	Oficial:	Bien. ¿Has usado otros nombres?
30	Hannah:	Sí, solía llamarme Hannah Chang.
31	Oficial:	¿Park es el apellido de su marido ?
32	Hannah:	Sí.
33	Oficial:	¿Es usted ciudadano estadounidense?
34	Hannah:	No.
35	Oficial:	¿Es usted residente legal permanente?
36	Hannah:	Sí, lo soy.
37	Oficial:	¿Cuándo se convirtió en residente permanente?
38	Hannah:	26 de julio de 1998.
39	Oficial:	¿Puedo ver su identificación por favor?
40	Hannah:	Claro, aquí está.
41	Oficial:	¿También trajo consigo su pasaporte y tarjeta de residente permanente?

42	Hannah:	Sí, aquí.
43	Oficial:	Genial. Gracias. Déjame hacer copias de esto. Vuelvo enseguida.
44	Hannah:	Está bien.
45	Oficial:	¿Cuál es el nombre de pila de tu madre?
46	Hannah:	Youngsook
47	Oficial:	¿Es ella ciudadana de los Estados Unidos?
48	Hannah:	No.
49	Oficial:	¿Cuál es el nombre de pila de tu padre?
50	Hannah:	Taesun
51	Oficial:	¿Es ciudadano de los Estados Unidos?
52	Hannah:	No.
53	Oficial:	¿Cuál es su número de seguro social?
54	Hannah:	Mi número de seguro social es 999-99-9899.
55	Oficial:	¿Qué edad tienes?
56	Hannah:	Tengo 66 años.
57	Oficial:	¿Cuál es su fecha de nacimiento?
58	Hannah:	5 de abril de mil novecientos cuarenta y siete.
59	Oficial:	¿De qué país eres?
60	Hannah:	Corea.
61	Oficial:	¿Cual es el país de su nacionalidad?
62	Hannah:	Corea.
63	Oficial:	¿Cuál es el país de su ciudadanía?
64	Hannah:	Corea.
65	Oficial:	¿Corea del Sur o Corea del Norte?
66	Hannah:	Corea del Sur.
67	Oficial:	¿En qué ciudad naciste?
68	Hannah:	¿Disculpe?
69	Oficial:	¿Cómo se llama la ciudad o pueblo donde naciste?
70	Hannah:	Seúl.

6

Aporte real para aprender a hablar 6 : Preguntas y respuestas sobre temas laborales

2	Oficial:	¿Trabajas ahora?
3	Hannah:	Sí.
4	Oficial:	¿Dónde ha trabajado durante los últimos cinco años ?
5	Hannah:	En este momento trabajo en una pequeña tintorería.
6	Oficial:	¿Cuál es el nombre del negocio?
7	Hannah:	Tintorería Sky.
8	Oficial:	¿Cuál es la dirección del negocio?
9	Hannah:	43 20 Broadway Blvd., Aurora, CO. 80523.
10	Oficial:	¿Qué condado es ese?
11	Hannah:	Creo que es el condado de Arapahoe.
12	Oficial:	Bien. ¿Quién es el dueño del negocio?
13	Hannah:	El señor James Martin.

14	Oficial:	Bien. ¿Tiene el número de teléfono del negocio ?
15	Hannah:	Sí, 303-997-2456.
16	Oficial:	¿Qué haces ahí?
17	Hannah:	Soy una prensadora.
18	Oficial:	¿Cuánto tiempo lleva trabajando ahí?
19	Hannah:	Alrededor de 3 años.
20	Oficial:	¿Cuando empezaste a trabajar ahí?
21	Hannah:	Primero de julio de dos mil nueve.
22	Oficial:	¿Con qué frecuencia te pagan allí?
23	Hannah:	Lo siento, no entiendo lo que estás preguntando.
24	Oficial:	No hay problema. ¿Le pagan semanalmente, quincenalmente o mensualmente?
25	Hannah:	Me pagan cada dos semanas.
26	Oficial:	¿Cuánto gana usted por hora?
27	Hannah:	Recibo $15.20 por hora.
28	Oficial:	¿Cuántas horas por semana trabaja usted allí?
29	Hannah:	Depende. Pero unas 30 horas por semana.
30	Oficial:	¿Cuánto gana usted antes de impuestos?
31	Hannah:	Normalmente gano alrededor de novecientos cincuenta
32	Oficial:	Entonces, ¿cuál es su ingreso neto después de impuestos?
33	Hannah:	Alrededor de $900.
34	Oficial:	¿Tiene algún otro ingreso?
35	Hannah:	No.
36	Oficial:	¿Dónde trabajabas antes allí?
37	Hannah:	Trabajé en una licorería.
38	Oficial:	¿Dónde está ubicada esa tienda?
39	Hannah	:Está en Thornton, Colorado.
40	Oficial:	¿Cuantos años trabajaste ahí?
41	Hannah:	7 años.

7

Aporte real para aprender a hablar 7 : Preguntas y respuestas sobre el estado civil

2	Oficial:	¿Cuál es su estado civil actual?
3	Hannah:	¿Disculpe?
4	Oficial:	¿Está usted casado?
5	Hannah:	Sí, estoy casada.
6	Oficial:	¿Cuando te casaste?
7	Hannah:	Veinticinco de junio de 2000.
8	Oficial:	¿Cómo se llama su marido?
9	Hannah:	El joven Hoon Chang
10	Oficial:	¿Cómo se escribe ?
11	Hannah:	Nombre: young, segundo nombre: hoon y apellido: chang
12	Oficial:	¿Es ciudadano estadounidense?
13	Hannah:	Sí.
14	Oficial :	¿Vive con usted?
15	Hannah:	Sí.
16	Oficial:	¿Qué edad tiene?

17	Hannah:	Tiene 68 años.
18	Oficial:	¿Cuál es su fecha de nacimiento?
19	Hannah:	Trece de febrero de mil novecientos cuarenta y cinco.
20	Oficial:	¿Cuál es su número de seguro social?
21	Hannah:	Lo siento. No lo recuerdo.
22	Oficial:	Necesito saber su número de seguro social.
23	Hannah:	¿Puedo llamarte y avisarte más tarde?
24	Oficial:	Claro, le daré mi número de teléfono. Aquí está mi número de teléfono.
25	Hannah:	Muchas gracias.
26	Oficial:	De nada. ¿Cuántas veces se ha casado?
27	Hannah:	Dos veces.
28	Oficial:	¿Cómo se llama su ex marido ?
29	Hannah:	Young Bin Park.
30	Oficial:	¿Cómo se escribe?
31	Hannah:	y-o-u-n-g b-i-n p-a-r-k
32	Oficial:	¿Cómo terminó el matrimonio?
33	Hannah:	Lo siento, no entiendo lo que estás preguntando.
34	Oficial:	No hay problema. ¿Te divorciaste ?
35	Hannah:	No. Él falleció.
36	Oficial:	¿Cuando falleció?
37	Hannah:	7 de septiembre de mil novecientos noventa y ocho.
38	Oficial:	Gracias. Ahora, ¿trabaja su esposo?
39	Hannah:	Sí.
40	Park:	¿Dónde trabaja?
41	Hannah:	Él trabaja para 15th Ave. Liquor.
42	Oficial:	¿Qué es eso?
43	Hannah:	Es una licorería.
44	Oficial:	¿Dónde está?

45   Hannah: Está en Denver, Colorado.

46   Oficial: ¿Cuál es su tarifa por hora?

47   Hannah: $12.50.

48   Oficial: ¿Cuántas horas trabaja en una semana?

49   Hannah: Alrededor de 30 horas.

50   Oficial: ¿Cuánto gana al mes?

51   Hannah: Alrededor de $1,200 al mes.

8

Aporte real para aprender a hablar 8 : Preguntas y respuestas sobre temas de vivienda

2	Oficial:	¿Usted alquila o es propietario de una casa?
3	Hannah:	Yo alquilo.
4	Oficial:	¿Cuál es su dirección actual?
5	Hannah:	4310 E. Yale Ave., Apt 345, Aurora, CO.80412.
6	Oficial:	¿Esta es también su dirección postal?
7	Hannah:	Sí.
8	Oficial:	¿Cuánto tiempo ha vivido en su dirección actual?
9	Hannah:	Alrededor de dos años.
10	Oficial:	¿Cuáles son sus direcciones de los últimos cinco años?
11	Hannah:	Desde mayo de 2009, mi dirección es 4310 E Yale Ave., Apt 345, Aurora, CO. 80412. Desde mayo de 2007 hasta abril de 2009, mi dirección fue 1234 E. 17th Street, Denver CO 80220.

12	Oficial:	¿Cuál es su número de teléfono?
13	Hannah:	Tres oh tres, nueve nueve nueve, uno cuatro cinco seis.
14	Oficial:	¿Tiene una dirección de correo electrónico?
15	Hannah:	No, no tengo uno.
16	Oficial:	¿A quién debemos contactar para comunicarnos con usted?
17	Hannah:	Mi hijo.
18	Oficial:	¿Cómo se llama?
19	Hannah:	En Sik Chang.
20	Oficial:	¿Su número de teléfono?
21	Hannah:	Tres cero tres, cinco seis nueve, ochenta y siete treinta y tres.
22	Oficial:	Necesito una referencia más.
23	Hannah:	Tengo un sobrino.
24	Oficial:	Está bien, por favor deme su nombre y número de teléfono.
25	Hannah:	Su nombre es Jack Hong, y su número de teléfono es siete dos cero seis dos cinco dieciocho cero cinco.
26	Oficial:	Gracias. Ahora, ¿cuánto cuesta el alquiler mensual?
27	Ana:	Setecientos cincuenta.
28	Oficial:	¿Eso incluye los servicios públicos?
29	Hannah:	No.
30	Oficial:	¿Cuánto paga usted al mes por servicios públicos?
31	Hannah:	Pagamos ciento cincuenta por la electricidad, ochenta por el gas, treinta y cinco por el agua y cincuenta por el teléfono.
32	Oficial:	¿Cuánto paga usted por la comida cada mes?

34 Hannah   Bueno, varía. Pero creo que son unos trescientos cincuenta dólares.

34 Oficial: ¿Y qué pasa con los gastos médicos?

35 Hannah: No mucho, pero unos treinta dólares al mes.

36 Oficial: ¿Tiene seguro?

37 Hannah: Pagamos cuatrocientos cincuenta cada seis meses por el seguro de auto.

38 Oficial: Bien. ¿Seguro médico?

39 Hannah: No, no podemos pagar el seguro médico.

9

Aporte real para aprender a hablar 9 : Preguntas y respuestas sobre problemas familiares

2	Oficial:	¿Cuántos hijos tienes?
3	Hannah:	Tres.
4	Oficial:	¿Cuáles son sus nombres?
5	Hannah:	Insik, Sukyoung y Sungku.
6	Oficial:	¿Qué edad tienen?
7	Hannah:	Veinticuatro, diecinueve y dieciséis.
8	Oficial:	¿Viven contigo?
9	Hannah:	No, Insik está en Nueva York, pero Sukyoung y Sungku viven con nosotros.
10	Oficial:	Gracias. ¿Sabe sus fechas de nacimiento y números de la Seguridad Social?
11	Hannah:	Sí, traje copias. Aquí tienes.
12	Oficial:	¡Excelente! ¿Puedo quedármelos o necesitas que te los devuelva ?

13	Hannah:	Puedes quedártelos.
14	Oficial:	Genial! ¿Nacieron aquí en Estados Unidos?
15	Hannah:	No, el primero nació en Corea, pero los otros dos nacieron aquí en Estados Unidos.
16	Oficial:	¿Quién es su padre biológico?
17	Hannah:	Mi marido.
18	Oficial:	¿Cómo se llama?
19	Hannah:	El joven Hoon Chang
20	Oficial:	Ya veo. ¿Cuál es el ingreso bruto familiar ?
21	Hannah:	Lo siento, no entiendo.
22	Oficial:	No hay problema. ¿Cuál es el ingreso mensual total de su hogar?
23	Hannah:	Disculpa, una vez más. ¿A qué te refieres con "hogar"?
24	Oficial:	Hogar significa como tu familia.
25	Hannah:	¿Mi marido, mis hijos y yo?
26	Oficial:	No, no, no. Tus hijos mayores no cuentan.
27	Hannah:	Oh, ¿entonces sólo mi esposo y yo?
28	Oficial:	Sí.
29	Hannah:	Mi marido gana mil doscientos y yo unos mil ochocientos.
30	Oficial:	Entonces, el total es... Déjame hacer la cuenta. ¿Tres mil dólares ?
31	Hannah:	Sí, eso es correcto.
32	Oficial:	¿Eso es bruto o neto?
33	Hannah:	Lo siento, no sé la diferencia entre bruto y neto.
34	Oficial:	Está bien. Bruto significa antes de impuestos y neto significa después de impuestos.
35	Hannah:	Me temo que todavía no lo entiendo. Aquí están mis declaraciones de impuestos del año pasado.

36 Oficial: ¡Genial! Gracias. Excelente. ¿Necesita que se los devuelva?

37 Hannah: No, puedes quedártelos.

10

Aporte real para aprender a hablar 10 : Taller para el desarrollo de estrategias de marketing

2   Brad: Buenos días a todos. Gracias por asistir a este taller para desarrollar estrategias de marketing para nuestros productos.

3   Brad: Como sabéis, las ventas de nuestra empresa no han mejorado en los dos últimos trimestres de este año.

4   Brad: Entonces, surgió la idea de que deberíamos realizar un taller sobre cómo presentar nuestros productos a los consumidores en el campo, lo cual creo que es una gran idea.

5   Brad: Por ello, publicamos una información sobre este taller en el tablón de anuncios de la empresa para pedirles que vengan preparados para el debate y la presentación, y para compartir sus experiencias.

6	Brad:	En el tablón de anuncios, anuncié que llevaría a cabo este taller en términos de una estrategia de marketing de cinco pasos.
7	Brad:	Como (1) acercarse a los clientes, (2) presentarse y establecer una relación con los clientes, (3) presentar productos, (4) abrir un trato y (5) cerrar el trato.
8	Brad:	Básicamente, nuestros clientes son quienes trabajan en el departamento de compras. Especialmente quienes se encargan de la investigación de productos.
9	Brad:	Al abordar a los clientes, creo que la mejor práctica es ser pacientes y constantes. Retar requiere tiempo y también valentía.
10	Brad:	Como nuestra empresa y nuestros productos son bastante nuevos para los clientes, aún no contamos con un valor de marca alto en el que confiar, y necesitamos desarrollarlo.
11	Brad:	Como todos sabéis, el mejor recurso que tenemos para competir contra la competencia es la calidad y el precio de nuestros productos.
12	Brad:	Tenemos los mejores productos y una línea de precios inmejorable, lo que debería ser la mejor potencia competitiva de la historia.
13	Brad:	Dicho esto, comencemos. Jenny presentará una escena sobre la venta de nuestros productos a un cliente, Ryan.
14	Brad:	Veamos primero el sketch y luego lo conversaremos para mejorar el escenario, si es posible, en cuanto a la estrategia de marketing de cinco pasos. (Jenny presenta el sketch con Tom, quien interpreta a Ryan)

15	Ryan:	Hola, STM, habla Ryan.
16	Jenny:	Hola, Sr. Smith. Soy Jenny. Sarah, su compañera de universidad, me dio su nombre y número de teléfono.
17	Ryan:	¿Dijiste Sarah?
18	Jenny:	Sí, Sarah. Está con RMO, ¿la recuerdas?
19	Ryan:	Sarah. Sí, lo sé. De hecho, me dijo que llamarías.
20	Jenny:	¿Tienes un minuto? Sarah dijo que te encantaría saber qué hago. Ah, y también habló muy bien de ti. Si estás ocupada, te llamo más tarde.
21	Ryan:	Es una buena amiga. Siempre lo hace. Pero creo que no tengo tiempo ahora. Tengo que irme a una reunión ahora mismo.
22	Jenny:	Claro, no hay problema. Te llamaré más tarde. Me gustaría hablar contigo sobre lo que puedo hacer por ti.
23	Ryan:	Está bien. ¿Por qué no me llamas más tarde?
24	Jenny	Claro que sí. Gracias por tu tiempo. Te hablo luego. Adiós.
25	Ryan:	Bueno, hablamos luego. Adiós.
26	Ryan:	(Más tarde en la tarde, suena el teléfono) Hola, STM, habla Ryan.
27	Jenny:	Hola, Ryan. Soy Jenny otra vez. ¿Es un buen momento para hablar?
28	Ryan:	Sí, adelante.
29	Jenny:	Gracias. ¿Cómo va tu día?
30	Ryan:	Hasta ahora todo bien.
31	Jenny:	Qué bien. Solo llamo para ver si puedo darle una breve presentación de los productos que tengo, que seguro le interesarán mucho.

32	Jenny:	Trabajo en 3CSI, especializada en actuadores eléctricos. Tenemos actuadores eléctricos de la serie RP muy atractivos para usted.
33	Ryan:	¿Actuadores eléctricos?
34	Jenny:	Correcto. Seguramente conoce muchos tipos de actuadores eléctricos. Sin embargo, nuestros productos tienen características nuevas que no están disponibles en otros.
35	Jenny:	Puedes usar nuestros productos en válvulas de bola, válvulas de mariposa y compuertas. Son actuadores multiusos.
36	Jenny:	Estoy muy segura de que nuestros productos son líderes en tecnología.
37	Jenny:	Además, nuestros precios son inmejorables para las características disponibles.
38	Ryan:	Eso suena muy interesante.
39	Jenny:	Sí, con su permiso, estaré muy feliz de hacer una presentación sobre nuestros actuadores eléctricos de la serie RP.
40	Jenny:	Sé que estás ocupada y no quería hablar mucho por teléfono. Si quieres, puedo ir a mostrarte muestras de productos para que las veas.
41	Ryan:	Me parece bien. ¿Por qué no me envías información sobre los productos y la reviso antes de que nos veamos?
42	Jenny:	Claro, te enviaré la información enseguida. ¿Te importa si te llamo más tarde?
43	Ryan:	Claro que no. Pero dame un par de días para comprobarlo.
44	Jenny:	Claro, tómate tu tiempo. Si tienes alguna pregunta mientras tanto, no dudes en hacérmela saber.
45	Ryan:	Lo haré.

46	Jenny:	Muchas gracias por tu tiempo hoy. Fue un placer hablar contigo.
47	Ryan:	Igualmente.
48	Nota:	(Unos días después Jenny hace una llamada de seguimiento)
49	Ryan:	Hola, STM, habla Ryan.
50	Jenny:	Buenos días, Sr. Smith. Soy Jenny.
51	Ryan:	Buenos días, Jenny. Puedes llamarme Ryan.
52	Jenny:	Gracias, lo haré. Entonces, ¿tuviste oportunidad de revisar la información que te envié la última vez?
53	Ryan:	Sí, de hecho envié esa información a un par de colegas y mostraron interés en sus productos.
54	Jenny:	Gracias, Ryan. ¡Qué buena noticia! ¿Puedo hacerte una presentación pronto?
55	Ryan:	Sí, creo que es una buena idea.
56	Jenny:	Genial. ¿Cuál es el horario más temprano que te conviene, Ryan?
57	Ryan:	Normalmente tenemos una reunión sobre nuevos productos los viernes por la tarde. ¿Qué te parece este viernes por la tarde?
58	Jenny:	Perfecto. ¿A qué hora estaré allí?
59	Ryan:	La reunión empieza a las 2:30 y dura un par de horas. Tendrán aproximadamente media hora para presentarnos sus productos.
60	Jenny:	Genial! Estaré lista para eso. Muchas gracias por la oportunidad. Estoy segura de que no te decepcionarás.
61	Ryan:	Espero que no.
62	Jenny:	Te veré entonces, Ryan.
63	Ryan:	(en la reunión de nuevos productos) Les presento a Jenny. Nos visita para hacer una presentación de su producto. Adelante, Jenny.

64   Jenny: Gracias, Ryan. Gracias a todos por darme esta oportunidad hoy. Me llamo Jenny Colts.

65   Jenny: Trabajo para 3CSI, una empresa de capital riesgo especializada en actuadores eléctricos. Entiendo que tuvo la oportunidad de revisar nuestros productos. Así que haré una breve presentación y responderé a sus preguntas, si las tiene.

66   Jenny: Hoy les traje unos folletos para que los vean más tarde. Les mostraré nuestros productos con unas diapositivas de PowerPoint.

67   Jenny: Como puede ver, nuestros productos tienen aproximadamente siete características distintivas. Puede compararlas con las de otras compañías.

68   Jenny: Añadimos el indicador exterior para facilitar la comprobación de las pistas de las válvulas. Esto garantiza que el funcionamiento de las válvulas se pueda comprobar visualmente.

69   Jenny: La siguiente característica clave que agregamos es el control manual de la válvula para manejar una situación de emergencia.

70   Jenny: Esta válvula manual le permite tener la seguridad de que puede hacer frente a cualquier tipo de situación de emergencia causada por un corte de energía o porque el actuador esté fuera de servicio por cualquier motivo.

71   Jenny: Otra característica que me gustaría destacar es el recubrimiento Epoxy Poliéster, que asegura la durabilidad del producto en un ambiente corrosivo (Jenny continúa la presentación abarcando otras características).

72   Jenny: Por último, pero no menos importante, me gustaría llamar su atención sobre las principales especificaciones de nuestros productos.

73   Jenny: Nuestros productos ofrecen un potente par de salida y un tiempo de operación rápido. Además, funcionan con diversos niveles de voltaje de entrada.

74   Jenny: Con nuestros productos, puede estar seguro de que obtendrá productos de la mejor calidad con la máxima garantía. Estamos muy seguros y orgullosos de nuestros productos.

75   Jenny: Muchas gracias de nuevo por darme esta oportunidad. Con gusto responderé a sus preguntas.

76   Ryan: Gracias por la presentación, Jenny. Me gustó conocer sus productos. Me gustaría saber más sobre el precio unitario de sus productos.

77   Jenny: Bueno, se me olvidaba decirte que el precio es una de las ventajas que ofrecemos. Creemos que la relación calidad-precio de nuestros productos es inmejorable considerando sus características.

78   Jenny: Nuestro precio minorista regular para la serie RP-002 es de $45 por unidad; el RP-004 es de $56 por unidad y los productos de la serie RP-006 comienzan desde $62 por unidad.

79   Jenny: Como puedes ver ahora, los precios son significativamente más bajos que los de los productos de nuestros competidores.

80   Jenny: Esto es posible porque nosotros, como empresa de riesgo, no tenemos tantos gastos generales como nuestros competidores.

81   Ryan: ¿Ofrecen un descuento por compras por volumen?

82   Jenny: Para compras en cantidad, sí, claro que lo hacemos.

83	Ryan:	¿Cuánto tiempo necesitas para la entrega?
84	Jenny:	Depende de la cantidad de la compra. Sin embargo, normalmente podemos entregar los productos en un plazo de dos semanas.
85	Jenny:	Para un pedido pequeño, de menos de 50 unidades, podemos entregarlo en una semana.
86	Ryan:	Gracias, Jenny. Supongo que te dejaremos ir por ahora. Hablaremos sobre tus productos y te informaremos.
87	Jenny:	Gracias de nuevo.
88	Ryan:	(Jenny llama a Ryan después de unos días) Hola, STM, les habla Ryan.
89	Jenny:	Ryan, soy yo, Jenny.
90	Ryan:	Hola, Jenny. Estaba a punto de llamarte para hablarte de tu presentación de la semana pasada.
91	Jenny:	Gracias. ¿Qué les pareció mi presentación?
92	Ryan:	Nos gustó a todos. Decidimos emitir una orden de compra inicial de 100 unidades de la serie RP-002.
93	Jenny:	Genial! Gracias, Ryan. Claro, me encantaría recibir tu orden de compra. Entregaremos los productos tan pronto como podamos, pero a más tardar en dos semanas.
94	Ryan:	Ahora, hablemos del precio. ¿Cuánto descuento nos ofrecen ?
95	Jenny:	Por política, ofrecemos un 10% de descuento por la compra de 90 a 100 unidades.
96	Ryan:	Vamos, Jenny, baja un poquito más.
97	Jenny:	Esa es nuestra política. Pero déjame hablar con mi jefe y te contesto. Te llamo enseguida.
98	Ryan:	(responde la llamada telefónica de Jenny) Este es Ryan.

99	Jenny:	Ryan. Soy Jenny. Mi jefe aprobó un 15% de descuento en tu orden de compra.
100	Ryan:	Gracias por el esfuerzo extra que hiciste por nosotros.
101	Jenny:	No hay problema. Por favor, envíame la orden de compra y haré que se entreguen los productos.
102	Ryan:	Claro que sí. Hablamos otra vez.
103	Jenny:	Gracias por su preferencia. Adiós.
104	Nota:	(Fin de la presentación del sketch)
105	Brad:	¡Genial! Gracias, Jenny, y gracias, Ryan. Fue una presentación genial.
106	Brad:	Ahora, analicemos esta escena en los cinco pasos de la estrategia de marketing. ¿Qué tal el primer paso de Jenny al acercarse al cliente?
107	Tom:	Bueno, el sketch no muestra cómo Jenny obtuvo la información de contacto del cliente. Así que es un poco vago.
108	Jenny:	Aclaro ese asunto. Conseguí la información de contacto de una chica de mi club de lectura. Se llama Sarah.
109	Brad:	Recopilar y crear una lista de contactos es fundamental para todos. Sabemos que nos facilita mucho el trabajo.
110	Tom:	Obviamente, es una forma buena y sencilla de contactar con clientes potenciales. Sin embargo, es cierto que nuestra lista de contactos no puede ser infinita.
111	Tom:	Entonces, ¿hablamos de otros medios para acercarnos a los clientes potenciales?
112	Sue:	¿Alguien ha intentado hacer llamadas en frío?
113	Jenny:	Sí, y lo odio. He descubierto que no es mi tipo.

114 Sue: Sin embargo, hay algunas personas agradables que te permitirían hablar.

115 Tom: Sí, también es más que una coincidencia que te encuentres con personas que buscan los mismos productos que tenemos.

116 Nota: (La discusión continúa para desarrollar estrategias de marketing)

11

Aporte real para aprender a leer y escuchar 1 - ¡Y me voy!15

2   Un día después de la escuela, mi mamá me preguntó: "¿Te gustaría viajar de mochilera por Europa durante dos meses?". Anteriormente le había preguntado si podía pasar parte del verano en casa de una amiga en Francia, pero esta era una oportunidad mucho más emocionante. ¿En qué otra ocasión podría conocer Europa gratis?

3   Cuanto más se acercaba mi fecha de partida, más ajetreada se volvía la vida. Estaba ocupado estudiando a última hora para los exámenes finales, pero parecía que se estaba gestando un caos inexplicable a mi alrededor. Con todo eso, apenas tuve tiempo de pensar en los preparativos del viaje hasta el último minuto.

4   Siempre pensando en el futuro, mi madre había organizado mi primera semana como voluntaria con Hábitat para la Humanidad en Polonia. Planeaba estudiar arquitectura y ella pensó que sería una experiencia excelente.

---

15   Este artículo es de un libro inédito, *Siete semanas solo en Europa,* de Peter Kang LEE, también conocido como Jae Joon LEE.

Solo tenía que pedir mi pase Eurail y una mochila resistente (ambos llegarían justo antes de mi fecha de salida), y eso resume la preparación. Cuando llegó mi mochila, la llené con artículos de aseo personal, algunas mudas de ropa, aparatos electrónicos y cargadores, y un libro de "¡Vamos a Europa!". Había intentado armar un itinerario, pero no lo logré. Así que me fui sin él.

5. Sin darme cuenta, la escuela había terminado y yo estaba en un avión a Cracovia, Polonia. Era el 8 de junio de 2012. Mi regreso estaba previsto para el 29 de julio. La idea de bajar de un avión a un continente a miles de kilómetros de casa sin un plan claro me asustaba, pero intentaba disimularlo. Me decía a mí misma que todo estaría bien, porque no estaba bien que las cosas no estuvieran bien. Además, tenía todo lo que necesitaba: ropa, zapatos, una botella de agua, dinero, un pase Eurail (que se entregaría en Gliwice, Polonia) y, al final, un billete de avión a casa. Incluso tenía un iPad, un botiquín de primeros auxilios, una linterna y mis libros de lectura de verano para la escuela. Y me di cuenta, después de pensarlo un poco, de que en realidad habría sido casi imposible planificar un viaje con dos meses de antelación. Estaba más lista que nunca.

6. La noche antes de irme, preparé mi ropa para el día siguiente, preparé mi mochila, cargué una bolsa de deporte (que me serviría de mochila durante los próximos dos meses) y esperé a dormirme. Estaba tan emocionada. No podía esperar a que saliera el sol.

7. Me desperté por la mañana con tiempo de sobra. Empecé el día dejando mi pez beta en casa de mi amigo. Lo acababa de conseguir, pero obviamente no podía llevármelo. Tomé mi equipo, lo cargué en el coche y nos fuimos.

8. Todo pintaba bien hasta que llegué al aeropuerto, donde me encontré con el primer retraso del viaje. Todo

el sistema informático de Air Canada estaba caído. Esperamos. Y esperamos. Y esperamos un poco más. Durante ese tiempo, conocimos a una familia que iba a Múnich y que, casualmente, compartiría los mismos vuelos que yo. Mis padres, preocupados de que no pudiera recorrer todos los aeropuertos sola, les preguntaron si me ayudarían con los cambios de vuelo hasta llegar a Múnich. Amablemente dijeron que sí. Tras esta breve interrupción en la monotonía de la espera, nos dimos cuenta de que mi padre tenía que irse a trabajar. Así que le di la mano para despedirme, y mi madre y yo esperamos un poco más.

9. Por fin, tras dos horas de retraso, las computadoras volvieron a funcionar. Pudieron asignar asientos y comenzaron a embarcar. Me despedí de mi madre con un abrazo y seguí a mis nuevos amigos alemanes hasta la puerta de embarque. Aunque estaba emocionado por finalmente estar en camino, también me sentía un poco incómodo. No estaba seguro de poder lograrlo. Sin embargo, toda la inquietud se desvaneció al llegar a Montreal. Estaba a cientos de kilómetros de casa y no había vuelta atrás. Una vez en Múnich, agradecí a los alemanes que me habían ayudado durante las últimas diez horas y me dirigí a la puerta de embarque para el vuelo a Cracovia. Una familia de compañeros voluntarios de Hábitat me esperaba. Estaba ansioso por conocerlos mejor y esperaba con ilusión el proyecto, pero para cuando subí a ese último vuelo, solo podía pensar en llegar a Cracovia y disfrutar de una buena ducha caliente.

12

Aporte real para aprender a leer y escuchar 2 - Cracovia y Gliwice, Polonia16

2   Tras muchas horas, aterrizamos en Polonia. Volé a Cracovia, la antigua capital. No podía creerlo. De todos los lugares del mundo, estaba en Cracovia. Era tan surrealista, aunque sabía desde hacía meses que la ciudad sería mi primer destino europeo. Tuve que pellizcarme para confirmar que no estaba soñando. Empecé a recordar mi llegada a Lima, Perú, dos veranos atrás. Había sentido la misma incredulidad en aquel entonces.

3   Seguí a la multitud desde el avión hasta la entrada del aeropuerto, donde oí que alguien gritaba mi nombre. Era mi líder de equipo, Tom. Habíamos hablado por teléfono antes del viaje, pero no sabía qué aspecto tenía. Por alguna razón, no me lo había imaginado con barba. Pero ahí estaba, con barba. Sin embargo, salvo por la barba, era

---

16 Este artículo es de un libro inédito, *Siete semanas solo en Europa*, de Peter Kang LEE, también conocido como Jae Joon LEE.

tal como lo había imaginado. Tenía el pelo castaño corto, gafas finas de montura metálica, era un poco más alto que yo y, por supuesto, llevaba la camiseta de nuestro equipo. Me acerqué y le estreché la mano con firmeza. Llegó la familia de voluntarios del vuelo y todos nos dirigimos a una pequeña cafetería en el piso de arriba para esperar a que se uniera el resto del equipo.

4   Durante las dos horas siguientes, los demás fueron llegando poco a poco a la cafetería. Por fin, todos habían llegado y partimos hacia nuestro hotel en furgoneta. Nadie habló mucho durante el viaje, lo cual me vino de maravilla. No había tenido sueño en el aeropuerto, pero desde luego, noté que se me cerraban los ojos al subir a la furgoneta. Como no quería desmayarme durante el viaje, me distraje pensando en esta increíble aventura que acababa de comenzar. Y considerando lo lejos que estaba de la casa que no pisaría en las próximas siete semanas. Después de conducir un rato, la furgoneta llegó al hotel. Era un hotel de tres estrellas, cerca de la plaza del pueblo. Entramos en el edificio con aire acondicionado, donde la recepcionista nos recibió en inglés, lo cual me sorprendió. Nos registraron rápidamente y nos dieron las llaves de la habitación. Subí a mi habitación en el tercer piso con Kyle, un compañero de Habitater solo un año menor que yo, a quien acababa de conocer en el aeropuerto de Múnich. Nuestra habitación era un poco más pequeña y sofocante que las otras, pero eso era lo que menos me preocupaba.

5   Abrí mi mochila y descubrí que un bote de enjuague bucal se había derramado por todas partes debido a los cambios de presión durante los vuelos. Había empapado algunas toallas y camisas, y peor aún, había teñido mi cárdigan azul de verde... ¡VERDE! Lo llevé rápidamente a recepción para ver si el hotel podía quitar la mancha. Por

desgracia, terminé pagando un dineral por nada; el daño fue permanente. A pesar de mi decepción, había aprendido mi primera lección de viaje: nunca lleves artículos de aseo que puedas comprar fácilmente en tu destino.

6   El resto del día transcurrió sin lecciones de vida adicionales. Me ocupé de socializar con mis compañeros voluntarios y de disfrutar de un tazón de borscht blanco, una sopa popular polaca. Después, salí a ver la ciudad antes de regresar para una reunión de grupo y cenar. Después subí a mi habitación para llamar a mis padres. Les dije que había llegado sano y salvo a Polonia y les conté mis impresiones y experiencias hasta el momento. Después de colgar, me lavé y me preparé para ir a la cama, pero no pude dormirme enseguida. Me quedé despierto pensando en la gente que extrañaba en casa, aunque solo había estado fuera poco más de 24 horas. En un momento dado, todos los rostros comenzaron a difuminarse y caí en un sueño profundo.

7   A la mañana siguiente, me desperté con más energía que nunca, a pesar de haber dormido solo unas tres horas. Ahora estaba en una zona horaria siete horas mayor que la de casa y, para cuando me desperté, ya eran las dos de la tarde en casa. Desayunamos en el mismo sitio donde habíamos cenado la noche anterior, ya que estaba justo al lado del hotel y no teníamos mucho tiempo. Después del desayuno, algunos del grupo hicieron las maletas. Como ya había lidiado con todo eso después del fiasco del enjuague bucal, salí con unos nuevos amigos a hacer turismo.

8   Primero nos dirigimos a la Barbacoa, una antigua torre de defensa situada justo fuera de las murallas de la ciudad. La mayor parte del tiempo no entendíamos bien qué veíamos, pero no importaba, ya que volveríamos a Cracovia

una semana después para una visita oficial. Continuamos y nos encontramos junto a la Catedral de Wawel, rodeada por un foso. Más tarde descubrimos que la iglesia albergaba las criptas de muchas figuras importantes de la historia de Polonia, incluyendo San Estanislao[1]. Mientras caminábamos por Wawel, nos dimos cuenta de que ya casi habíamos pasado nuestra hora de llegada y regresamos rápidamente. Al llegar, nos esperaba la furgoneta. Nadie más estaba listo para irse todavía, pero recogí mis maletas y me dirigí al vestíbulo de todos modos. Después de dar vueltas un rato, nos subimos a la furgoneta y partimos hacia Gliwice, la sede de Hábitat para la Humanidad donde trabajaríamos durante los próximos días. Por mucho que quisiera permanecer despierto para disfrutar del paisaje, me quedé profundamente dormido sin darme cuenta.

9 Llevaba poco más de un año como voluntaria en Hábitat para la Humanidad del Condado de Boulder, principalmente por mi interés en ser arquitecta. La oportunidad de ser voluntaria en Polonia, gracias a mi madre, así como a mis numerosos tíos, tías y abuelos que me ayudaron a financiar esta experiencia, fue la oportunidad perfecta para experimentar un estilo de construcción diferente y comparar y contrastar los estilos arquitectónicos del mundo. Cuando mi madre me propuso ir a este viaje, le dije que me encantaría porque parecía muy divertido, y así fue.

10 Pero la experiencia también me enseñó muchas lecciones valiosas. Aprendí mucho no solo sobre construcción, sino también sobre trabajo en equipo y colaboración. Aprendí que el objetivo no es terminar lo más rápido posible y pasar al siguiente proyecto, sino darlo todo y ayudarnos mutuamente. Algunos éramos jóvenes; otros, mayores. No todos habríamos podido hacer el mismo trabajo, pero todos contribuimos por igual a la construcción. Me di

cuenta de que el trabajo en equipo significa que todos los miembros pongan el mismo esfuerzo. Que es importante reconocer las fortalezas y vulnerabilidades de los demás para que, como grupo, no haya puntos débiles y el trabajo se complete con éxito.

11 Todos los días en Gliwice, menos los dos últimos, fueron laborables. Tenía tanto jetlag que me sentí privado de sueño durante la mayor parte del proyecto Hábitat. Me acostaba entre las 2 y las 3:30 de la madrugada cada noche y, aunque no tenía que levantarme hasta las 7:30, por alguna razón seguía despertándome a las 5:30. Así que tenía que obligarme a volver a dormir dos horas. El desayuno era el mismo todas las mañanas: pan, un surtido de quesos y embutidos, y una taza de café. Pero no me importaba.

12 Durante el curso escolar, solía despertarme demasiado tarde para desayunar, lo cual era una gran decepción, ya que me gustaba comer algo a primera hora para aguantar el día. Después del desayuno, mi rutina diaria consistía en coger mi mochila deportiva y unirme al resto del grupo junto a la furgoneta para el viaje de media hora al lugar de trabajo. Una vez allí, nos daban las instrucciones del día y el menú del almuerzo. Una vez respondidas todas las preguntas y hechos los pedidos, nos poníamos manos a la obra.

13 No todos los días trabajé en la obra. El segundo día, me invitaron a una excursión con dos miembros de mi equipo. Como tenía mucha curiosidad por saber cómo se comparaban las reformas de casas en Polonia con las que había hecho en Estados Unidos, aproveché la oportunidad. Adam, el fundador de Hábitat para la Humanidad en Polonia, nos llevó a Katowice, que está a poco menos

de una hora de nuestro lugar de trabajo. Parecía un pueblo suburbano bastante pequeño, con calles adoquinadas.

14   Una vez allí, visitamos primero un albergue para mujeres maltratadas para ver si se podía hacer algo con las molduras deterioradas de los baños y las lavanderías. La visita fue corta, pero no pude evitar pensar en lo agradecida que estoy por la vida que mis padres me han dado. Puertas bordeaban los pasillos que conducían a pequeñas habitaciones para las residentes y sus hijos. Las habitaciones eran solo un poco más grandes que mi dormitorio, del tamaño de una típica sala de estar estadounidense. Al entrar y echar un vistazo a las habitaciones con las puertas abiertas, vi que en lugar de camas, solo había sofás para dormir. Aunque cada habitación era diferente, cada una tenía capacidad para entre una y tres personas, y no pude evitar sentirme un poco claustrofóbica.

15   Sin saber cómo comportarme, permanecí en silencio y seguí a nuestro guía. Nos llevaron a una sala donde nos sirvieron refrigerios y esperamos mientras Adam conversaba en polaco con el personal del refugio. Tenían mucho que repasar, así que la espera fue larga. Quería olvidar esta experiencia y no volver a pensar en ella, pero no pude. Y quizás fue algo bueno, porque aunque no pude hacer nada para ayudar a la gente de allí, lo que vi me impactó de muchas maneras. Estaba agradecido por el mundo en el que vivo, por las personas que me rodean y por la oportunidad de ver el mundo desde una perspectiva diferente.

16   Lo iguiente en nuestra agenda eran las visitas a dos renovaciones de casas. Aunque estos proyectos no fueron realizados por Habitat, quería compararlos con los que había realizado en Estados Unidos. Por alguna razón, esperaba que las renovaciones de Gliwice fueran bastante sencillas. No podría haber estado más equivocado. La primera

renovación que visitamos aún estaba en progreso. Era un proyecto pequeño, pero la meticulosa atención al detalle realmente destacaba. Aunque estaba incompleta, podía ver que iba a quedar muy bien una vez terminada. La segunda renovación ya se había completado. De hecho, la familia (una madre de tres hijos, empleada en un McDonald's) estaba celebrando una jornada de puertas abiertas.

17 En cuanto entré, quedé impresionado. Sentí envidia, como mínimo. Por ridículo y cliché que fuera, no pude evitar pensar en el dicho : «No juzgues un libro por su portada». No solo la mayoría de los edificios que había visto parecían mediocres y deteriorados desde fuera, sino que además tenía la impresión errónea de que Polonia no tenía el mejor nivel de vida. Ver este esfuerzo tan exitoso me demostró que si todos contribuimos, aunque sea un poco, sin importar la causa o la ubicación, podríamos mejorar significativamente la vida de muchas personas. Esta es una razón más por la que me encanta formar parte de Hábitat para la Humanidad.

18 Nuestro trabajo en la escuela de Gliwice consistía en mezclar cemento y usarlo para apilar bloques de piedra pómez contra las paredes del edificio para mejorar el aislamiento. También transportábamos ladrillos pesados (unos 18 kg) por varios tramos de escaleras gracias a un equipo de voluntarios. Manipular los ladrillos me lastimó la muñeca hasta el punto de que terminé con una cicatriz considerable en la izquierda, pero no me importó. La consideraba una especie de cicatriz de guerra que luego me recordó esta grata experiencia.

19 Día, durante el almuerzo, recorrí la obra tomando fotos. Casualmente tomé una justo un segundo antes de que llegara un futuro residente. (La política de Hábitat es que los residentes contribuyan con su propio esfuerzo a

la construcción de la casa). El señor pensó erróneamente que lo había incluido en la foto y enseguida dijo: «No fotos». Le enseñé la foto para demostrarle que no aparecía, pero su expresión me hizo ver que seguía inquieto. Sin embargo, se relajó cuando volvimos a transportar los ladrillos, quedando uno al lado del otro, y se dio cuenta de que estábamos del mismo lado, a pesar de nuestros diferentes orígenes.

20 Los ladrillos medían 25" x 7" x 3", y, dado su peso, no eran fáciles de subir por las escaleras. Sin embargo, lo aprovechamos al máximo y pronto se convirtió en un esfuerzo lleno de risas. Empezó con uno de los miembros mayores de nuestro equipo. Empezó a gruñir de forma desagradable cada vez que pasaba un ladrillo, me uní a él y lo imité. Pronto, el polaco que había conocido antes también se unió. Una y otra vez, extendí la mano sobre mi lado derecho para tomar ladrillos de la persona que estaba debajo de mí y los balanceé para transferirlos a mi amigo que gruñía a mi izquierda. Los ladrillos golpeaban la misma parte de mi muñeca izquierda, justo encima de mi palma cada vez. La marca se puso roja y luego comenzó a sangrar. Por muy doloroso que suene, no sentí nada de eso. ¡Supongo que me estaba divirtiendo demasiado como para preocuparme!

21 Día después del trabajo, hicimos un viaje corto, pero muy memorable, a la torre de radio en Gliwice. Tal vez parezca una locura emocionarse por una torre de radio, pero esta torre resulta ser la torre de celosía de madera más alta del mundo hoy en día. Es la torre que Hitler usó para comenzar la Segunda Guerra Mundial. Había intentado formar una alianza con Polonia para atacar a Rusia, pero Polonia se negó a unirse a él. Hitler entonces envió tropas de las SS disfrazadas de soldados polacos a la torre en Gliwice.

Enviaron un anuncio antialemán y una hora después, Hitler respondió a su propio mensaje declarando la guerra a Polonia. Aunque nunca me ha fascinado mucho la historia, debo admitir que pensé que esta historia era bastante interesante. Esto era lo real: un lugar real que tuvo un impacto en todo el mundo. Esto era Historia.

22 Al final de este tour, nuestro equipo recorrió el barrio judío de Gliwice y nos llevaron a cenar para cerrar nuestra experiencia en la ciudad. Puede que no recuerde lo que comí, pero sí recuerdo la música, interpretada por una pequeña banda compuesta por un pianista/vocalista, un trompetista y otro vocalista. Era muy peculiar. Al salir del restaurante, salimos a buscar un puesto de helados, pero no había ninguno. Caminamos lentamente de vuelta al hotel, donde me dirigí a mi habitación y me quedé dormido enseguida después de un día agotador y muy completo.

23 A la mañana siguiente, nos subimos a la furgoneta por última vez y nos dirigimos a Cracovia. El primer día de vuelta lo pasamos casi todo con un guía que nos hizo un tour muy completo de la ciudad. Hacía buen tiempo, el ambiente, animado, y el tiempo voló, como dice el dicho: "El tiempo vuela cuando te diviertes". Todo ese día fue perfecto, excepto cuando un heladero intentó robarme 10 eslotis (unos 3,50 dólares). Aquí está la historia: cuando nuestro tour paró para un descanso de 10 minutos, la mayoría nos dispersamos para buscar un puesto de helados y refrescarnos un poco. Pagué con un billete más grande porque no tenía cambio exacto. A cambio, me dieron un montón de monedas. Un poco molesto, porque ahora tenía que contar cada centavo de la moneda desconocida, empecé a sumar. Enseguida me di cuenta de que me habían faltado exactamente 10 eslotis. Justo

cuando pensaba que no tenía opciones, apareció el guía turístico. Le conté lo sucedido y ella me acompañó de regreso al estrado.

24   Una vez allí, nos pusimos en la fila. Cuando nos tocó el turno, el guía empezó a interrogar al cajero, quien enseguida empezó a gritar. Entonces apareció el gerente y preguntó qué pasaba. El guía me explicó y el cajero, a regañadientes, me entregó un billete de 10 zł. Mientras nos alejábamos, el guía me explicó que había muchos pequeños vendedores que robaban a los turistas sin pensarlo dos veces. No me molesté demasiado; después de todo, gracias al guía, había recuperado mi dinero. Intenté comprender que la cajera probablemente intentó robarme porque estaba pasando apuros y pensaba que era un turista rico con dinero de sobra.

25   Sin embargo, el día terminó mucho mejor. Los futuros residentes del proyecto en el que habíamos trabajado organizaron una cena maravillosa para todos los voluntarios. La comida estuvo fenomenal: bistec, salchicha, ensaladas de todo tipo, postres variados y Sprite. El Sprite era una especie de broma interna en el trabajo. Mi jefe de equipo me lo dedicó porque Sprite era mi bebida favorita.

26   Después de cenar, jugamos con una pelota de voleibol que encontramos. Fue gracioso o asombroso, no sé cuál, que aunque no podíamos comunicarnos, de alguna manera todos sabíamos jugar al voleibol. Había barreras idiomáticas y culturales, habíamos crecido a miles de kilómetros de distancia, y aun así, ¡allí estábamos, jugando al voleibol!

27   Después de ese interludio, nos invitaron a recorrer la casa de una beneficiaria. Al irme, vi una jaula llena de hámsteres. Pregunté en inglés si podía sostener uno. La mujer, como por arte de magia, entendió (¿mi lenguaje corporal?) y me permitió meter la mano y coger uno. Tras unos

minutos jugando con el hámster, me sugirió que me lo llevara. Me lo estaba pasando tan bien que acepté sin pensarlo dos veces. ¡Es broma! Lo primero que me pasó por la cabeza fue meter un hámster de contrabando en un avión y todas las posibilidades de que eso saliera mal.

28   Trabajar con mi equipo en Polonia fue una de las mejores experiencias que he tenido. La gente, el idioma, las ciudades, la cultura, la comida, etc., me ayudaron a abrir los ojos a cómo es realmente el mundo, a diferencia de cómo lo había imaginado en casa. El voluntariado con Hábitat para la Humanidad en Polonia, y honestamente, también en Estados Unidos, me ha dado una visión de la realidad del mundo fuera de la zona de confort donde vivo. Me he dado cuenta de que hay muchas personas con vidas mucho más difíciles. Fue bastante abrumador no saber cómo podía ayudar a todas las personas necesitadas. Pensé en esto durante bastante tiempo, pero no fue hasta mucho después que comprendí que, aunque no puedo ayudar a todos, con mis pequeños esfuerzos contribuyo a un grupo que tiene un gran impacto y mejora drásticamente la vida de muchas personas: Hábitat para la Humanidad.

CAPÍTULO 4

Relaciones lingüísticas

¿Por qué algunos idiomas son más fáciles de aprender que otros?

¿Existe algún idioma en particular que sea más fácil de aprender para todos?

¿Cómo podemos determinar el grado relativo de facilidad para aprender?

1

Idiomas fáciles y
idiomas difíciles

¿Existe el idioma más fácil de aprender? Para responder a esta pregunta, permítanme contarles algunas historias interesantes.

Un día, cuando trabajaba como editor jefe del periódico de inglés del campus de una universidad en Corea, me visitaron dos estudiantes de tercer año. Eran muy amigos desde la secundaria. Poco después de ingresar a la universidad, hicieron planes juntos para su futuro. Uno de los primeros planes fue realizar primero el servicio militar obligatorio para poder trabajar sin descanso a largo plazo. Planes a plazo sin interrupción.

Luego, se prometieron memorizar todas las palabras y expresiones idiomáticas de Word Power[17] durante el servicio militar y antes de ser dados de baja. Ambos estaban muy orgullosos de haber cumplido su promesa. Incluso me pidieron que los examinara con cualquier palabra de Word Power. Además, estaban muy emociona-

---

[17]   Este es un antiguo y famoso diccionario de vocabulario inglés, con aproximadamente 5000 palabras y modismos. Durante la década de 1970, se consideraba un libro de vocabulario imprescindible para los estudiantes universitarios coreanos.

dos con la expectativa de que serían muy buenos en inglés. Su plan era aprender inglés para poder ir a estudiar al extranjero.

Me pidieron especialmente que les enseñara gramática inglesa. Estaban convencidos de que la necesitaban para dominar el inglés. Creían firmemente que, una vez que se familiarizaran con ella, podrían hablar inglés con fluidez con la ayuda de Word Power.

Sin embargo, aunque memorizaron todas las palabras y expresiones idiomáticas de Word Power, su pronunciación era muy mala. Aunque me pidieron que les enseñara gramática inglesa, les expliqué mi opinión sobre los problemas de estudiarla primero. En cierto modo, los obligué a seguir mi método de enseñanza. A regañadientes, aceptaron empezar con el Entrenamiento de Babble. Les costaba mucho la pronunciación difícil de las palabras en inglés, y sobre todo sus dudas y vacilaciones para concentrarse por completo en el Entrenamiento de Babble para hablar. Solían centrarse en la gramática y dedicaban horas extras cada día a estudiarla por su cuenta.

Durante seis meses, estudiaron con ahínco para aprender y dominar los secretos del inglés. Incluso se hablaban en coreano siguiendo el orden de las palabras en inglés para familiarizarse con la estructura del habla inglesa.

Sin embargo, su inglés era tan pobre que no tenían la confianza para decir nada en inglés. Como resultado, después de seis meses, me dijeron que dejarían el inglés porque no habían obtenido lo que esperaban de esos seis meses de estudio. Fue muy frustrante para ellos no haber logrado dominar el inglés en seis meses, después de memorizar todo el vocabulario de Word Power durante los casi tres años de servicio militar. En cambio, los dos amigos me dijeron que empezarían a estudiar japonés. Algunos les dijeron que podrían aprender japonés en seis meses con bastante fluidez.

De nuevo, unos seis meses después, vinieron y me dijeron que habían tomado una decisión muy inteligente al dejar el inglés y elegir el japonés. Estaban muy contentos con lo que habían logrado durante los seis meses de estudio de japonés. Me dijeron que habían estudiado japonés con mucho ahínco, igual que habían estudiado inglés.

Sin embargo, en seis meses, descubrieron que podían pensar y hablar bastante en japonés, y adquirieron plena confianza en que pronto podrían mejorar mucho su nivel. Les resultó mucho más fácil descubrir los secretos del japonés. Tras graduarse de la universidad, ambos se fueron a Japón para continuar sus estudios. Para referirme a esta historia, usaré el término "caso japonés".

Hay otra historia interesante. Conocí a un hombre de negocios, el Sr. C, en Colorado. Tras graduarse de una universidad en Corea, se fue a Japón y se quedó allí unos cuatro años. Durante el primer año, aproximadamente, asistió a un instituto para aprender japonés. Tras un año de estudio, logró comunicarse en japonés tan bien que algunos japoneses lo consideraban hablante nativo. Después, se fue a Inglaterra, donde asistió a una escuela de inglés para aprender inglés. Se quedó allí unos dos años y regresó a Corea. Poco después, llegó a Estados Unidos.

Cuando le pregunté qué idioma, aparte del coreano, se sentía más cómodo hablando, respondió: "Japonés". No estudió japonés en Corea, pero se quedó en Japón unos cuatro años justo después de terminar la universidad. Por otro lado, lleva poco más de nueve años en Estados Unidos, trabajando en negocios. Anteriormente, vivió dos años en Inglaterra. Estudió inglés durante unos diez años en Corea, desde la secundaria hasta la universidad. También intentó aprender chino en una ocasión. Además, gracias a su negocio, habla español lo suficiente como para atender a los clientes. Dijo que no logró aprender chino porque no estudió lo suficiente.

Entre los cuatro idiomas además del coreano, como japonés, chino, inglés y español, el Sr. C identificó que el japonés era el más fácil de aprender, y que el chino era el siguiente, aunque no lo habla. Según él, el inglés es el idioma más difícil de aprender, incluso después de vivir en Estados Unidos casi una década. El español, que finalmente comenzó a aprender entre esos cuatro idiomas, le resultó incluso más fácil que el inglés. Usaré el término "caso C" para referirme a esta historia.

Basándome en los dos casos anteriores, observo que existe una relación significativa entre la adquisición y las similitudes lingüísticas. Es decir, los idiomas que comparten más similitudes o características comunes con la lengua materna del alumno son más fáciles de aprender y mantener. Se sabe que el coreano y el japonés comparten una cantidad significativa de características o similitudes: orden de palabras, sistema de fonética y una gran cantidad de recursos lingüísticos con pequeñas diferencias de sonido. Por otro lado, el chino y el coreano comparten una cantidad significativa de recursos lingüísticos.

La mayoría de las formas nominales coreanas provienen del chino, y muchos de sus sonidos son fácilmente compatibles. Como referencia, utilizaré el término "**lenguas vecinas**" para designar aquellas que comparten muchas similitudes y características lingüísticas, al ser vecinas lingüísticamente, no necesariamente geográficamente, como el japonés, el coreano y el chino.

En este sentido, se puede entender que, para los estudiantes de habla inglesa, aprender una lengua indoeuropea como el italiano, el alemán, el francés, entre otras, sería mucho más fácil que aprender idiomas no relacionados con el inglés. A modo de referencia, utilizaré el término "**lenguas de familia**" para las lenguas que mantienen dicha relación. Las lenguas de familia, por naturaleza, comparten muchas características iguales o similares en diversos aspectos, como el sistema de escritura, el sistema de fonética, el sistema gramatical y los recursos lingüísticos. Sin embargo, la relatividad entre las lenguas de familia originales se ha debilitado a medida que, con el tiempo, se han dividido en diferentes grupos de familias.

Por lo tanto, algunos idiomas no parecen compartir características comunes. Por ejemplo, el ruso se clasifica como una lengua indoeuropea, al igual que el inglés, pero utiliza su propio sistema de escritura y no comparte muchas características con otras lenguas indoeuropeas. Lo mismo ocurre con el hindi.

Por lo tanto, para identificar la relatividad entre las lenguas de una familia, sería necesario utilizar términos como **lenguas primas** para las lenguas que comparten muchas características comunes y **lenguas primas segundas** que no comparten muchas características comunes.

Por otro lado, para una persona angloparlante aprender coreano es muy difícil, y viceversa, ya que ambos idiomas comparten muy pocas características lingüísticas significativas. Creo que ocurre lo mismo con el inglés y el japonés.

Parece aún más difícil para los estudiantes de coreano adquirir inglés que viceversa, ya que las características sonoras del coreano, que carecen de acentos, entonaciones y variaciones entre sonidos y caracteres, son más simples que las del inglés. El árabe parece ser bastante difícil para quienes hablan inglés, coreano, japonés y chino, ya que tiene un sistema de escritura totalmente diferente, con sistemas vocálicos bastante confusos y características sonoras totalmente distintas. A modo de referencia, utilizaré el término "**lenguas extrañas**" para referirme a las lenguas que presentan esta relación entre sí.

Volviendo a la pregunta de si existe el idioma más fácil de aprender, mi respuesta es que ningún idioma es tan simple y fácil de aprender en una mañana. Todos los idiomas requieren un gran esfuerzo de entrenamiento de balbuceo para su adquisición. En segundo lugar, en comparación con los idiomas vecinos y los idiomas extraños, los idiomas familiares son relativamente más fáciles de aprender desde el principio, ya que comparten muchas características comunes. Por lo tanto, los idiomas extraños requerirían más tiempo y un mayor esfuerzo para su adquisición.

2

Distancia lingüística

Se dice que algunos idiomas son fáciles de aprender al principio, pero muy difíciles después del nivel básico. También hay quienes dicen lo contrario sobre otros idiomas. ¿Son realistas estos comentarios? ¿Por qué? Además, ¿por qué las lenguas familiares o las lenguas primas en general serían más fáciles de aprender que las lenguas extrañas? ¿Cómo se puede explicar la facilidad de aprender idiomas específicos que no están relacionados con el propio? Creo que la respuesta a estas preguntas reside en las similitudes de las características lingüísticas que comparten las lenguas.

Ya he introducido términos como lenguas de familia, lenguas primas, lenguas primas segundas, lenguas vecinas y lenguas extrañas para referirme a las relaciones de la lengua materna con la propia. Sin embargo, para responder a las preguntas de forma más visible, es necesario describir las relaciones entre las lenguas en formatos digitalizados.

Para digitalizar las similitudes o disimilitudes entre idiomas, me gustaría introducir el concepto de distancia lingüística. La distancia lingüística se refiere al grado de dificultad que los estudiantes deben afrontar para adquirir la lengua materna. Esta distancia o grado de dificultad se mide mediante puntuaciones de distancia basadas en la comparación de los respectivos grupos de características sistemáticas de dos idiomas. Las características sistemáticas se agrupan en tres categorías: características fonéticas, características sintácticas y características léxicas. Por naturaleza, las características fonéticas se relacionan con la capacidad física; los factores sintácticos, con la intuición lingüística; y las características léxicas, con los recursos lingüísticos.

Veamos cómo se elabora la tabla de distancia lingüística. Primero, la distancia lingüística para las características fonéticas se mide comparando características como las vocales, las consonantes, las suprasegmentales, las disparidades entre letras y sonidos y el principio de silabificación de ambas lenguas. A excepción de las suprasegmentales, a las que se les asigna un punto base de 10, las características fonéticas de la lengua materna que no existen en la lengua materna del alumno se miden con 1 punto cada una.

Por ejemplo, según mi investigación, el inglés tiene al menos 11 sonidos vocálicos que el coreano no tiene. Por lo tanto, la distancia entre el coreano y el inglés para las características vocálicas es de 11. Por la misma razón, la distancia para las características consonánticas es de 15, y la de la disparidad entre letras y sonidos (es decir, las letras que representan más de un sonido) es de 13. Con base en este método, la puntuación total de distancia lingüística para las características fonéticas entre el coreano y el inglés es de 49.

Sin embargo, la puntuación total de las características fonéticas del inglés al coreano no es la misma que la de la otra dirección. Esto se debe a que las características fonéticas de un idioma pueden ser mucho más complejas o más simples que las del otro. Según la tabla a continuación, la puntuación total de las características fonéticas del inglés al coreano es de 19. En comparación con la puntuación total del coreano al inglés, que es de 49, esta puntuación es significativamente menor, lo que significa que las características fonéticas del inglés son mucho más complejas que las del coreano.

En segundo lugar, las puntuaciones de distancia lingüística para las características sintácticas y léxicas se miden con base en un sistema de puntuación base. Las puntuaciones para cada característica se deciden deduciendo las puntuaciones prorrateadas de las puntuaciones base según la razón estadística de las características dadas de la MT de uno que ocurren en la LT. Por ejemplo, si la razón estadística para un grupo particular de características de la MT es de aproximadamente el 30% de todas las ocurrencias de dichos grupos en la LT, la puntuación de distancia para la característica dada será un número que equivale al 70% del punto de la puntuación base para la característica dada. En cuanto a las puntuaciones base para las características respectivas de cada grupo, establezco puntuaciones prorrateadas basadas en el grado de peso que cada característica parece tener. Francamente, esto es un asunto bastante subjetivo en lugar de ser objetivo.

Sin embargo, siempre que se mantenga un principio consistente y razonable al evaluar las puntuaciones base de todas las características, no debería haber una diferencia significativa al evaluar la distancia lingüística entre dos idiomas. A la larga, se requerirían numerosas discusiones y trabajos entre los lingüistas de las lenguas del mundo para formar un conjunto estándar de criterios que midan y comparen objetivamente las distancias entre múltiples idiomas en todas las direcciones. Sin embargo, por ahora, no me preocuparé por eso en el futuro. También intenté reflejar todos los grupos significativos de características específicas de cada idioma que deben aprenderse para una comunicación eficaz.

El coreano y el inglés no comparten muchas características comunes en cuanto a sus dos grupos, las sintácticas y las léxicas. Por lo tanto, se asignaron puntuaciones base para cada característica, excepto para la estructura sintáctica, a la que se le asignó una puntuación de 3 puntos en inglés, basándome en que, en coreano, una frase adjetiva siempre precede a una nominal, y en que, en inglés, una frase adjetiva puede ir antes o después de una nominal, dependiendo del tipo de adjetivo. Es decir, se calculó que el grado de dificultad de la estructura sintáctica en inglés, que no es compartida, es de 3 puntos. Este tipo de estructura sintáctica se aplica de la misma manera a las frases adverbiales, que, en coreano, siempre preceden a una verbal, pero, en inglés, van tanto antes como después de una verbal.

Tipos de características[1]		Puntuaciones de distancia lingüística	
		Coreano a inglés	Inglés a coreano
Características fonéticas	Vocales	11	8
	Consonantes	15	4
	Disparidad entre letras y sonidos	13	7
	Silabeo	0	0
	Suprasegmentales (10)	10	n / A
Subtotal de características fonéticas		4 9	19
Características sintácticas	Estructuras de frases (5)	3	0
	Estructuras de oraciones (10)	10	10
	Interrogativo (5)	5	5
	Preposiciones (5)	5	n / A
	Posposiciones (5)	n / A	5
	Voz (5)	5	5
	Tipos de afijos (5)	0	3
Subtotal de características sintácticas		28	28

Características léxicas	Alfabetos (1 0)	1 0	1 0
	Ninguno Alfabético (2 0)	n / A	n / A
	2do conjunto de alfabetos (5)	1	n / A
	Uso de 3er alfabetos (5)	n / A	n / A
	Uso de un tercer no alfabeto (5)	n / A	1
	Sistema de casos (5)	5	5
	de género (5)	n / A	n / A
	Sistema clasificador (5)	1	4
	Sistema numérico (5)	5	5
	2º sistema numérico (5)	n / A	5
	Vocabularios (50)	50	48
	Sistema honorífico (5)	n / A	5
	Sistema de modalidades (5)	n / A	5
Subtotal de características léxicas		**72**	**88**
Puntuación total de distancia lingüística		**149**	**135**

Ahora, con base en la tabla anterior, veamos primero las dificultades que enfrentan los coreanos para aprender inglés. La distancia lingüística entre el coreano y el inglés es de 149, lo cual se considera bastante alto en comparación con la mayoría de las lenguas primas, que no deberían superar los 50 como máximo. Dentro de la puntuación total de 149, la distancia total para las características fonéticas es de 49, lo cual es ligeramente inferior al 30% de la distancia total. Esto explica por qué es tan difícil para los coreanoparlantes adquirir los sonidos del inglés. Después de más de 10 años de educación en inglés, la mayoría de los estudiantes coreanos aún no pueden articular la mayoría de los sonidos del inglés con precisión. Esto explica por qué la mayoría de ellos no logran dominar las dificultades de los sonidos del inglés.

Por otro lado, muchos coreanos bilingües que adquirieron el inglés como segunda lengua me comentaron que el inglés es muy práctico y fácil de usar. Incluso admiten que el coreano es bastante complicado y poco práctico debido a las numerosas normas de uso, centradas en las relaciones personales. Esto demuestra lo bien que asimilan las características sintácticas y léxicas tras adquirir las características fonéticas y del habla.

Ahora, veamos el grado de dificultad para los angloparlantes aprender coreano. La puntuación total de distancia para las características fonéticas es de 19; la puntuación para las características sintácticas es de 28; y la puntuación para las características léxicas es de 88. La puntuación de distancia de la característica fonética indica que la dificultad para los angloparlantes es aproximadamente la mitad de la de los coreanoparlantes. Esto parece ser muy preciso según mi experiencia docente, aunque los angloparlantes que aprenden coreano por primera vez sentirían que todavía es muy difícil aprender los sonidos. Salvo algunos estudiantes inestables, la mayoría de mis estudiantes captarían los sonidos del idioma coreano en uno o dos semestres con bastante fluidez: podían leer oraciones, escuchar y comprender los sonidos de los hablantes nativos y, además, producir sonidos coreanos bastante precisos cuando hablaban o leían sin mucho acento del inglés. No tienen problemas para leer cualquier palabra escrita en coreano con sonidos precisos.

Sin embargo, para que los estudiantes coreanoparlantes puedan leer, escuchar y producir sonidos en inglés con fluidez, creo que se necesitan al menos de 6 a 8 semestres o más. Sin embargo, aún no logran comprender todas las cualidades sonoras al observar las palabras escritas en inglés ni la acentuación adecuada. Basándonos en esta comparación, se puede decir que dos semestres es un tiempo bastante corto para que los estudiantes aprendan todos los sonidos coreanos.

Sin embargo, las personas bilingües angloparlantes que aprendieron coreano como segunda lengua se quejan de las dificultades de los sistemas honoríficos, aparentemente insuperables, así como del número desconocido de marcadores de modalidad, lo que refleja las diversas actitudes del hablante hacia las personas involucradas y la información transmitida. Al fin y al cabo, el uso correcto de los elementos léxicos en coreano es muy difícil de dominar para los extranjeros con un nivel alto de coreano.

Según la tabla de distancia lingüística anterior entre el inglés y el coreano, que se encuentra en desarrollo, la distancia lingüística entre el coreano y el inglés es de 149. En cambio, la distancia en sentido inverso es de 135. Al parecer, la distancia entre el inglés y el coreano resultó ser menor que en sentido inverso. Por lo tanto, las personas de habla coreana tendrían más dificultades para aprender inglés que las de habla inglesa para aprender coreano.

Si bien es cierto que ningún idioma es fácil de aprender, también lo es que algunos idiomas pueden ser más fáciles de aprender que otros. La tabla de distancia lingüística permite visualizar la diferencia entre la lengua materna y la lengua materna. Así, con la información sobre la distancia lingüística a la lengua materna, se puede tener una idea de qué parte de la lengua materna será más difícil de aprender para los estudiantes.

En consecuencia, las lenguas de la familia prima deberían tener puntuaciones muy bajas, ya que comparten muchas características. Las lenguas vecinas deberían obtener puntuaciones bastante más altas en comparación con las de las lenguas de la familia. Por consiguiente, las lenguas extrañas deberían obtener puntuaciones bastante altas entre sí, como las puntuaciones de los idiomas pares, el coreano y el inglés. Utilizando la tabla, se puede observar que la dificultad de aprender una lengua de la familia es proporcional a la puntuación de la distancia.

Basándome en el concepto de distancia lingüística que se muestra en la tabla anterior, diría que cualquier lengua con una distancia lingüística total de aproximadamente 50 con respecto a la lengua materna es relativamente más fácil de aprender. En tales lenguas, los estudiantes no necesitarían adquirir un nuevo conjunto de factores de adquisición[18] de la lengua materna. Por otro lado, cualquier lengua con una distancia lingüística total superior a 100 requeriría la adquisición de un nuevo conjunto de factores de adquisición.

Para comprender mejor la relación entre el proceso de aprendizaje y la distancia lingüística, así como para utilizar la información de la puntuación de distancia para una mejor adaptación, es necesario profundizar en la medición de la distancia lingüística presentada aquí. Para generar mapas de distancia lingüística precisos y fiables entre lenguas específicas, se requiere la colaboración de numerosos lingüistas especializados. Un enfoque más sistemático de la distancia lingüística entre lenguas maternas y maternas (TM) ayudaría a los profesores de lenguas extranjeras (LE) a comprender la relación dinámica entre ambas y a diseñar sus clases.

---

[18] La definición de este término se introduce en un artículo posterior.

3

Distancia lingüística
y métodos FLE

Se da por sentado que las lenguas relacionadas o de familia con una distancia lingüística muy baja pueden aprenderse con relativa facilidad y rapidez. Esto significa que los estudiantes que aprenden lenguas de familia con una distancia lingüística muy baja, en general, pueden alcanzar un nivel de competencia mucho mayor en el mismo período de tiempo. Sin embargo, los estudiantes que aprenden lenguas extrañas con una distancia lingüística muy alta, en general, no alcanzan el mismo nivel de competencia en la adquisición en el mismo período.

Entonces, ¿deberían aplicarse diferentes métodos de FLE para la enseñanza de distintos grupos de lenguas según su distancia lingüística con la lengua materna? Por ejemplo, si la lengua materna y la lengua materna pertenecen a la misma familia lingüística, y sus puntuaciones lingüísticas son muy bajas, por ejemplo, inferiores a 50, ¿cuál sería el mejor método de enseñanza? Dado que ambas lenguas son tan similares, ¿sería la mejor manera de introducir y centrarse en la gramática desde el principio para que los estudiantes puedan comprender fácilmente las diferencias entre ambas?

Por otro lado, si la lengua materna y la lengua materna son idiomas completamente desconocidos, ¿cuál sería el método de enseñanza? Dado que ambos idiomas difieren drásticamente en todos los aspectos lingüísticos, ¿deberíamos empezar a enseñar las diferencias significativas una por una? ¿O deberíamos simplemente empezar a enseñar el entrenamiento del balbuceo para hablar?

La respuesta a estas preguntas reside, de nuevo, en observar la forma natural de adquisición de las lenguas familiares, así como de las lenguas vecinas o desconocidas, por parte de los niños, por ejemplo. Es cierto que, por muy fuerte que sea la intuición lingüística sobre una lengua familiar o vecina, los fenómenos específicos de la lengua pertenecen al ámbito de las habilidades lingüísticas que se adquieren, más que al del conocimiento lingüístico que se comprende. Se puede comprender claramente el método de desarrollo de dichas habilidades lingüísticas observando el proceso de adquisición natural del lenguaje.

Al observar la adquisición natural del lenguaje, podemos estar seguros de que conduce a los estudiantes al desarrollo de las habilidades lingüísticas fundamentales: la capacidad de hablar. Esta adquisición natural comienza con el desarrollo de las habilidades lingüísticas fundamentales. En este sentido, contrasta drásticamente con los diversos métodos tradicionales que se han centrado en la enseñanza de conocimientos lingüísticos basados en la gramática, habilidades lingüísticas no fundamentales como la lectura y la escritura, o, como mucho, habilidades superficiales de comprensión auditiva y expresión oral.

La razón por la que utilizo la expresión "enseñanza de habilidades superficiales de escucha y habla" es que el lenguaje no se puede adquirir mediante actividades exclusivas de escucha, ni tampoco mediante prácticas conversacionales cara a cara inconsistentes en ocasiones. Cabe dudar de si esta sería la manera más efectiva para que los estudiantes adultos aprendan una segunda lengua. Sin embargo, dado que el aprendizaje de segunda lengua basado en diversos métodos no ha tenido éxito, podríamos asumir que un método que utilice el método de adquisición del lenguaje natural podría ser la mejor manera de adquirir una segunda lengua.

En consecuencia, la respuesta a estas preguntas es que, independientemente de las diferencias lingüísticas entre la lengua materna y la lengua materna, los métodos de enseñanza más eficaces deberían ser básicamente los mismos. Por ello, insisto en que, independientemente de las relaciones lingüísticas entre la lengua materna y la lengua materna, deberíamos comenzar con la enseñanza del nivel 1 de balbuceo, el Entrenamiento de Balbuceo para hablar, y continuar con los siguientes niveles de Entrenamiento de Balbuceo para conocer y mejorar el nivel de competencia de los estudiantes.

Por supuesto, dependiendo de la distancia lingüística con respecto a la lengua materna, los estudiantes podrían progresar con gran rapidez o lentitud hacia niveles superiores del proceso de balbuceo. Cuanto menor sea la distancia con respecto a la lengua materna, más rápido será el progreso hacia los niveles superiores del proceso de balbuceo. Cuanto mayor sea la distancia, más lento será el progreso hacia los niveles superiores del proceso de balbuceo.

Las preguntas anteriores sobre las diferencias y los métodos para la enseñanza de lenguas familiares, vecinas o extrañas pueden compararse con las preguntas sobre las diferencias y los métodos para enseñar instrumentos musicales similares o extraños a los estudiantes. Independientemente de la similitud o la extrañeza de los instrumentos musicales con el propio, el proceso de enseñanza básicamente no puede diferir de los métodos de enseñanza prototípicos. Es decir, los profesores deben exigir a los estudiantes que practiquen mucho cada vez. La diferencia radicaría simplemente en que los estudiantes aprenderían con mayor o menor rapidez, dependiendo de la similitud o las diferencias del nuevo instrumento.

Además, dado que una puntuación de distancia más baja implica que los estudiantes ya poseen mayor intuición lingüística, capacidad física y recursos lingüísticos para la lengua materna, se requerirían capacitaciones menos intensivas, menos tiempo y menos esfuerzo para que adquieran la lengua materna. En el caso de muchas lenguas de la familia IE, es cierto que muchos de los factores de adquisición aún son compartidos por los hablantes de cada lengua. Por consiguiente, los estudiantes que aprenden dicha lengua materna la adquirirían con un proceso de balbuceo relativamente menos intensivo para aprender a hablar, leer, escuchar y escribir.

Esta es, en mi opinión, la razón principal por la que el método tradicional de traducción gramatical ha sido la tendencia más fuerte en la enseñanza de lenguas extranjeras. Es decir, antes del siglo XX, la enseñanza de lenguas extranjeras se centraba principalmente en la enseñanza de lenguas familiares con un fuerte componente lingüístico, utilizadas en los países vecinos. Dada la gran distancia lingüística entre la lengua materna y la lengua materna, el método de traducción gramatical seguía siendo bastante eficaz, ya que ayudaba a los estudiantes a adquirir habilidades comunicativas como la lectura y la escritura, simplemente al poder distinguir las diferencias gramaticales entre ambas lenguas.

Por otro lado, los estudiantes que aprenden una lengua extranjera con una distancia lingüística muy alta tendrían que superar muchas dificultades mediante un entrenamiento intensivo de balbuceo con una gran cantidad de expresiones para desarrollar la intuición lingüística, la capacidad física y los recursos lingüísticos necesarios para adquirir la lengua extranjera. En particular, los estudiantes que se enfrentan al reto de aprender una lengua extranjera con una distancia lingüística muy alta en las características fonéticas tendrían muchas dificultades desde el nivel inicial. De hecho, muchos estudiantes no superarían el entrenamiento de balbuceo de nivel 1 por falta de tiempo y esfuerzo.

En conclusión, todos los idiomas requieren la adquisición de intuición lingüística, capacidad física y recursos lingüísticos. Al igual que todas las actividades deportivas requieren sentidos atléticos, capacidad física y todo tipo de habilidades disponibles. Por lo tanto, al igual que las actividades deportivas... Se requerirían las mismas prácticas intensivas y rutinarias para aprender, y los idiomas requieren el mismo proceso de entrenamiento de balbuceo, intensivo y enfocado, sin importar cuán similares sean a la lengua materna. Después de todo, la distancia lingüística con respecto a la lengua materna no debería cambiar los métodos de la lengua materna; al contrario, influiría en la velocidad del progreso.

CAPÍTULO 5

Métodos de evaluación

¿Podemos enseñar independientemente de las tendencias generales de los criterios de evaluación ?

No importa lo que enseñemos, los estudiantes se inclinarán hacia las tendencias de los criterios de evaluación.

1

Transiciones de los métodos de evaluación de lenguas extranjeras

En cuanto a la enseñanza del inglés como lengua extranjera (FLE), es evidente que el programa de FLE más intensivo y con mayor prevalencia a nivel mundial es el de TESL. Innumerables libros de texto, audios, vídeos y materiales de referencia relacionados con la enseñanza del inglés llenan las librerías de los países de habla no inglesa. Basta con observar el mercado del inglés en Corea del Sur para comprobar su impresionante nivel. Cada mes se introducen nuevos materiales de referencia para la enseñanza del inglés.

En EE. UU., no veo programas FLE de ningún idioma en particular tan intensivos como en Corea. Tampoco veo tanto entusiasmo ni un ambiente social fanático por aprender una lengua extranjera. Entiendo que otros países asiáticos como Japón y China no difieren mucho de Corea en cuanto a FLE. Supongo que también ocurrirá lo mismo en la mayoría de los demás países de habla no inglesa. Dado que estoy mucho más familiarizado con los programas FLE en Corea y EE. UU., analizaré la situación de FLE comparándola con EE. UU. y Corea.

En comparación con la gran preocupación general por el FLE en Corea, la gente en Estados Unidos se muestra bastante generosa y relajada con respecto a los beneficios que obtiene de este programa. El resultado de un FLE en Estados Unidos no tiene una influencia tan crucial en la promoción o el progreso continuo a lo largo de la vida como en Corea. En general, los estudiantes coreanos intentan obtener más del 100% de lo que se les enseña como material para el FLE, ya que, de lo contrario, quedarían rezagados en la competencia crucial. En consecuencia, los estudiantes coreanos, y probablemente también los de otros países, prácticamente no tienen otra opción que estudiar a ciegas y con mucho esmero todo lo que se enseña en la clase de inglés.

Ahora, quisiera analizar la evolución mundial del TESL. Las tendencias del TESL a nivel mundial se han visto impulsadas por las tendencias de los métodos de evaluación del inglés, que han experimentado cambios drásticos en los últimos 20 años. Algunos podrían argumentar que también podría ser al revés. Sin embargo, creo que, históricamente, las tendencias de la evaluación del inglés han tenido mayor influencia sobre las tendencias del TESL que el control del TESL sobre las de la evaluación del inglés.

Antes de la década de 1970, los estudiantes coreanos eran evaluados con exámenes de gramática. Así, quienes dominaban la gramática inglesa podían tener éxito en la escuela y el trabajo. Supongo que la mayoría de los países de habla no inglesa han compartido las mismas tendencias que Corea. Hasta la década de 1980, se evaluaban con exámenes de gramática y lectura.

En consecuencia, las personas estudiaban con mucho ahínco para poder leer y comprender párrafos en inglés bastante extensos, en comparación con las oraciones de ejemplo muy cortas que se utilizaban para explicar la gramática antes de la década de 1980, analizando cada oración con base en sus conocimientos gramaticales. Desde esa década, el TESL en los países del mundo ha estado liderado por el ETS, mientras que el TOEFL y el TOEIC se consideraban un programa de examen de inglés estándar a nivel mundial. Desde entonces, los profesores y estudiantes de inglés han adaptado sus perspectivas de la educación en inglés siguiendo las tendencias de evaluación del ETS.

Así, a medida que el ETS evaluaba a los estudiantes basándose en la gramática, la lectura y la comprensión auditiva mediante los exámenes TOEIC y TOEFL, el TESL incorporó la comprensión auditiva a su enfoque, además de la formación ya existente orientada a la gramática y la lectura. Posteriormente, cuando el ETS incorporó la prueba de escritura a su evaluación en la década de 1990, todos se afanaron en prepararse para la prueba de escritura, además de las pruebas de gramática, lectura y comprensión auditiva del inglés.

Sin embargo, con la llegada del siglo XXI, el ETS se percató de los graves problemas de sus propios programas. El problema radicaba en que muy pocos de quienes obtenían puntuaciones muy altas en el TOEFL o el TOEIC podían hablar inglés con fluidez. La mayoría, especialmente los procedentes de países no europeos, ni siquiera eran capaces de comunicarse con fluidez en inglés.

Como resultado, el ETS desarrolló el iBT TOEFL, que incluye la prueba de expresión oral. Además, decidió que la evaluación gramatical se realizaría en las secciones de escritura y expresión oral, en lugar de una sección gramatical separada. Estos nuevos cambios en el TOEFL solo confundieron a los estudiantes y les dificultaron el inglés. Si bien el ETS eliminó la sección gramatical del iBT TOEFL, nadie parece considerarlo como si significara que no es necesario un estudio gramatical por separado. Incluso el ETS aclaró que la habilidad gramatical se evaluaría en las secciones de escritura y expresión oral, por lo que se sigue creyendo firmemente que el estudio de la gramática inglesa por separado es fundamental.

Al agregar esas áreas de prueba en tal secuencia, el ETS, con la autoridad que naturalmente le otorga su reconocida reputación como la mejor agencia de programas de pruebas de inglés profesional del mundo, parece haber ratificado silenciosamente la secuencia tradicional de TESL centrada en la gramática y la lectura primero.

En otras palabras, con la secuencia de los métodos tradicionales de evaluación, se instruyó a los docentes a enseñar primero la gramática y luego la lectura. Con base en la secuencia de las asignaturas adicionales añadidas a los programas de exámenes del ETS, como el TOEFL, se instruyó a los docentes a enseñar también las habilidades de escritura, comprensión auditiva y expresión oral en la misma secuencia en que se añadieron al TOEFL, respectivamente.

Como resultado, el entrenamiento de la expresión oral aún se considera el último curso del programa de educación en inglés escolar, y el programa no tendría tiempo suficiente para alcanzar el nivel de entrenamiento de la expresión oral por diversas razones. El programa dedicaría la mayor parte de su tiempo a la gramática y la comprensión lectora. Posteriormente, cubriría entrenamientos muy limitados en las habilidades de escritura y comprensión auditiva.

Por lo tanto, al menos para mí, es muy natural y no tan sorprendente descubrir que personas con casi 10 años de educación en inglés no pueden hablar inglés en absoluto. Como no se lo hemos enseñado, los estudiantes simplemente no pueden hacerlo. Es una consecuencia lógica. Les enseñamos gramática, lectura, escritura y comprensión auditiva en inglés. Por lo tanto, los estudiantes están bien equipados con las habilidades de gramática, lectura, escritura y comprensión auditiva en proporción a su nivel de educación. En este sentido, la educación del inglés a nivel mundial ha sido muy exitosa. No podemos quejarnos, porque aprendieron muy bien lo que les enseñamos.

Sin embargo, de alguna manera, nos molesta mucho la consecuencia lógica de que los estudiantes no hablen inglés tan bien. Esto demuestra que hemos estado enseñando inglés con la increíble idea errónea de que los estudiantes podrían hablar inglés después de aprender gramática, lectura, escritura y comprensión auditiva.

Todos creían erróneamente que enseñar gramática, lectura, escritura y comprensión auditiva debía preceder a enseñar a hablar.

A primera vista, parece plausible, pero es un gran malentendido. Desconocían por completo que, una vez adquirida la habilidad de hablar mediante un entrenamiento de balbuceo exhaustivo, y no con un entrenamiento superficial, todos los demás aspectos, como la gramática, la lectura, la escritura y la comprensión auditiva, se resolverán de inmediato. Incluso hoy, la realidad es que la mayoría de los educadores de FLE creen firmemente en este increíble malentendido y defienden los métodos tradicionales.

La razón por la que presenté cómo ha evolucionado el TESL a nivel mundial es porque tiene una influencia muy significativa no solo en el FLE de los EE. UU., sino también en el de todos los países del mundo.

Estados Unidos parece ser bastante singular, ya que no existe un idioma específico que todos se comprometan a aprender durante muchos años y, a diferencia de muchos otros países, se ofrece una gran cantidad de idiomas, incluso desde la educación primaria, a todos los estudiantes con una distribución bastante equitativa. Además, es una gran ventaja para los estudiantes estadounidenses que casi todos los idiomas se impartan por hablantes nativos en todo el país. Pocos países en el mundo cuentan con una variedad de recursos humanos tan amplia.

Sin embargo, aún existen problemas. Es decir, muchos de los profesores nativos de estas lenguas recibieron el programa FLE en sus países antes de llegar a EE. UU. Esto significa que cursaron los cursos tradicionales de TESL en sus países. Los programas de TESL en el extranjero se ven influenciados principalmente por profesores que se vieron fuertemente influenciados por la secuencia tradicional de TESL, basada en los nuevos desarrollos de los criterios de evaluación del ETS.

En consecuencia, la mayoría de los profesores de FLE en EE. UU., así como en otros países, han visto y experimentado el entorno escolar exclusivamente FLE : TESL en sus países. Por lo tanto, aunque se pueda negar rotundamente, se les ha inducido a creer que los métodos tradicionales de TESL son los más sistemáticos y mejor diseñados para FLE.

Como resultado, creo que muchos profesores de lenguas extranjeras en EE. UU. tienen el mismo sesgo, si no más, en las secuencias de enseñanza de gramática, lectura, escritura, comprensión auditiva y expresión oral, respectivamente, o incluso de forma similar, al igual que los profesores de inglés en Corea y muchos otros países. Uno podría preguntarse: "¿Y qué? ¿Qué tiene de malo esta secuencia?". Sin embargo, hay un problema importante en la secuencia, que me preocupa mucho.

El mayor problema es que el TESL tradicional, basado en dichas secuencias antes de la generación del iBT TOFEL, ha demostrado durante mucho tiempo, y por millones de personas, que no ha logrado formar hablantes de inglés competentes. Con su corta trayectoria, el iBT TOFEL aún está por verse. Sin embargo, no veo cómo los estudiantes alcanzarían el nivel del iBT TOFEL siguiendo los planes de estudio tradicionales. Les llevaría una eternidad incluso estar preparados para el iBT TOFEL.

Dado que el TESL tradicional no ha logrado formar hablantes de inglés con fluidez, la mayoría de los profesores nativos de inglés como segundo idioma (FLE) en EE. UU., criados y educados en el entorno escolar de TESL en sus países, no aprendieron inglés en las escuelas. En su mayoría, eran capaces de leer y escribir bien en inglés.

Luego, en entornos especiales, después del currículo escolar regular o tras su llegada a EE. UU., aprendieron inglés mediante intensas actividades de balbuceo. Basándose únicamente en sus propias experiencias, muchos creen que no es posible aprender inglés con fluidez sin haber crecido y educado en la sociedad del inglés.

Ahora, uno puede entender de dónde vienen mis preocupaciones con respecto a los profesores de lengua extranjera que se apegan e insisten en los caminos tradicionales porque no conocen otros caminos disponibles para enseñar lengua extranjera.

Entiendo que muchos profesores de idiomas reconocen los problemas del FLE tradicional y se esfuerzan por encontrar mejores ideas revisando las clases que han impartido, leyendo libros de pedagogía lingüística y asistiendo a congresos sobre FLE. Sin embargo, sin comprender las verdaderas causas de los problemas de los métodos tradicionales de FLE, los profesores no podrían superar la influencia de sus propias experiencias con los métodos tradicionales de TESL al tomar decisiones sobre el desarrollo de programas de FLE.

¿Qué debemos hacer para identificar los verdaderos problemas del FLE tradicional? Debemos reflexionar detenidamente sobre cómo todos los seres humanos hemos adquirido el idioma.

2

Método de evaluación orientado a la competencia

Desde su surgimiento a finales de los años 70 y principios de los 80, el concepto de movimiento de competencia ha generado importantes debates y reuniones entre numerosas profesiones de lenguas extranjeras (FLE) y profesores de lenguas extranjeras (LE) en Estados Unidos. Ha tenido una gran influencia en la enseñanza de lenguas extranjeras, ya que motivó a muchos profesores a revisar los diversos métodos de enseñanza de lenguas extranjeras que habían adoptado.

Aún está por verse el éxito de su implementación por parte del profesorado. También ha suscitado numerosas inquietudes y objeciones. Muchas de estas inquietudes y objeciones se relacionan con la definición poco clara de algunos términos como competencia, enseñanza de competencia, evaluación de competencia, función, instrucciones basadas en la competencia, etc. Asimismo, el énfasis excesivo en la precisión gramatical y las correcciones desde la etapa inicial generó críticas.

A través de intercambios de críticas y respuestas, las posturas de quienes apoyan el movimiento de competencia se han clarificado bastante. Además, la incomprensión o interpretación errónea sobre la importancia de las pautas de competencia y la entrevista oral de competencia (OPI) por parte del Consejo Americano para la Enseñanza de Lenguas Extranjeras (ACTFL) se volvió más clara. Los partidarios de los currículos orientados a la competencia afirman que la OPI es menos importante como instrumento de evaluación que como agente de cambio. Esta afirmación nos ayuda claramente a ver cómo debemos ver las pautas orientadas a la competencia y la OPI. Es decir, la OPI en sí misma tiene mucho margen de mejora, pero claramente señala una nueva dirección para la enseñanza de lenguas extranjeras.

El movimiento de competencia oral se compone de dos partes: la instrucción orientada a la competencia oral y el OPI. En el centro del movimiento se encuentra el OPI, que califica la competencia oral del estudiante en cuatro niveles: Principiante, Intermedio, Avanzado y Superior. Todos los cuales, excepto el nivel superior, tienen tres subniveles: bajo, medio y alto, respectivamente. Para ayudar a los profesores de lenguas extranjeras a planificar y diseñar programas de estudio de acuerdo con los criterios del OPI, se han sugerido instrucciones orientadas a la competencia oral mediante las siguientes cinco hipótesis de trabajo :

1. Se deben brindar oportunidades para que los estudiantes practiquen el uso del idioma en una variedad de contextos que probablemente encontrarán en la cultura de destino.

2. Se deben brindar oportunidades para que los estudiantes practiquen el desempeño de una variedad de funciones que probablemente sean necesarias al tratar con otros en la cultura de destino.

3. Debería preocuparse por el desarrollo de la precisión lingüística desde el comienzo de la instrucción en un enfoque orientado a la competencia.

4. Los enfoques orientados a la competencia deben responder tanto a las necesidades afectivas como cognitivas de los estudiantes. Los estudiantes deben sentirse motivados

para aprender y tener oportunidades de expresar sus propios significados en un entorno tranquilo.

5. Se debe promover la comprensión cultural de diversas maneras para que los estudiantes estén preparados para vivir más armoniosamente en la comunidad de la lengua meta.

Aunque no se afirma que las instrucciones orientadas a la competencia sean un método de enseñanza de lenguas extranjeras, las hipótesis muestran claramente a los docentes cómo deben orientarse las clases de lenguas extranjeras. Asimismo, quienes defienden el movimiento de la competencia enfatizan el equilibrio entre las cuatro habilidades lingüísticas, así como la cultura de la lengua materna. Las cuestiones que plantean las hipótesis son puntos realmente interesantes, pero cubren áreas muy limitadas de la enseñanza de lenguas extranjeras. No indican cómo iniciar la enseñanza de lenguas extranjeras ni cómo llevar a los estudiantes a un nivel avanzado de adquisición. Suenan llamativas, pero no tienen la suficiente relevancia.

Las hipótesis solo explican a los agricultores cómo criar pollitos. Simplemente asumen que los pollitos nacerán y se reproducirán por sí solos. No se consideran las obras más importantes sobre cómo incubar un pollito. Si se diseñara el currículo según estas hipótesis, sería difícil comenzar las clases de nivel inicial. Además, incluso si se lograra comenzar las clases de nivel inicial, los estudiantes no podrían avanzar a niveles superiores al nivel intermedio, según las directrices de la OPI.

Las hipótesis también parecen imponer una carga considerable a los profesores internacionales de lenguas extranjeras en todo el mundo, excepto en Estados Unidos, quienes, en su mayoría, no son hablantes nativos de la lengua objeto de estudio y desconocen el contexto cultural de la lengua materna. En la mayoría de los países, aparte de Estados Unidos, los entornos de las clases de lenguas extranjeras son muy diferentes a los de Estados Unidos.

Algunas de las principales razones por las que los profesores no nativos de lengua materna insisten en centrarse en una enseñanza intensiva basada en la gramática es, creo, que no hablan la lengua materna con fluidez, no entienden muy bien cómo se adquiere una lengua y no saben mucho sobre la lengua materna aparte de la gramática y cómo leerla basándose en la gramática.

Antes de convertirse en profesores de lenguas extranjeras, la mayoría de ellos, debido a la tradicional situación de FLE que vivieron en la escuela, creían que la gramática era un requisito fundamental. Por lo tanto, no dudan de que enseñan lo correcto al enseñar gramática la mayor parte del tiempo, todos los días y todos los años.

Si bien las directrices de instrucción orientadas a la competencia incentivan claramente a los profesores de lenguas extranjeras a buscar nuevas direcciones, creo que las hipótesis no son lo suficientemente claras ni sólidas como para cambiar la orientación general de los métodos de enseñanza de lenguas extranjeras. Estas hipótesis no advierten sobre los graves problemas que conlleva la dependencia de los métodos de enseñanza orientados a la gramática. Hasta la fecha, estos métodos de enseñanza solo han producido innumerables gramáticos expertos en lenguas extranjeras en diferentes niveles, como principiante, intermedio y avanzado.

Sabemos que los gramáticos no tienen por qué dominar la lengua materna con fluidez, siempre que puedan analizar su gramática basándose en textos recopilados y redactar trabajos sobre ellos. Además, algunos sabemos que, a menos que hayan adquirido la lengua materna previamente, la mayoría de los gramáticos la hablan, como una computadora con procesador 286 obsoleta, con un altavoz muy deficiente, que falla con frecuencia al procesar los datos. De hecho, en lugar de advertir sobre estos problemas, las hipótesis justifican que los profesores de gramática se aferren a sus métodos tradicionales.

Además, la mayoría de las hipótesis no son aplicables a quienes no pueden costear una escuela con profesores de lenguas extranjeras y, por lo tanto, desean enseñarse lenguas extranjeras por sí mismos. Para quienes se atreven a enseñarse lenguas extranjeras por sí mismos, las hipótesis son desalentadoras. ¿Necesitamos conjuntos separados de hipótesis de trabajo sobre las instrucciones orientadas al dominio del idioma para diferentes entornos de clase de lenguas extranjeras y para distintos grupos de estudiantes?

Por otro lado, comprendo la confusión con el concepto de competencia. Puede significar muchas cosas diferentes y distintos niveles de rendimiento. Debe ser claro y específico para que todos lo entiendan. Sin embargo, las hipótesis, en cierto modo, lo hacen confuso. Es similar al concepto tradicionalmente confuso del inglés para muchas personas en países donde la educación en inglés es tan crucial y obligatoria.

Por ejemplo, cuando se dice "Eric es muy bueno en inglés", se refiere a muchas cosas diferentes. Podría recibir ese cumplido por alguna de las siguientes razones: siempre obtiene una puntuación alta en los exámenes de inglés de la escuela; es muy bueno en gramática inglesa; es muy bueno en lectura en inglés; escribe en inglés sin errores gramaticales; obtuvo una puntuación muy alta en el TOEIC o el TOEFL; enseña inglés a estudiantes en una escuela o instituto privado; ganó un premio en un concurso de oratoria en inglés; o habla, lee y escribe en inglés muy bien.

Si bien considero que el concepto de competencia se refiere principalmente a la competencia oral basada en hipótesis y directrices, aún no puedo deshacerme de la creencia de que las hipótesis, que sientan las bases de las instrucciones basadas en la competencia, parecen ser ideas demasiado generales como para ser confiables. Esto se debe a que considero que no abordan las ideas clave de lo que los estudiantes necesitan para alcanzar una competencia exitosa.

En otras palabras, las hipótesis no muestran ninguna consideración sobre factores fácticos tales como que la competencia oral no se puede lograr sin adquirir primero la lengua materna; los métodos de enseñanza para la adquisición pueden no ser necesariamente los mismos que los utilizados para desarrollar la competencia; y se requieren tremendos esfuerzos de repeticiones y experiencias para desarrollar la competencia.

Ofrecer oportunidades para expresar sus propios significados en un entorno tranquilo puede ser divertido y motivador. Sin embargo, para los estudiantes principiantes, no es viable hacerlo desde el principio. Además, es solo una pequeña parte del funcionamiento de la clase. Nosotros, profesores de lenguas extranjeras, sabemos que se necesita mucho más que simplemente ofrecer estas oportunidades. Las hipótesis no lograron vincular el dominio de la lengua materna con su adquisición. En otras palabras, claramente pasaron por alto el hecho de que el dominio exitoso de la lengua materna no puede lograrse sin su adquisición.

En consecuencia, las hipótesis seguramente hacen que los profesores de lenguas extranjeras pasen por alto el proceso de adquisición de la lengua materna y se centren en su dominio. En otras palabras, el enfoque del OPI no parece ser la adquisición de la lengua materna. Dado que el dominio de la lengua materna no puede lograrse sin adquirirla primero, se contradice en sí mismo.

A pesar de los problemas que señalé anteriormente, acojo con satisfacción el concepto de instrucción orientada a la competencia, y en especial la OPI como agente de cambio. Al menos es positivo ver un gran punto de inflexión en los métodos de FLE. Gracias a la OPI, muchos profesores de lenguas extranjeras ya han revisado y seguirán revisando y actualizando sus métodos de enseñanza, evaluación, currículo, diseño de cursos, entorno de clase y relaciones entre estudiantes y profesores para cumplir con los criterios de la OPI.

Desafortunadamente, no muchos de nosotros, profesores de lenguas extranjeras, podríamos enseñar nuestras propias lenguas independientemente de las tendencias de evaluación. Pocos tenemos objetivos independientes más allá de cumplir con los requisitos del método de evaluación vigente. Casi todos seguiríamos las tendencias contemporáneas en métodos de evaluación, como lo hicieron casi todos nuestros predecesores. Por eso es tan importante contar con un nuevo método de evaluación, para bien o para mal. De lo contrario, muchos de nosotros, profesores de lenguas extranjeras, no estaríamos muy motivados para el cambio, ni para bien ni para mal. Por esta razón, deseo que el OPI se desarrolle como el método para evaluar el nivel de adquisición de lenguas extranjeras de los estudiantes.

Dado que las instrucciones orientadas a la competencia y las directrices de la OPI no pretenden ser un método orientado a la competencia, sino un agente de cambio, volvemos a nuestra propia tradición, continuando con lo que hemos venido haciendo tradicionalmente. Ahora hemos aprendido un concepto más sobre cómo enseñar Lengua Extranjera (LE), las instrucciones orientadas a la competencia, que se suman a una docena de métodos tradicionales de Lengua Extranjera (LE). Sin embargo, no sabemos qué continuar ni qué descartar de los doce métodos tradicionales de instrucción orientada a la competencia. Desconocemos cuánto se debe enseñar para cumplir con los criterios de la OPI. La tarea de desarrollar métodos de enseñanza para que nuestros estudiantes adquieran Lengua Extranjera (LE) ha vuelto a nuestras manos.

3

Preguntas para nosotros mismo, profesores de FL

¿Quiénes somos? Somos profesores de lenguas extranjeras. ¿Cuál es nuestro deber? Nuestro deber es enseñar nuestros idiomas a los estudiantes. Estas son las respuestas que podemos compartir fácilmente a muchas preguntas que nos planteamos, como profesores de lenguas extranjeras.

Para preguntas más sofisticadas, como qué métodos deberíamos usar para enseñar Lengua Extranjera; cuáles deberían ser las bases de la planificación curricular; y cuál debería ser el objetivo final de nuestra enseñanza, sería necesario experimentar con las preguntas durante un tiempo para obtener las respuestas deseadas. Para las preguntas detalladas sobre «cómo» y «por qué», no habría forma de esperar una respuesta predominante.

Al menos para los profesores de lenguas extranjeras en EE. UU., dado que el concepto de instrucción orientada al dominio domina las discusiones sobre métodos de enseñanza de lenguas extranjeras, es cierto que esto les brindó la oportunidad de reflexionar sobre los métodos que hemos utilizado hasta ahora. Si bien muchos aún estamos bastante confundidos y no tenemos claro qué hacer ni cómo hacerlo, es cierto que la mayoría consideramos necesario revisar los métodos que hemos empleado durante años.

¿Por qué prestamos tanta atención a los métodos de enseñanza? ¿Por qué ahora? ¿Por qué no antes? ¿Habría sido igual sin el poderoso impulso del OPI de ACTFLE? No, no lo creo. Sin el OPI, el concepto de instrucción orientada al dominio no habría recibido tanta atención por parte de los profesores de lenguas extranjeras, al igual que la mayoría de los métodos de enseñanza de lenguas extranjeras introducidos hasta la fecha.

Sin embargo, podría haber quedado grabado en la historia, como muchos métodos de enseñanza de lenguas extranjeras. Así pues, desde el concepto de instrucción orientada al dominio, ¿qué hemos añadido a lo que ya veníamos haciendo? ¿O qué hemos dejado de lado en los métodos que hemos utilizado hasta ahora? Creo que aún no muchos hemos encontrado las respuestas a estas preguntas. Más bien, muchos nos confundimos y estamos retomando lo que veníamos haciendo.

Movimientos muy similares han surgido en los últimos años en todo el mundo, en países donde el inglés se considera una de las asignaturas más importantes en la escuela. La urgencia de un cambio en la educación del inglés en esos países se aceptó como una realidad cuando ETS implementó el examen iBT TOEFL hace varios años, el cual agregó la evaluación de las habilidades orales en inglés y eliminó la sección de gramática. Las autoridades educativas y gubernamentales relacionadas con la educación del inglés han impulsado la búsqueda de métodos de enseñanza para que los estudiantes obtengan altas puntuaciones en el iBT TOEFL o el TOEFL de nueva generación.

Hasta ahora, comenzaron a enseñar gramática intensiva para sentar bases sólidas para la comprensión lectora y, posteriormente, incorporaron la enseñanza de la comprensión auditiva hacia el final de su programa de estudios de inglés de varios años. Sin embargo, ahora no tienen tiempo suficiente para añadir la enseñanza de la expresión oral al currículo existente. No creen poder dejar de enseñar gramática, ni lectura, ni comprensión auditiva. Por lo tanto, no me sorprendería que, sin opción, decidieran aumentar las clases y horas de inglés para enseñar la expresión oral.

¿Por qué deberían ocurrir estos cambios de vez en cuando? ¿Acaso no podemos establecer un objetivo claro y consistente para nuestra enseñanza? ¿O se supone que debemos cambiar los objetivos de nuestra enseñanza cada vez que se introducen nuevos métodos de evaluación? Supongamos que dedicamos años a desarrollar un método de enseñanza eficaz basado en los criterios del OPI o del iBT TOEFL. ¿Podemos estar seguros de que esta será la última vez que se cambie? ¿Qué pasaría si el ACTFEL presentara algo como el OPIW, añadiendo la evaluación de la competencia escrita al OPI con un conjunto impreciso de hipótesis de trabajo? ¿Qué pasaría si el ETS presentara el EOPI para la entrevista de competencia oral en inglés? Entonces, ¿tendríamos que volver a viajar de un lado a otro para asistir a seminarios y conferencias sobre cómo cambiar nuestros métodos de enseñanza? ¿Adónde estamos llevando a nuestros estudiantes? ¿El objetivo de nuestra enseñanza es desarrollar habilidades para una evaluación exitosa o adquirir la lengua materna?

Deberíamos establecer un objetivo permanente para la enseñanza de nuestros idiomas, ¿no? El objetivo principal de nuestra enseñanza debería ser ayudar a los estudiantes a adquirir la lengua materna y desarrollar una competencia oral avanzada, ¿no ? Deberíamos seguir desarrollando nuestros métodos de enseñanza para lograr este objetivo constante, ¿no? Una vez que los estudiantes adquieran la lengua materna y desarrollen una competencia oral tan alta, deberían ser capaces de lidiar con cualquier tipo de evaluación, ¿no? Entonces, si realmente enseñamos a nuestros estudiantes para la adquisición y la competencia oral, no necesitamos guiarnos por los tipos de evaluaciones, ¿verdad?

Como profesores de lenguas extranjeras, somos responsables de desarrollar métodos de enseñanza que se adapten mejor a las necesidades de nuestros estudiantes en cada situación, con el fin de que adquieran la lengua materna. Los métodos de enseñanza de lenguas extranjeras no deben basarse en los métodos de evaluación, ya que estos, al ser infalibles, están sujetos a cambios constantes. No debería importar si ACTFEL o ETS evalúan intensivamente la gramática, la lectura, la escritura o la competencia oral, ya que nuestra prioridad es ayudar a nuestros estudiantes a adquirir nuestros idiomas. Estamos seguros de que, una vez que adquieran la lengua materna y adquieran la competencia oral en unos años, podrán afrontar este tipo de evaluación con éxito.

Los profesores de lenguas extranjeras de todo el mundo deberíamos reunirnos para debatir los mejores métodos de enseñanza de lenguas extranjeras y recopilar ideas para una gestión eficaz de las clases de lenguas extranjeras. No deberíamos reunirnos para descubrir las habilidades secretas que permiten a nuestros alumnos obtener altas puntuaciones en determinados tipos de evaluaciones. No deberíamos comprometer nuestro objetivo principal con ninguna habilidad para obtener altas puntuaciones, ya que la mejor manera de preparar a nuestros alumnos para las evaluaciones es siempre ayudarles a adquirir la competencia oral de lenguas extranjeras tanto como sea posible.

Ahora es el momento de preguntarnos seriamente quiénes somos, cuál es nuestra labor y cuál debería ser el objetivo permanente de nuestra enseñanza. Ahora es el momento de distanciarnos de las preocupaciones sobre los diversos criterios y métodos de evaluación; de reflexionar sobre los métodos de enseñanza elegidos; y de superar los prejuicios que hemos construido a favor o en contra de determinados métodos. Ahora es el momento de ser independientes y sentar unas bases sólidas para el beneficio del alumnado.

CAPÍTULO 6

Teorías BTM

Los términos "balbuceo", "balbuceo" o "el balbuceo" utilizados en este libro tienen su origen en los actos verbales de los bebés durante el proceso de adquisición de la lengua materna.

Utilizo el término 'babble ', 'el balbuceo' o 'b abbling ' para referirme a los actos repetidos del alumno de imitar, copiar, hablar consigo mismo, memorizar, usando y practicando sobre Aporte Real con el propósito de adquirir el lenguaje, especialmente la competencia oral. Sin embargo, en sentido amplio, también utilizo el término para referirme a la práctica repetida del aprendiz de escuchar, leer y escribir después del Aporte Real con el propósito de adquirir las habilidades respectivas.

La adquisición se logra con mayor eficacia mediante un entrenamiento intensivo de balbuceo; y la competencia oral se desarrolla con mayor eficacia mediante un entrenamiento intensivo de ejecución. Por lo tanto, pedir a los principiantes que realicen la TL no sería una técnica de enseñanza eficaz.

1

¿Qué es BTM?

Al examinar los métodos tradicionales de Lengua de Lengua Extranjera (LEF), como el Método de Traducción Gramatical y el Método de Lectura, que parecen haberse aplicado de forma más generalizada al LEF actual, la idea principal de estos métodos parece ser que la adquisición del sistema de reglas de la LEE facilitará a los estudiantes su aprendizaje o acelerará su adquisición. O bien, la idea principal de los métodos tradicionales podría ser proporcionar a los estudiantes las habilidades necesarias para leer y comprender la LEE.

Si la primera idea se refiere a las verdaderas intenciones de los métodos, la FLE basada en estos métodos ha fracasado claramente. Es más, ha producido, sin duda, más estudiantes con dificultades para aprender la lengua materna que cualquier otro método. Sin embargo, si la segunda idea se refiere a las verdaderas intenciones de los métodos, se podría decir que la FLE basada en estos métodos ha tenido éxito. No obstante, si esta ha sido la verdadera intención de la FLE tradicional, ahora deberíamos considerar actualizar la idea principal de forma más realista para satisfacer las expectativas de la sociedad moderna respecto a la FLE.

Las ideas para los métodos de seguimiento de los métodos tradicionales de FLE, como el Método Directo, los Enfoques Técnicos y el Método Basado en el Contenido, parecen ser que sumergir a los estudiantes directamente en la Lengua de Lengua (LE) y obligarlos a hablar en ella los llevaría a adquirir el lenguaje oral de la LE. Sin embargo, según mi experiencia docente y observación, los estudiantes que no están familiarizados con las formas habladas de la LE no podrían participar realmente en una inmersión tan abrupta en clase. Especialmente, no parece tan realista para los estudiantes con una educación sólida bajo los métodos tradicionales de FLE adaptarse a la inmersión repentina en clase. Han sido entrenados para descomponer las oraciones de la LE y ensamblar los componentes en su sistema lingüístico antes de comprender las oraciones de la LE, y viceversa, antes de producir las expresiones de la LE que quieren decir.

Este tipo de hábitos arraigados no se silencian cuando los estudiantes intentan sumergirse en la lengua de aprendizaje. Al contrario, interfieren considerablemente en el proceso del habla cuando intentan reaccionar ante una situación en la que se les solicita que respondan en lengua de aprendizaje, lo que resulta en un retraso significativo en las respuestas e interrupciones en las interpretaciones lingüísticas. Estos son los efectos secundarios negativos de los métodos tradicionales de FLE.

El método BTM, que propongo en este libro como método de FLE orientado a la competencia oral, se basa en las hipótesis de trabajo sobre la adquisición del lenguaje y las entradas y salidas, y en el hecho evidente de que todos los seres humanos han adquirido con éxito sus idiomas mediante el proceso de balbuceo. También se basa en mi propia experiencia en la adquisición del inglés como lengua de aprendizaje (LE) y en la enseñanza del inglés y el coreano como lengua de aprendizaje (LE) a estudiantes.

Digo esto porque lo único que hacen los bebés, y que parece estar relacionado exclusivamente con la adquisición del lenguaje, es, creo, balbucear sobre las indicaciones de los guías. Quienes no adquirieron las formas verbales de sus idiomas fueron quienes, por diversas razones, no pudieron balbucear. Quienes recibieron el entrenamiento de balbuceo de señas adquirieron el lenguaje de señas.

Realmente no veo mejores maneras comprobadas de adquirir un idioma que el balbuceo. De hecho, dado que los niños muy pequeños con cerebros menos funcionales adquieren el idioma entre los 36 y 40 meses con un balbuceo suave y relajado, el entrenamiento del balbuceo parece ser la forma más fácil, sencilla y eficaz de adquirir un idioma. Al menos, sabemos con certeza que al final del entrenamiento del balbuceo se adquiere el idioma.

Creo que el entrenamiento del balbuceo es una característica universal única que todos los seres humanos hemos utilizado para adquirir ciertas lenguas naturales. Asimismo, el método de educación lingüística que los padres adoptan para sus hijos es una característica universal única que siempre ha sido eficaz para que los estudiantes adquieran ciertas lenguas, salvo en situaciones excepcionales como la de niños con discapacidad física.

La educación lingüística que imparten los padres se puede clasificar en tres niveles principales: expresión oral, lectura y escritura. No se imparte ninguna enseñanza gramatical sistemática a los niños pequeños. Además, la educación lingüística que imparten los padres se centra exclusivamente en la competencia oral. Este proceso de educación lingüística por parte de los padres es el modelo a seguir de BTM.

El término balbuceo en la naturaleza se refiere a los actos vocales repetidos de imitar expresiones objetivo e intentar producir expresiones propias por parte de niños pequeños, lo que veo como un proceso de preparación o práctica para adquirir la intuición lingüística, la capacidad física y los recursos lingüísticos, que son factores muy cruciales en la adquisición del lenguaje.

Basándome en la naturaleza del balbuceo, lo defino en general como el proceso principal de entrenamiento para adquirir los factores de adquisición de la lengua de trabajo. En sentido estricto, también utilizo el término balbuceo para referirme a los esfuerzos repetidos por adquirir expresiones individuales de la lengua de trabajo. Por lo tanto, según los objetivos del entrenamiento del balbuceo, utilizo términos como balbucear para hablar, balbucear para leer, balbucear para escuchar, balbucear para escribir y balbucear para hablar libremente.

Basándose en una característica universal única de Babble Training como el proceso de entrenamiento de la adquisición del lenguaje, la idea principal de BTM es aplicar todo el proceso de enseñanza del lenguaje natural al FLE de las maneras más efectivas.

Para que este BTM sea efectivo, propongo las siguientes cinco áreas de entrenamiento de balbuceo para FLE: entrenamiento de balbuceo para hablar, entrenamiento de balbuceo para Lectura, Entrenamiento de Balbuceo para Escuchar, Entrenamiento de Balbuceo para Escribir y Entrenamiento de Balbuceo para Actividades de Expresión Libre. Según el BTM, estas cinco áreas de balbuceo se desglosan en los siguientes niveles.

Tipos	Balbucear Niveles	Se están añadiendo temas de Balbuceo
de Babble para la adquisición	Nivel 1	Hablando
	Nivel 2	Añadir lectura
de balbuceo para la competencia oral	Nivel 3	Añadir escucha
	Nivel 4	Añadir escritura
	Nivel 5	Añadir conversación gratuita
Opción	Nivel 6	Añadir gramática TL

El BTM comienza con el nivel uno, enseñando a los estudiantes a practicar el balbuceo en lengua de aprendizaje (LE). Este nivel 1 está diseñado para que los estudiantes adquieran las habilidades lingüísticas necesarias para comunicarse libremente con personas en LLE, utilizando las expresiones y el vocabulario aprendido durante el proceso de balbuceo. El objetivo del nivel 1 es que los niños adquieran LLE al nivel de adquisición de TA a los 36-40 meses, cuando muchos comienzan a leer.

A partir del nivel 2, se trata de un proceso de desarrollo de la competencia oral mediante el desarrollo y la ampliación de las habilidades lingüísticas adquiridas a través del nivel 1 hacia una calidad superior.

A medida que el nivel uno se consolida y continúa, se añade el entrenamiento de balbuceo para leer en lengua de aprendizaje (LM) al nivel dos. Este entrenamiento es fundamental para la preparación de los siguientes niveles, ya que se espera que los estudiantes adquieran una gran cantidad de recursos lingüísticos, así como la capacidad de comprensión intuitiva de las estructuras oracionales en lengua de aprendizaje (LM) a través del proceso de lectura. Sin el sólido vocabulario y la capacidad de comprensión intuitiva de las estructuras oracionales en lengua de aprendizaje, los siguientes niveles de entrenamiento de balbuceo para la comprensión auditiva en lengua de aprendizaje a velocidad normal y para la expresión oral fluida en lengua de aprendizaje serían extremadamente difíciles para los estudiantes.

Para el nivel 3, se añade el balbuceo para la comprensión auditiva de la lengua materna al nivel 2. Hasta ahora, los estudiantes están familiarizados con las expresiones de conversación, que difieren de las expresiones generales utilizadas en los medios de comunicación. Para comprender eficazmente el lenguaje general de los medios, es necesario un entrenamiento intensivo en la comprensión auditiva.

Luego, para el nivel 4, se introduce el entrenamiento de balbuceo para escribir en lengua de aprendizaje. Este entrenamiento ayuda a los estudiantes a adquirir la lógica lingüística de la lengua de aprendizaje y los capacita para practicar la expresión creativa y productiva de sus ideas.

Finalmente, al alcanzar el nivel 4, se añade el entrenamiento de habla libre en TL para el entrenamiento de habla libre de nivel

5. Dado que el entrenamiento de habla libre es la etapa clave para mejorar la competencia oral, es fundamental adquirir amplia experiencia en conversación libre sobre diversos temas.

El último nivel, aunque opcional, en el BTM de FLE es el nivel 6, Revisión del sistema de Lengua de Lengua (TL), que corresponde a la clase de gramática de la TL. A diferencia de las áreas del balbuceo, la gramática no es un objeto del balbuceo. Es más bien un tema de estudio, y no tan crucial como las diversas materias del balbuceo en la adquisición y el desarrollo del lenguaje.

Sin embargo, esto no significa que los estudiantes deban completar estos seis niveles para poder usar el idioma. Sugiero que estos niveles deben completarse para alcanzar un alto nivel de competencia oral. Los estudiantes pueden hablar la lengua materna bastante bien para lidiar con la mayoría de las actividades de la vida personal en ella, enfocándose continuamente en el nivel uno de Babble Training, aproximadamente 500 expresiones independientes relacionadas[19] con la actividad diaria, recopiladas de diversas situaciones de la vida personal real. Es decir, con una educación exitosa de nivel uno para la lengua materna, uno aún puede adquirir las habilidades para comunicarse en la lengua materna utilizando las expresiones que uno adquirió durante el proceso de nivel uno. Las personas analfabetas, que pueden hablar pero no leer su lengua materna, demuestran que las personas pueden aprender el idioma sin tener que saber leerlo ni escribirlo.

Los objetivos y las ideas didácticas detalladas de cada nivel se presentarán en capítulos posteriores. El siguiente diagrama de secuencia muestra cómo se debe procesar cada uno de los seis niveles con la

---

[19] defino el término "expresiones independientes "como aquellas que no forman parte de un patrón entre sí. Por ejemplo, expresiones como "¿Cómo estás?", "¿Cómo está él?", "¿Cómo está ella?" y "¿Cómo está tu hermana?" se consideran pertenecientes a un mismo patrón y, por lo tanto, se consideran en conjunto como una sola expresión independiente.

mínima cantidad de información real necesaria para adquirir el lenguaje a un nivel básico. Para una adquisición de nivel superior, se requiere una mayor cantidad de información real.

Se pueden encontrar más detalles e ideas concretas para un entrenamiento de balbuceo efectivo en el último capítulo de este libro, el capítulo 14. Si bien el último capítulo es para el autoentrenamiento de balbuceo, también está diseñado para que los profesores creen programas de BTM efectivos.

El diagrama del método de entrenamiento de Babble[20]

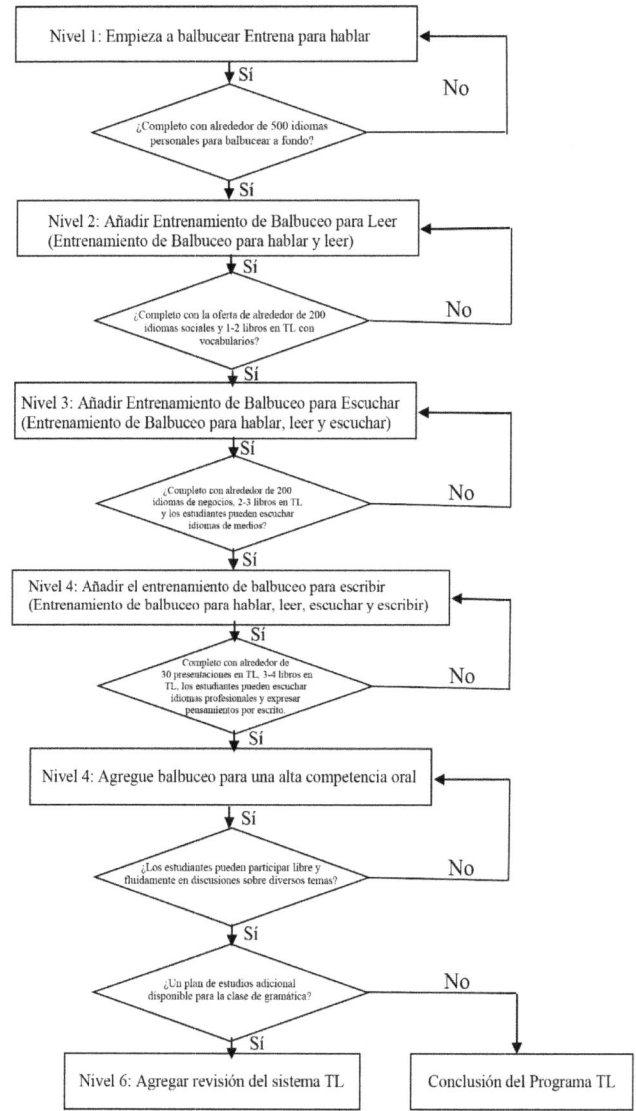

El cumplimiento de estas condiciones para cada nivel requiere un juicio discrecional de los profesores, ya que las condiciones pueden no ser satisfechas por todos los estudiantes de la clase.

2

¿Qué es la adquisición del lenguaje?

Antes de continuar, quisiera aclarar la definición de adquisición de una lengua de la que quiero hablar. De lo contrario, las personas se basarán en sus propias acepciones del concepto y no podrán evitar grandes conflictos de comprensión. En un sentido lingüístico general, el concepto de adquisición de la competencia lingüística de una lengua se puede aplicar como adquisición de una lengua.

Aquí, según la definición de un diccionario, el término competencia se refiere al conocimiento que los hablantes tienen de su lengua, el sistema de reglas que dominan para poder producir y comprender un número indefinido de oraciones, así como reconocer errores gramaticales y ambigüedades. Se considera en contraposición a la noción de ejecución, las expresiones específicas del habla.

Para adquirir este tipo de competencia lingüística, especialmente para una lengua extranjera, no es necesario dominar muy bien la lengua oral. Por supuesto, los hablantes nativos adquieren el conocimiento de la lengua adquiriendo y practicando el idioma, es decir, hablándolo. No tienen que hacer ningún esfuerzo especial para adquirir el conocimiento de su lengua, ya que lo obtienen simplemente adquiriéndolo y hablándolo.

Sin embargo, para aquellas personas que aprenden un idioma como LE, no tienen que centrarse en la adquisición del lenguaje oral para obtener la competencia lingüística o el conocimiento de la LE para ser capaces de producir y comprender un número indefinido de oraciones, y reconocer errores gramaticales y ambigüedades.

De hecho, muchos estudiantes de lenguas extranjeras logran adquirir los conocimientos estudiando únicamente el sistema de reglas de la lengua materna. En otras palabras, existen dos maneras de adquirir la competencia lingüística: con la adquisición de la destreza oral y sin necesidad de adquirirla.

Como resultado, el concepto de adquisición de competencia lingüística como definición de adquisición de una lengua, en realidad, conlleva una gran contradicción. Es una gran contradicción considerar a alguien que domina la gramática de la lengua materna, pero no la domina tan bien, lo cual no es nada inusual en este mundo.

El concepto de adquirir competencia lingüística sin necesidad de adquirir la habilidad de hablar no es el que utilizo en este libro para referirme a la adquisición del lenguaje. Tampoco considero adquisición del lenguaje el concepto de tener que adquirir competencia lingüística junto con la habilidad de hablar.

Además, el concepto general de adquirir un idioma es bastante vago y no parece tener en cuenta los niveles de rendimiento individual. Por lo tanto, si alguien afirma haber adquirido un idioma, es probable que se le considere un maestro. Con base en este concepto, nadie adquirirá un idioma.

El concepto que utilizo para la adquisición del lenguaje para fines de FLE es la adquisición de los niveles básicos de intuición lingüística, capacidad física y recursos lingüísticos para el desempeño significativo de los flujos entrantes y salientes del lenguaje oral.

Los recursos lingüísticos aquí presentes en este libro significan, en sentido estricto, el vocabulario, pero, en sentido amplio, significan las palabras, frases, expresiones idiomáticas y expresiones realistas.

Mientras tanto, los niveles básicos de intuición lingüística, capacidad física y recursos lingüísticos se refieren, por ejemplo, al nivel de adquisición de los niños típicos de 36 a 40 meses. Estos niños parecen haber adquirido los niveles básicos de intuición lingüística, capacidad física y recursos lingüísticos suficientes para realizar los flujos de entrada y salida del lenguaje oral.

En otras palabras, parecen comprender el lenguaje oral que se les dirige y expresar sus significados en lengua oral sin mayores dificultades. En sus actividades de lenguaje oral, parecían estar limitados únicamente por sus recursos lingüísticos limitados. El nivel de competencia oral de estos niños puede ser el barómetro para evaluar el grado de adquisición del lenguaje.

Los métodos tradicionales de FLE se han centrado en promover el aprendizaje de la competencia lingüística en lugar de la adquisición de la intuición, la capacidad física y los recursos lingüísticos. Además, muchas personas creen firmemente que la adquisición de dicha competencia lingüística debe ocurrir primero para adquirir la lengua materna. Esto se basa en la creencia de que enseñar a los estudiantes a adquirir el conocimiento de las reglas sistemáticas de la lengua materna conducirá naturalmente a su adquisición.

Esto conduciría a la adquisición de la competencia lingüística, pero no a la adquisición de los niveles básicos de intuición lingüística, capacidad física y recursos lingüísticos para el desarrollo significativo de los flujos de entrada y salida de la lengua oral. Además, parecen no reconocer los graves problemas que los métodos tradicionales de FLE causan a los estudiantes que posteriormente intentan adquirir las habilidades lingüísticas orales en lengua de origen. Abordaré este tema más adelante.

Como he señalado en repetidas ocasiones, creo que la historia de FLE ha demostrado que los métodos tradicionales de FLE, centrados principalmente en enseñar a los estudiantes a aprender la competencia lingüística sin tener que adquirir las habilidades del habla, no han logrado producir hablantes bilingües sólidos.

Creo que los métodos tradicionales de FLE en Corea han formado a muchos estudiantes con competencia lingüística en lenguas extranjeras. Por ejemplo, gracias a una educación intensiva en inglés en Corea, cientos de miles de estudiantes alcanzan un nivel casi nativo de inglés al graduarse de la secundaria. La mayoría de ellos pueden leer y comprender el inglés con fluidez.

Al graduarse de la universidad, numerosos estudiantes pueden escuchar y comprender el inglés con fluidez, además de poseer un alto nivel de conocimiento del idioma, así como excelentes habilidades de lectura y escritura. Sin embargo, ningún estudiante ha adquirido el dominio del inglés oral en los programas de inglés de las escuelas públicas hasta alcanzar un nivel de bilingüe sólido.

Se podría decir que los métodos tradicionales de FLE en Corea han tenido éxito, ya que los estudiantes han adquirido competencia en inglés en gramática, lectura, escritura y comprensión auditiva. Sin embargo, no estoy de acuerdo con este argumento, ya que creo firmemente que la adquisición del idioma debe ir acompañada de la adquisición de fluidez oral.

En conclusión, para mejorar los métodos tradicionales de FLE, el concepto de adquisición lingüística debe entenderse como la adquisición de los niveles básicos de intuición lingüística, capacidad física y recursos lingüísticos para un desarrollo significativo de los flujos de entrada y salida del lenguaje oral. Sin embargo, dicha adquisición no se lograría sin la acumulación suficiente de recursos lingüísticos adquiridos individualmente hasta alcanzar el nivel de fluidez.

3

Adquisición del lenguaje vs. Competencia oral

Todos los programas de Lengua Extranjera (LE) se comprometen a facilitar el aprendizaje de lenguas extranjeras por parte de los estudiantes. Todos los profesores de lenguas extranjeras, tanto interna como externamente, proclaman desarrollar programas de estudio y currículos para que los estudiantes hablen lenguas extranjeras con fluidez. Sin embargo, lo que la mayoría de las escuelas han ofrecido, y lo que la mayoría de los profesores de lenguas extranjeras han hecho en clase hasta ahora, no ha cumplido con tales promesas ni proclamaciones. He identificado muchas razones para este fracaso en artículos anteriores. Si añado una razón más, sería la confusión y la incomprensión del concepto de adquisición de lenguas.

Como señalé en el artículo anterior, el concepto tradicional de adquisición de lenguas no ha logrado identificar adecuadamente su definición en relación con las habilidades lingüísticas[22] reales de cada persona. Además, el concepto general de adquisición de lenguas es tan vago que tampoco define adecuadamente los niveles individuales de competencia lingüística. Estos conceptos identifican erróneamente o no indican claramente qué se requiere para adquirir una lengua. Por lo tanto, esto genera confusión y confusión entre los profesores de lenguas extranjeras a la hora de adaptar y reorganizar los métodos de enseñanza para ayudar a los estudiantes a adquirir la lengua materna.

Por lo tanto, a efectos de la FLE, definí la adquisición del lenguaje en el artículo anterior como la adquisición de los niveles básicos de intuición lingüística, capacidad física y recursos lingüísticos para el desarrollo significativo de los flujos de entrada y salida del lenguaje oral. Las ideas clave de esta definición son la «adquisición de la capacidad física intuitiva básica», el «proceso significativo» y el «lenguaje oral».

El término «intuitivo» se utiliza aquí en contraposición al concepto de «basado en el conocimiento»; el término «significativo» se utiliza en contraposición a la idea de «inaceptable», pero no necesariamente a «gramaticalmente incorrecto»; y la frase «capacidad física» se utiliza en contraposición al significado de «habilidades mentales». Por último, la expresión clave «lenguaje oral» se utiliza en contraposición al concepto de «lenguaje escrito».

Además, el concepto de "recursos lingüísticos" se refiere a la acumulación de diversas expresiones que pueden utilizarse con alta competencia en cualquier momento. Estas ideas clave indican claramente qué deben hacer los estudiantes para adquirir un idioma. Podemos observar este tipo de capacidad física intuitiva básica en las lenguas orales en niños de entre 36 y 40 meses de edad criados en un entorno natural de lengua materna. Este tipo de capacidad física intuitiva básica puede lograrse mediante un entrenamiento intensivo de balbuceo, como se observa en los niños. En otras palabras, no se requieren conocimientos específicos ni habilidades de lectura/escritura de la lengua materna para adquirirla.

A continuación, permítanme presentar el concepto de competencia oral. Parece que no se le ha dado una definición específica. Por lo tanto, la definiría como la capacidad de una persona para expresarse con fluidez tanto en el habla como en la expresión oral. Para desarrollar dicha competencia oral, se deben adquirir niveles avanzados de intuición lingüística, capacidad física y recursos lingüísticos.

Los conceptos de adquisición del lenguaje y desarrollo de la competencia oral son prácticamente idénticos, salvo por un par de palabras: «niveles avanzados» y «niveles básicos». Con base en ambos conceptos, se demuestra claramente que existe una relación secuencial entre ambos. Es decir, la adquisición del lenguaje debe ocurrir antes del desarrollo de la competencia oral.

Sin embargo, esto no significa necesariamente que se pueda lograr la competencia oral simplemente continuando con los mismos métodos para adquirir la TL. Las habilidades básicas se adquieren con mayor eficacia imitando al modelo a seguir, que es el objetivo del Entrenamiento de Balbuceo, pero las habilidades avanzadas requieren un esfuerzo creativo propio, que es el objetivo del entrenamiento de interpretación.

La razón por la que introduje estos dos términos, separados pero estrechamente relacionados, es porque creo que la adquisición de una lengua y el desarrollo de la competencia oral son dos conceptos estrechamente relacionados, pero diferentes. Por consiguiente, los métodos de enseñanza de lenguas extranjeras para la adquisición de lenguas extranjeras y la competencia oral deben desarrollarse adecuadamente.

En otras palabras, una enseñanza intensiva de lenguas extranjeras (LE) centrada en la adquisición de la lengua materna a lo largo del programa no sería eficaz para que los estudiantes adquieran competencia oral. Por otro lado, una enseñanza intensiva de LE centrada en la adquisición de la lengua materna desde el principio tampoco sería eficaz para que los estudiantes adquieran la lengua materna.

Basándonos en los dos conceptos, ahora queda claro que la enseñanza de lenguas extranjeras debe empezar con el foco puesto en lograr la adquisición de la lengua y que, después del éxito en la adquisición, la enseñanza de lenguas extranjeras debe centrarse en desarrollar la competencia oral paso a paso.

En conclusión, la relación entre la adquisición y el desarrollo de la competencia oral en lenguas extranjeras es condicional unidireccional: la adquisición sirve de base para el desarrollo de la competencia oral. Por consiguiente, los métodos de enseñanza de lenguas extranjeras deben reflejar adecuadamente esta relación.

En otras palabras, el entrenamiento para desarrollar la competencia oral debe seguir después de que los estudiantes adquieran con éxito la lengua materna. Creo que la manera más efectiva para que los estudiantes adquieran la lengua materna es mediante entrenamientos intensivos de balbuceo, y que la manera más efectiva para desarrollar la competencia oral es mediante entrenamientos intensivos de ejecución. Sin una base sólida de balbuceo, ningún esfuerzo de ejecución superficial puede ser significativo.

Por consiguiente, la enseñanza para la adquisición debe completarse primero antes de comenzar la enseñanza para la competencia oral. Como ningún edificio puede construirse sin que se completen con éxito los cimientos, ninguna competencia oral puede adquirirse sin la adquisición de la lengua materna. No se debe entrenar a un niño para correr antes de caminar.

4

El misterio de la adquisición del lenguaje

Numerosos lingüistas y psicolingüistas han investigado la adquisición del lenguaje. Han librado numerosas batallas sobre el misterio de cómo se adquiere una lengua. Se han introducido numerosas teorías al respecto. Las teorías del innatismo, el empirismo, el reforzamiento, la imitación y el papel del input han sido los estudios principales para explicar el misterioso fenómeno de la adquisición del lenguaje en bebés. Sin embargo, ninguna de estas parece mostrar con claridad el proceso detallado de su adquisición.

Es obvio que ningún ser humano nace con un idioma. Sin embargo, creo que el misterio de la adquisición del lenguaje puede comprenderse en términos de la capacidad innata del ser humano para recopilar datos, desarrollar la intuición a partir de la información que estos reconocen y realizar las acciones esperadas de forma creativa. Sin esta premisa, nada de lo que hacemos como seres humanos parece tener explicación. De esta manera, creo que los seres humanos nacen con la capacidad de adquirir el lenguaje.

Sin embargo, el proceso real de adquisición del lenguaje no puede ocurrir sin la aportación de datos lingüísticos reales y correctos, aunque, a veces, datos incorrectos pueden aprobarse temporalmente sin refuerzos. Tampoco puede ocurrir sin el proceso de desarrollo de la intuición para realizar las acciones esperadas. El proceso de desarrollo de la intuición se realiza mediante prácticas repetidas o simulaciones basadas en los datos lingüísticos recopilados. Mediante estas simulaciones repetidas con los datos, se analizan diversos tipos de información lingüística de los datos en el sistema de desarrollo de la intuición.

El caso Genie explica la importancia de los datos lingüísticos y el proceso de construcción de la intuición. Genie, cuyo nombre real no se revela al público y quien estuvo encerrada la mayor parte del tiempo en su habitación, sin estar expuesta a interacciones humanas típicas, hasta que fue encontrada por una autoridad a los 13 años, no recibió información lingüística suficiente y adecuada y, por consiguiente, no contó con el proceso para construir la intuición lingüística.

Como resultado, no aprendió un idioma. Aunque algunos investigadores intentaron enseñarle un idioma durante aproximadamente un año, no lo logró. Se podrían especular muchas razones para su fracaso en aprender un idioma, pero creo que, fundamentalmente, no recibió la cantidad suficiente de idiomas hablados como insumo para poder procesarlos y desarrollar su intuición lingüística. Podría usar la analogía del piano para facilitar la comprensión del proceso. Sabemos con certeza que todos los seres humanos nacen con la capacidad de adquirir la habilidad de tocar el piano. Sin embargo, sin que se les enseñe a tocar un... piano real, y sin prácticas repetidas de tocar el piano, nadie puede adquirir las habilidades del piano.

En cuanto a la adquisición de la lengua materna, todos los niños presentan el mismo proceso de adquisición. Si bien el progreso por edad presenta pequeñas diferencias individuales, los procesos fundamentales de adquisición son idénticos en cada niño. Los métodos de enseñanza de lenguas maternas son universales. Ningún padre ni profesor empieza a enseñarles de inmediato las habilidades de gramática, lectura, escritura, comprensión auditiva y expresión oral. Ningún padre daría charlas de ciencias a sus bebés. Ningún padre los expondría a un exceso de televisión o películas esperando que aprendieran el idioma. Los padres y familiares simplemente intentarían hablarles sobre situaciones muy realistas y concretas, lo que les haría balbucear las expresiones.

Lo único que parecen hacer los bebés hasta que adquieren la lengua materna es repetir el entrenamiento de balbuceo o imitar las expresiones que se les dijeron y que podían seguir hasta cierto punto. Incluso el entrenamiento de balbuceo de los bebés no parece estar tan enfocado ni concentrado intencionalmente. Ningún bebé parece sufrir presiones estresantes para balbucear. Todo parece muy relajado y natural en la adquisición del lenguaje por parte de los bebés.

En comparación con la cantidad e intensidad de las expresiones lingüísticas de los padres y familiares hacia los bebés, el entrenamiento de balbuceo por parte de los bebés no parece ser tan intenso. Parece que sus idiomas se desarrollan con el entrenamiento de balbuceo de forma tan simple y natural como sus cuerpos crecen con el tiempo.

Es evidente que los niños adquieren la intuición lingüística, la capacidad física y una gran cantidad de recursos lingüísticos a través del balbuceo, de modo que llegan al punto de dominar el lenguaje oral con gran fluidez para desenvolverse en sus asuntos cotidianos. Mediante el entrenamiento del balbuceo, llegan a un punto en el que solo es cuestión de reconocer las letras y el significado de palabras nuevas para leer y comprender textos escritos. De nuevo, llegan al punto de poder escribir el idioma una vez que reconocen las letras y los sonidos correspondientes.

Para que los bebés adquieran la intuición lingüística, la capacidad física y los recursos lingüísticos necesarios para dominar el lenguaje oral de forma semiinstintiva y fluida, y estén preparados para el lenguaje escrito, solo se necesitan entre 30 y 48 meses de entrenamiento de balbuceo relajado y fluido desde el nacimiento. Sin embargo, el tiempo real para que los bebés puedan balbucear es de unos 20 meses aproximadamente.

Sin embargo, al observar la cantidad de expresiones que balbucean los niños durante sus primeros 30 meses, aproximadamente, resulta sorprendente ver cómo producen expresiones que parecen no haberles sido enseñadas antes. Esto solo se puede explicar asumiendo que los seres humanos están dotados desde el nacimiento con la capacidad de realizar actos esperados de forma creativa, basándose en la intuición.

En resumen, partiendo de la premisa de la capacidad humana innata para recopilar datos, desarrollar la intuición a partir de la información que estos ofrecen y realizar las acciones esperadas de forma creativa, dos factores son cruciales para la adquisición del lenguaje: la entrada de datos y el proceso de desarrollo de la intuición. Con los datos realistas y concretos que nuestros padres nos presentaban como entrada, y con el tipo de balbuceos sobre dicha información lingüística, adquirimos el idioma con la misma facilidad que antes. Si la entrada hubiera sido al revés, nuestra primera vez también habría sido diferente.

Como profesores de lenguas extranjeras (LE), sabemos que muchos hablantes bilingües adquieren una lengua extranjera de la misma manera que los niños adquieren su lengua materna. También sabemos que, a pesar de todos los esfuerzos conjuntos entre nosotros y nuestros alumnos, la mayoría no ha logrado convertirse en hablantes bilingües sólidos mediante nuestra enseñanza basada en los métodos tradicionales de LE. No hemos logrado que nuestros alumnos sean hablantes sólidos de nuestras lenguas, algo que incluso bebés con capacidades de aprendizaje muy limitadas pueden adquirir plenamente en 36 a 40 meses, tras currículos intensivos y enfocados durante varios años.

Al repasar la historia de FLE, debemos confesar que las aportaciones que hemos presentado a nuestros estudiantes han sido muy poco realistas, imprecisas, imprecisas, y muchas de ellas incluso carecen de contenido lingüístico. Asimismo, las formas en que hemos enseñado a nuestros estudiantes el proceso de desarrollo de la intuición lingüística también han sido muy poco realistas, imprecisas, imprecisas, y muchas de ellas incluso carecen de contenido lingüístico.

Ahora debemos considerar seriamente qué datos lingüísticos presentaremos a nuestros estudiantes para que aprendan y qué proceso les pediremos para desarrollar su intuición lingüística. Para una lengua extranjera eficaz, necesitamos tanto datos lingüísticos correctos como procesos adecuados. Como profesores de lenguas extranjeras, somos responsables de ambos. Si no ofrecemos datos lingüísticos correctos y un proceso de adquisición adecuado, también somos responsables ante los estudiantes de su tiempo si les damos instrucciones incorrectas para que adquieran nuestras lenguas.

5

Hipótesis de trabajo sobre la adquisición del lenguaje

¿Qué necesitan los estudiantes para adquirir una lengua extranjera?

¿Un conocimiento profundo de un idioma permite hablarlo con fluidez? No, no. Para que los estudiantes adquieran un conocimiento profundo de un sistema lingüístico, se requieren al menos algunos años de clases intensivas. Esto es cierto, al menos según la mayoría de los programas FLE contemporáneos en muchos idiomas diferentes. Sin embargo, la respuesta la encontramos en la historia y los resultados del Método de Traducción Gramatical FLE. Pocas personas pueden hablar un idioma con fluidez gracias a dicho conocimiento, por muy profundo que sea.

¿Se podría hablar un idioma con fluidez si se domina la gramática y se puede leer en un idioma extranjero? No, no se podría. Sabemos esta respuesta por experiencia propia o por personas que conocemos que son excelentes en gramática y lectura de un idioma extranjero.

¿Se podría hablar un idioma extranjero con fluidez si se pudiera leer en voz alta con muy buena pronunciación, además de tener conocimientos de gramática y comprensión lectora? No, no funcionaría. Lo sabemos por la vida real en la que vivimos.

Entonces, ¿las excelentes habilidades de escritura en lengua de transmisión (TL) permitirían hablarla con fluidez? No, definitivamente no.

¿Podría alguien hablar con fluidez un idioma extranjero si posee decenas de miles de vocabularios de ese idioma? No, sin duda no.

¿Se podría hablar un idioma extranjero con fluidez si se pudiera escuchar y comprender muy bien? No, tampoco funcionaría. Lo sabemos por los testimonios de tantas personas que alcanzaron un alto nivel de comprensión auditiva en un idioma extranjero en particular.

¿Qué sucedería si una persona conociera la gramática a la perfección, tuviera miles de vocabularios y pudiera leer en voz alta, escribir, escuchar y comprender la lengua materna con fluidez? ¿Podría hablar la lengua materna con fluidez? Desafortunadamente, según los numerosos testimonios de quienes obtuvieron puntuaciones muy altas en el TOEFL o el TOEIC y las observaciones de numerosas personas con habilidades tan sólidas, la respuesta es rotundamente negativa.

¿Se puede hablar con fluidez tomando clases de conversación durante aproximadamente un año donde los profesores aplican el Método Directo? La verdad es que no. Conozco a mucha gente que asistió a escuelas privadas de conversación de inglés con Método Directo durante aproximadamente un año, pero no logró dominar el idioma más allá de habilidades comunicativas muy básicas, que desaparecen de su memoria poco después de terminar la escuela.

¿Se puede aprender un idioma extranjero sumergiéndose en la comunidad lingüística durante aproximadamente un año? No. Casi todas las personas que vinieron a Estados Unidos desde Corea para aprender inglés, y que conocí en este país, regresaron a Corea con poco conocimiento de inglés tras unos años de estancia en Estados Unidos.

Entonces, ¿por qué no se domina un idioma después de tanta dedicación de esfuerzo, tiempo y dinero? ¿Qué causa el fracaso?

¿Qué determina el éxito en la adquisición y el desarrollo de la competencia oral en una lengua materna?

Para responder a estas preguntas, planteo la hipótesis de que la adquisición del lenguaje requiere balbucear[21] una cantidad adecuada de información[22] real y tiempo[23] para adquirir simultáneamente los tres factores de adquisición siguientes : (1) intuición lingüística, (2) capacidad física, (3) recursos lingüísticos.

Los tres Los factores de adquisición deben adquirirse simultáneamente para poder adquirir y dominar la lengua materna con fluidez. Para que una persona domine una lengua, estos factores deben adquirirse simultáneamente. Sin uno de estos tres factores, no se podría dominar la lengua materna.

En consecuencia, la relación entre estos tres factores es más de multiplicación que de suma. Matemáticamente, se puede expresar como: Adquisición (%) = Intuición lingüística (%) x Capacidad física (%) x Recursos lingüísticos (%) '. Uno puede hablar LT sólo en el grado de adquisición de estos tres factores.

Este es un concepto crucial que debemos tener presente al enseñar idiomas a nuestros estudiantes. Sin un funcionamiento armonioso y natural de estos factores de adquisición de la lengua materna, no

---

[21] Utilizo el término "balbuceo" o "balbuceo" para referirme a los actos repetidos del aprendiz de imitar, copiar o practicar la información lingüística con el fin de adquirir el lenguaje, especialmente la expresión oral. Sin embargo, en un sentido amplio, también lo utilizo para referirme a la práctica repetida del aprendiz de escuchar, leer y escribir tras la información lingüística, con el fin de adquirir las habilidades correspondientes.

[22] Este término se refiere a la información real que los estudiantes pueden adquirir y utilizar en su entorno real. Dependiendo de los resultados esperados, la información real puede definirse como información real para hablar, leer, escuchar y escribir, respectivamente. La información que carece de las características necesarias para obtener la información esperada no se considera una información real efectiva.

[23] La cantidad de información real y el tiempo necesarios varían según la resistencia lingüística del individuo a la lengua materna y el grado de inmersión mental para aprenderla. Más adelante se presentará un análisis concreto.

se puede ser un hablante bilingüe con fluidez. La adquisición de un idioma depende del nivel de adquisición de estos factores.

Utilizo el término «intuición lingüística» para referirme a la capacidad lingüística intuitiva de una persona para reconocer sonidos, estructuras de palabras y oraciones, interpretar significados y utilizar recursos lingüísticos como conjuntos de expresiones, morfemas, palabras, modismos y otras expresiones útiles de la lengua materna. También se refiere a la capacidad intelectual de procesar de forma natural e instantánea la información lingüística que entra y sale.

Creo que dicha intuición lingüística se desarrolla o adquiere con mayor eficacia mediante experiencias repetidas de interpretación sobre numerosas entradas reales. La intuición es un flujo dinámico de reconocimiento semiinstintivo para dicho proceso, no un conjunto de conocimientos estáticos almacenados en el cerebro que se recuperan manualmente como referencia para coordinar las partes del lenguaje. Para poder procesar la información o los recursos lingüísticos entrantes y salientes de forma tan natural e instantánea, es necesario adquirir intuición sobre los fenómenos sonoros, las estructuras de palabras y oraciones, y el uso del idioma.

El conocimiento de habilidades artificiales o manuales basadas en sistemas para procesar la información lingüística aún no se considera un desempeño basado en la intuición lingüística. Esta intuición lingüística de la lengua de origen se puede adquirir mediante la exposición al entorno de la lengua de origen, ya sea leyendo mucho en lengua de origen o escuchando medios en lengua de origen durante un tiempo prolongado. También se puede adquirir parte de la capacidad física y los recursos lingüísticos de forma pasiva como subproductos durante el proceso. Sin embargo, dicha intuición lingüística de la lengua de origen, junto con una capacidad física y unos recursos lingüísticos tan pasivos, no resultaría en un hablante bilingüe sólido.

Utilizo el término "capacidad física" en referencia a la capacidad física de los órganos del habla para realizar actividades del habla con fluidez. La habilidad para operar los órganos del habla de forma semiinstintiva, en armonía con la intuición lingüística, no proviene de un gran conocimiento de cómo articular correctamente cada uno de los fonemas individuales. No se puede adquirir simplemente mediante la imaginación basada en la información de sonidos particulares que se obtendría al escucharlos con frecuencia. Más bien, requiere un gran ejercicio repetido del órgano del habla. Con el conocimiento de la fonética y la fonología de la lengua de trabajo, se puede ejecutar cada sonido fonéticamente correctamente con fines demostrativos.

Sin embargo, tales conocimientos y habilidades demostrativas por sí solos no permiten hablar el idioma instantáneamente desde la intuición. Además, se puede desarrollar dicha capacidad física simplemente concentrándose en leer textos multimedia en voz alta repetidamente después de los sonidos de un modelo, sin el esfuerzo de desarrollar la intuición lingüística basada en la información reconocida de los textos. Es decir, se puede obtener dicha capacidad física mediante un entrenamiento intensivo sin el proceso de desarrollo de la intuición lingüística.

Utilizo el término "recursos lingüísticos" para referirme a elementos lingüísticos como diversos conjuntos de expresiones, palabras, modismos y otras expresiones útiles, fáciles de usar, que las personas necesitan, en su vida real, para transmitir los mensajes deseados, tanto verbalmente como por escrito. El conocimiento lingüístico de la lengua de transmisión (LE), como la gramática, la fonética, la morfología, la sintaxis y la semántica, no forma parte necesariamente de estos recursos. Sin embargo, estos recursos son fundamentales para que los estudiantes puedan comunicarse en la LE y así sobrevivir hasta que adquieran y desarrollen la competencia oral en la LE.

Estos recursos lingüísticos también son muy importantes, ya que sirven como datos en los que los estudiantes se basan para recopilar información lingüística y desarrollar la intuición lingüística, así como la capacidad física basada en dicha información. Si los recursos lingüísticos recopilados por los estudiantes o ofrecidos por los profesores de lenguas de aprendizaje solo ofrecieran información gramatical o de interpretación del significado, los estudiantes tendrían un alcance limitado.

Además, si nosotros, como profesores de lenguas extranjeras, exigiéramos a los estudiantes que se centraran únicamente en la comprensión auditiva, se verían limitados a desarrollar la intuición lingüística basándose en la información obtenida de los sonidos. Por consiguiente, los recursos lingüísticos ofrecidos a los estudiantes deberían incluir conjuntos completos de información para que desarrollen la intuición y la capacidad física.

Con base en las hipótesis, se definiría a una persona como poseedora de una TL al adquirir, a un nivel equivalente o superior al de un hablante nativo típico de 36 a 40 meses, los tres factores de adquisición simultáneamente: la intuición lingüística integral, la capacidad física y los recursos lingüísticos de la TL.

Una vez lograda la adquisición del idioma, los métodos y esfuerzos de enseñanza deben ajustarse para centrarse en el desarrollo de una competencia oral de alto nivel mediante el fortalecimiento de las intuiciones lingüísticas integrales, la capacidad física y, especialmente, los recursos lingüísticos de la lengua materna.

6

Hipótesis de trabajo sobre entradas y salidas

Para los fines de mis argumentos aquí, defino el concepto de "entrada" como los materiales individuales en un sentido estricto, y las categorías de los materiales en un sentido amplio que se presentan a los estudiantes para los propósitos de FLE. Las categorías de entrada comúnmente utilizadas en los programas públicos de FLE son la gramática, la comprensión lectora, la comprensión auditiva, la escritura, el desarrollo del vocabulario y la expresión oral directa de la lengua de aprendizaje. Asimismo, defino el «resultado» como lo que los estudiantes realmente adquieren como resultado del proceso de transición en las entradas.

Entonces, ¿cuál es la importancia de hablar sobre la información de entrada? ¿Qué tan importante es aplicar los tipos de información adecuados para los diferentes niveles de adquisición del lenguaje? Para encontrar respuestas a estas preguntas, se debe considerar la combinación de muchos factores importantes para lograr un FLE exitoso, como el tiempo dedicado por los estudiantes, el esfuerzo invertido, la motivación de los estudiantes (hasta ahora, los "factores del estudiante") y el programa en sí (el "factor del programa"). Todos estos factores son interdependientes, por lo que cualquier falla podría resultar en un fracaso total. Esto demuestra lo difícil que es implementar un programa FLE exitoso.

Entre los factores, el factor del programa es el único sobre el cual los estudiantes no tienen mucho control, mientras que los estudiantes tienen un control bastante amplio sobre los factores estudiantiles. Por lo tanto, para quienes pueden controlar y afrontar con éxito todos los factores estudiantiles, el factor del programa es el único factor en el que, al no tener control, tendrían que confiar para un aprendizaje exitoso de la lengua de aprendizaje.

Sin embargo, hasta donde yo sé, en la mayoría de los programas públicos de FLE, muy pocas personas han logrado dominar con fluidez el idioma local, por lo que creo que los programas públicos de FLE en todo el mundo han fracasado.

El hecho de que los programas FLE en las escuelas públicas no hayan logrado producir hablantes fluidos entre millones de estudiantes en todo el mundo, de los cuales al menos cientos de miles de estudiantes trabajadores han dedicado todo su tiempo y esfuerzos al programa con una motivación de "deber hacerlo para sobrevivir" a lo largo de los programas, nos dice que los programas deben tener algo que ver con el legado fallido de los programas FLE.

Entonces, ¿qué falla en los programas? Para encontrar una respuesta, analicemos los elementos del factor programa. Algunos de los más comunes son la duración, la frecuencia de las clases, el profesorado y los insumos. Entre estos cuatro elementos, la duración, la frecuencia de las clases y el profesorado no parecen ser, al menos, el principal factor desencadenante del legado de fracaso, ya que los resultados en cuanto a la competencia oral han sido prácticamente los mismos entre los programas que han implementado diversos elementos de este tipo.

En consecuencia, se concluye que el elemento de entrada ha sido el principal factor desencadenante del fracaso de los programas FLE. Hasta la fecha, se han implementado diversos tipos de entrada a medida que las exigencias de competencia han cambiado con el tiempo, y sin embargo, los resultados no han sido satisfactorios en términos de competencia oral.

¿Por qué? Para responder a esta pregunta, propongo las hipótesis de trabajo sobre la entrada y la salida: en la etapa de aprendizaje de un idioma, existen ciertas relaciones entre la entrada y la salida, como se indica a continuación:

1. No hay mutación entre entrada y salida.
2. Ninguna entrada produce ninguna salida.
3. Existe una resistencia lingüística individual que debe superarse para lograr una transición significativa del input al output.
4. La entrada más real, más simple y mejor entendida para los estudiantes produce el resultado más efectivo.
5. El nivel de competencia de los resultados depende de la calidad, la cantidad y la realidad de los insumos retenidos en el acervo de recursos lingüísticos del estudiante.
6. La información se retiene de forma más eficaz en el fondo de recursos lingüísticos si se realiza de forma repetida y regular con un nivel constante y fuerte de inmersión mental.
7. Existe una determinada secuencia y combinación de categorías de entrada que resulta más eficaz para adquirir y desarrollar la competencia oral como salida.

Estas hipótesis de trabajo explican los diversos fenómenos de los resultados en FLE. Además, presentan ideas sobre qué ofrecer como insumo en función de los resultados esperados. Además, ofrecen una visión clara de los errores cometidos por muchos estudiantes y docentes respecto a qué y cómo enseñar o aprender.

La primera hipótesis indica que la naturaleza del resultado no puede ser diferente a la de la entrada. No se deben esperar diferentes tipos de resultados de los de la entrada. Por ejemplo, si un programa de Lengua de Lengua Extranjera (FLE) se centra principalmente en ofrecer clases basadas en gramática y traducción, los estudiantes, como resultado, traducirían expresiones de la lengua de lengua extranjera (TL) y señalarían problemas gramaticales en la TL.

Además, si un programa de FLE ofreciera clases basadas en gramática y traducción, y, posteriormente, clases orientadas al vocabulario, los resultados serían la traducción gramatical y la retención del vocabulario. Innumerables estudiantes han demostrado que no pudieron demostrar una competencia oral significativa combinando la gramática y el vocabulario adquirido. Por consiguiente, el material de entrada debe decidirse cuidadosamente en función de los resultados esperados.

La segunda hipótesis nos indica claramente una de las principales razones por las que los estudiantes de los programas FLE públicos tradicionales no han logrado adquirir la competencia oral en lengua materna. No se les ha ofrecido la información adecuada. para la competencia oral en la mayoría de los programas FLE públicos tradicionales. En consecuencia, no se han producido resultados en materia de competencia oral.

Esta hipótesis también estipula que la entrada incluye un entrenamiento intensivo y repetido de balbuceo durante un período prolongado. Mediante este entrenamiento intensivo y repetido, se pueden adquirir todas las características necesarias de intuición lingüística, capacidad física y vocalización del individuo, como pronunciación, entonación, acento, etc.

Por lo tanto, la falta de un entrenamiento intensivo en balbuceo producirá resultados fallidos que conducirán al fracaso de la adquisición.

El 3° La hipótesis muestra las relaciones de productividad relativas entre la entrada y la salida en función de la resistencia lingüística. Esta resistencia se define como el grado de incapacidad física y cognitiva para procesar la entrada, lo que dificulta la producción de salida. Esta resistencia se debe principalmente a la distancia lingüística entre la lengua materna y la lengua materna, y a la edad. Esta última refleja el grado de adhesión física y cognitiva a las características lingüísticas de la lengua materna.

Además, la resistencia lingüística puede verse incrementada por cualquier tipo de incapacidad individual para procesar la información. Esta resistencia explica por qué los estudiantes con diferentes antecedentes de lenguas extranjeras presentan mayor o menor dificultad para adquirirlas que otros idiomas. También explica por qué los niños, en general, pueden adquirir una lengua extranjera relativamente más rápido que los adultos. La información de entrada se pierde durante el proceso de transición a la producción debido a la resistencia lingüística.

En consecuencia, cuanto mayor sea la puntuación de la distancia lingüística y mayor la edad del estudiante, mayor será la compensación lingüística necesaria para que la información se convierta en un resultado significativo. Una de las formas más comunes de compensar la información es mediante entrenamientos repetidos para reintroducirla a los estudiantes, para lo cual utilizo el término «Entrenamiento del Balbuceo» en este libro.

El 4º La hipótesis nos indica cómo priorizar los insumos. Esto también indica que los programas de FLE deben estar orientados a las necesidades del estudiante. Además, señala que los insumos deben ser lo más realistas y sencillos posible. Por lo tanto, una vez que se decide la categoría de los insumos con base en la primera hipótesis para cumplir con los objetivos específicos del programa, se pueden producir los materiales de clase considerando las necesidades del estudiante.

El 5º La hipótesis indica la intensidad que debería tener un programa de FLE. Aquí, utilizo el término competencia y lo defino como las habilidades lingüísticas reales para gestionar los recursos adecuados del conjunto de recursos. realizar actividades lingüísticas.

Aquí, la calidad se refiere a la fluidez real o la capacidad física para manejar los recursos individuales. La cantidad se refiere a la cantidad de información retenida; y la realidad se refiere a la utilidad de dicha información para el estudiante.

Dependiendo de las actividades lingüísticas, la competencia se puede dividir en competencia gramatical, competencia lectora, competencia auditiva, competencia oral, etc.

La sexta hipótesis nos da ideas sobre cómo incorporar los insumos al conjunto de recursos. También indica que la simple introducción de insumos y su posterior aplicación no dejaría muchos insumos retenidos en el conjunto. En otras palabras, los programas de FLE deberían diseñarse de tal manera que se requiera que los estudiantes realicen pruebas repetidas regularmente sobre los insumos introducidos.

Otro elemento importante señalado en esta hipótesis es la inmersión mental. Esta inmersión mental está directamente relacionada con la motivación o el compromiso para aprender Lengua y Literatura. Una inmersión mental o motivación constante y fuerte es lo que capta y retiene firmemente los recursos disponibles. Ayuda a los estudiantes a evitar ser perturbados por otras circunstancias.

Para adquirir y desarrollar competencia, primero se debe retener la información en el conjunto de recursos, que es el área de memoria del cerebro. Sin retener la información en este conjunto, no se puede desarrollar la competencia con éxito. Luego, para mejorar los niveles de competencia, es necesario optimizar al máximo la calidad y cantidad de la información almacenada en el conjunto de recursos. Además, la realidad de la información almacenada en el conjunto de recursos juega un papel muy importante, ya que los recursos poco prácticos no brindarían muchas oportunidades para que los estudiantes experimenten su uso real.

La calidad de la información retenida se refiere al nivel de adquisición de todas las habilidades lingüísticas necesarias para obtenerla sin pérdidas. Por ejemplo, para la información de expresiones coloquiales, se deben adquirir al menos las habilidades de comprensión auditiva y expresión oral correspondientes.

Por lo tanto, cualquier información retenida que no se pueda expresar correctamente no se consideraría una adquisición completa de las habilidades requeridas, sino una adquisición parcial. Retener información con una adquisición parcial reduciría el nivel de competencia. En cambio, para la gramática, la adquisición completa solo requeriría retener una comprensión profunda de la misma. De esta manera, se puede alcanzar un nivel de competencia gramatical muy alto.

El 7º La hipótesis plantea que las categorías de la información deben secuenciarse y combinarse de forma que resulten más eficaces para que los estudiantes adquieran y desarrollen la competencia oral en lengua de aprendizaje. Con base en las consecuencias de los métodos tradicionales de FLE, cabe suponer que la secuencia y combinación de las categorías de información empleadas por los programas tradicionales de FLE no han sido eficaces. Tradicionalmente, las categorías de información para la mayoría de los programas de FLE han sido similares a la siguiente secuencia:

Paso 1: Gramática
Paso 2: Lectura añadida al paso 1
Paso 3: Se agregó la escritura al paso 2
Paso 4: Se agregó la escucha al paso 3

Sin embargo, la mayoría de los programas FLE públicos tradicionales no han tenido tiempo suficiente para ir más allá del paso 2, ya que tomó muchos años hacer solo los pasos 1 y 2. En consecuencia, la mayoría de los programas no ofrecían los insumos para la escritura y la comprensión auditiva, y mucho menos para la competencia oral.

Algunos otros programas han ofrecido aportes mínimos para la competencia oral desde el inicio. Sin embargo, dado que la importancia de la competencia oral era mínima, mientras que la de otros tipos de aportes, como la gramática y la lectura, era muy predominante, no se invirtió suficiente de los factores del estudiante en la competencia oral, lo que permitió retener una cantidad mínima de expresiones coloquiales completamente adquiridas.

En consecuencia, con un fondo de recursos vacío para expresiones coloquiales, no se puede esperar ningún resultado en términos de desempeño coloquial por parte de los estudiantes.

A partir de observaciones informales de muchas personas que han adquirido la competencia oral de lenguas extranjeras, y también de las observaciones sobre el proceso de adquisición del lenguaje natural, he encontrado bases para construir una cierta secuencia de combinación de categorías de entrada para producir resultados para la competencia oral de manera muy efectiva, que es la base de Babble Training. Método (BTM).

La siguiente figura representa los conceptos clave de las hipótesis sobre las relaciones de entrada y salida. El conjunto de recursos lingüísticos representa el espacio de almacenamiento en el cerebro donde se retienen y procesan las entradas para que el aprendiz desarrolle la intuición y los recursos lingüísticos necesarios para adquirir y desarrollar la competencia en la lengua de origen.

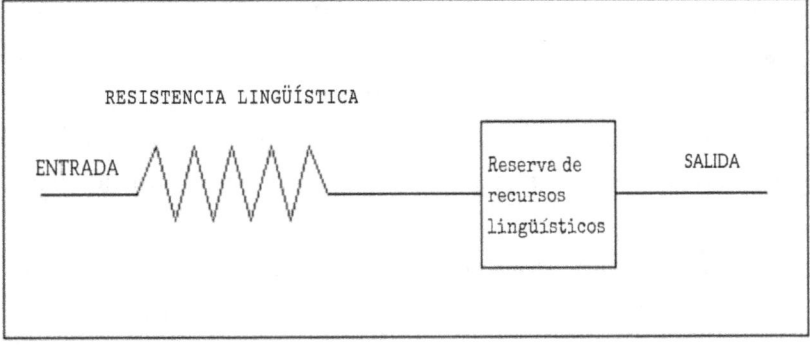

7

Una idea para evaluar la competencia oral - LCST

Anteriormente, mencioné el nivel general de competencia lingüística adquirido por niños de 36 a 40 meses como criterio para evaluar la adquisición de la lengua materna. Quien haya adquirido la lengua materna a un nivel similar al de un niño de 36 a 40 meses puede considerarse que la ha adquirido con éxito. Con ese nivel de adquisición, ningún estudiante sufriría dificultades para comunicarse en las actividades de la vida diaria. Aun habiendo adquirido dicho nivel de competencia lingüística en las actividades de la vida diaria, aún necesitaría desarrollar la competencia oral en lengua materna para comunicarse con fluidez en temas más complejos, como las actividades sociales y empresariales.

En otras palabras, si bien la adquisición de las habilidades lingüísticas de la lengua de aprendizaje y el desarrollo de la competencia oral de la lengua de aprendizaje están relacionados entre sí en una relación secuencial, pertenecen a procesos diferentes de adquisición de la lengua de aprendizaje y deben distinguirse claramente sin confusión.

Entonces, ¿cómo podemos verificar si los estudiantes han adquirido la lengua materna? ¿Cómo podemos comparar la cantidad de recursos lingüísticos adquiridos por niños de 36 a 40 meses con la que han adquirido los estudiantes? Si los niños pueden comprender alrededor de 1700 vocabularios y dominar unas 300 expresiones, ¿cómo podemos determinar si nuestros estudiantes han alcanzado el mismo nivel de adquisición de la lengua materna?

Si bien podemos encontrar muchos datos concretos en diversos libros y artículos sobre el nivel de competencia lingüística de los niños de 36 a 40 meses, no sería fácil usar dichos datos para evaluar su nivel de adquisición de la lengua materna. De ser así, ¿cuál sería el método que nosotros, los educadores de lenguas extranjeras, podríamos utilizar para determinar con relativa facilidad si los estudiantes han adquirido la lengua materna?

Para desarrollar un método para medir la adquisición de lengua materna por parte de los estudiantes, debemos dejar de lado por un momento la idea de confiar en la cantidad de vocabularios y expresiones adquiridos por los niños y prestar más atención a los fenómenos lingüísticos que muestran los niños de 36 a 40 meses de edad.

Un fenómeno que presentan los niños que han adquirido el lenguaje es la imitación de idiomas. Es decir, imitan o citan idiomas hablados por otros como parte de la comunicación instantánea. Esta imitación lingüística se observa con frecuencia durante los intercambios lúdicos de idiomas con otros niños. O bien, los niños a veces imitan los idiomas entre sus padres.

Este tipo de copia es diferente del balbuceo. Los niños a veces copian idiomas para disfrutar mostrando sus habilidades lingüísticas. Al copiar idiomas, generalmente lo hacen de forma contextualmente correcta. A veces copian una expresión completa tal cual, y otras veces, partes de expresiones para ajustarlas al contexto.

El acto de copiar idiomas normalmente no puede realizarse sin el apoyo de los tres factores de adquisición. Si la intuición lingüística adquirida no es lo suficientemente fuerte, será muy difícil copiar o reestructurar, sin tener que memorizar, las expresiones pronunciadas por otros instantáneamente para que encajen en un contexto dado.

Incluso si se hubiera adquirido la intuición lingüística, aún sería bastante difícil articular las expresiones con tanta fluidez si no se hubiera adquirido la capacidad física para articular la lengua materna. Sin embargo, es posible que los estudiantes copien idiomas con dificultad, dependiendo del nivel de dificultad, sin necesidad de adquirir una capacidad física muy fuerte.

Sin embargo, simplemente mostraría el grado de adquisición inmaduro de la capacidad física requerida por parte del hablante. Además, los niños parecen no copiar idiomas que no comprenden. Al copiar idiomas sin comprender su significado, es fácil descubrir que los idiomas copiados están fuera de contexto.

En consecuencia, basándonos en las observaciones sobre cómo los niños copian idiomas, y en las relaciones lógicas entre los actos de copiar idiomas y el estado de adquisición de los tres factores de adquisición, podemos utilizar las habilidades de copia de idiomas como una forma de medir los niveles de adquisición de la lengua materna de los estudiantes.

Entonces, ¿cómo podemos evaluar la capacidad de copia de idiomas de los estudiantes? En primer lugar, sería mejor utilizar la prueba de copia de idiomas (LCST) como parte de los diversos métodos de evaluación regulares del currículo general. Los métodos concretos para utilizar la capacidad de copia de idiomas pueden variar según las situaciones específicas.

Sin embargo, en situaciones generales, los estudiantes pueden ser evaluados de la siguiente manera:

1. Presente a los estudiantes algunas expresiones de la vida cotidiana en lengua de señas (TL) a velocidad normal mediante equipos de audio o en persona mediante interacción individual. Las formas de expresión en TL deben ser tales que el estudiante necesite modificar partes de las

expresiones para encontrar formas contextualmente correctas. Por ejemplo, ayer el *profesor... No dio clases* porque el *profesor* no pudo venir a la escuela por resfriado.

2. Solicite al estudiante que explique el significado en el idioma de origen.

3. Solicite al estudiante que reformule las expresiones TL para su propio significado: Solicite al estudiante que modifique o manipule partes de las expresiones para crear su propia historia.

4. Dependiendo de la edad del estudiante, el nivel escolar y las dificultades de las expresiones en lengua materna, la cantidad y las formas de las expresiones en lengua materna que el estudiante debe copiar pueden variar.

La idea de pedirle al estudiante que explique primero el significado es interrumpir el posible proceso inconsciente de memorización de las expresiones y, por lo tanto, comprobar el trabajo de la intuición lingüística en la lengua de aprendizaje. Además, es obvio que podemos verificar, al pedirle al estudiante que explique el significado, si ha adquirido el nivel necesario de recursos lingüísticos de la lengua de aprendizaje.

Si el estudiante no ha adquirido un buen nivel de intuición lingüística de la lengua de origen, será muy improbable que pueda desarrollar formas contextualmente correctas. Si su capacidad física no es lo suficientemente fuerte, podríamos observar que mostrará una articulación deficiente al copiar expresiones de la lengua de origen. Además, si el estudiante no ha adquirido suficientes recursos lingüísticos de la lengua de origen, tendrá dificultades para explicar los significados.

8

Una idea para evaluar la competencia oral - OMT

Otra idea para evaluar la adquisición de lengua materna o el nivel de competencia oral de los estudiantes es el método de prueba de correspondencia oral ("OMT") sobre una serie de expresiones coloquiales tanto dentro como fuera de contexto.

Esta idea también puede utilizarse para evaluar el desempeño de los estudiantes como parte de las herramientas de evaluación regulares durante el semestre. Si bien puede ser útil para estudiantes de todos los niveles, desde principiantes hasta avanzados, es especialmente efectiva para estudiantes de nivel inicial e intermedio que aún necesitan adquirir un amplio dominio de las expresiones lingüísticas reales y útiles para desarrollar una capacidad lingüística básica que les permita desenvolverse con fluidez en la lengua materna. Asimismo, la OMT puede utilizarse como una herramienta eficaz para evaluar a los solicitantes según su dominio oral de la lengua materna.

Básicamente, la idea de la OMT consiste en presentar diversas expresiones en la lengua de origen y pedir a los estudiantes que las representen en la lengua materna. Como evaluación general integral del nivel de adquisición o dominio oral de la lengua materna, el evaluador puede elaborar una lista escrita con cualquier número de expresiones coloquiales, por ejemplo, 100 expresiones variadas entre los distintos niveles (principiante 1, principiante 2, intermedio 1, intermedio 2, avanzado 1 y avanzado 2), según los niveles esperados de adquisición o dominio oral. A continuación, se les pedirá a los estudiantes que digan las expresiones correspondientes en la lengua materna.

Además, el OMT puede utilizarse como método de evaluación regular del rendimiento de los estudiantes en la lengua materna. A través del BTM, se les suele presentar y pedir a los estudiantes que adquieran diversas expresiones coloquiales mediante diferentes conjuntos de diálogos útiles y reales.

De esta manera, los estudiantes pueden comprender los conjuntos de expresiones en su conjunto con bastante eficacia. Sin embargo, esto no significa necesariamente que puedan separar y utilizar cada expresión individual en una situación de la vida real, independientemente de los contextos de muestra donde se presentan.

Para evaluar la capacidad de un estudiante para comprender y utilizar las expresiones individuales, realizar ejercicios de OMT regulares a lo largo del semestre puede ser de gran ayuda. Para ello, el profesor de lengua extranjera puede crear una lista de expresiones variadas, en la lengua de origen, desde todas las presentadas en clase hasta el momento del examen, y pedir a los estudiantes que las pronuncien en lengua materna.

De esta manera, se espera que los estudiantes mantengan con fluidez todas las expresiones introducidas en clase a lo largo del semestre o año escolar. Los estudiantes que adquieran mejor las expresiones individuales tendrán un mejor rendimiento en OMT.

La idea subyacente del OMT es una hipótesis de trabajo que indica el nivel de adquisición o dominio oral de la lengua de cada estudiante: los estudiantes con un mayor nivel de adquisición o dominio oral de la lengua de cada estudiante lograrán un mayor número de expresiones con fluidez. Asimismo, cuanto menor sea el nivel de adquisición o dominio oral de la lengua de cada estudiante, menor será el nivel de expresiones que se empareje y, por lo tanto, se espera que la fluidez sea menor.

A diferencia del LCST y otros tipos de evaluaciones de desempeño oral, la OMT tiene la ventaja de ser relativamente sencilla y práctica para varios estudiantes a la vez. En otras palabras, puede realizarse sin entrevistas presenciales con los estudiantes si es necesario.

También se puede realizar sin que los estudiantes tengan que expresarse oralmente. Los evaluadores pueden simplemente elaborar y proporcionar la lista OMT a los estudiantes, quienes pueden grabar sus respuestas para que el evaluador las evalúe posteriormente. Para facilitar la calificación posterior, se les debe pedir a los estudiantes que graben su voz para las preguntas (o al menos los números de identificación de las preguntas) y las respuestas juntas.

Para fines de evaluación general integral, dependiendo de los niveles de los estudiantes, se deben considerar criterios como finalización significativa, vocabularios apropiados, articulación, conjugaciones de vocabulario, forma de presentación y restricción de tiempo, y se deben asignar puntajes de desempeño prorrateados dependiendo de los pesos basados en la practicidad de los respectivos criterios.

Para la restricción de tiempo de una prueba de manejo de expresiones (OMT) general con todos los niveles de expresiones variadas, un promedio de 10 a 12 segundos por pregunta parece razonable. Por ejemplo, si el número total de expresiones OMT es 100, de 17 a 20 minutos sería razonable. Si un estudiante se salta o no puede completar alguna expresión debido a la restricción de tiempo, estas expresiones se contabilizarán como cero puntos en todas las categorías de los criterios. Por ejemplo, se pueden asignar varios puntos fijos por expresión, como se indica a continuación:

10 puntos en MC (Finalización significativa)
7 puntos sobre AV (Vocabularios apropiados)

6 puntos en FA (Articulación Fluida)
4 puntos sobre VC (Conjugación de vocabulario)
3 puntos sobre MP (Forma de Presentación)
30 puntos totales por expresión

Para mayor comodidad, cada uno de los criterios anteriores se puede evaluar con un sistema de 10 puntos, que posteriormente se puede convertir en los puntos correspondientes. Además, se pueden asignar puntuaciones unitarias prorrateadas para los diferentes niveles de dificultad de cada expresión. Por ejemplo, se pueden asignar varios puntos fijos para cada expresión de nivel, como se indica a continuación:

4 puntos por B1 (Principiante 1) con menos de 5 palabras
6 puntos por B2 (Principiante 2) con 5 a 8 palabras
8 puntos por I1 (Intermedio 1) con 9 a 12 palabras
10 puntos por I2 (Intermedio 2) con 13 a 16 palabras
12 puntos por A1 (Avanzado 1) con 17 a 20 palabras
14 puntos por A2 (Avanzado 2) con 21 a 24 palabras
Puntuación total: 54 puntos (por 6 expresiones, una de cada nivel)

La siguiente tabla de puntuaciones OMT muestra las ideas de puntuaciones prorrateadas para los respectivos criterios y las dificultades de cada expresión:

Niveles de expresiones (Puntuaciones de la unidad)	Puntuaciones de rendimiento					Puntuación total (30)	Neto Puntuación de la unidad
	MC (10)	AV (7)	FA (6)	VC (4)	Diputado (3)		
Comienzo 1 (4)							
Comienzo 2 (6)							
Intermedio 1 (8)							
Intermedio 2 (10)							
Avanzado 1 (12)							
Avanzado 2 (14)							

Tabla de puntuaciones de OMT

En la tabla de puntuaciones de OMT anterior, los números entre paréntesis indican la puntuación máxima de cada categoría. Según dicha tabla, la puntuación total máxima de rendimiento por cada expresión es de 30 puntos. Es decir, un estudiante puede obtener 30 puntos al realizar una expresión sin cometer errores inaceptables. Posteriormente, la puntuación total de cada expresión se convierte en una puntuación neta unitaria.

Por ejemplo, si un estudiante obtiene 30 puntos en una expresión de nivel Avanzado 1, obtendrá 12 puntos netos. Sin embargo, si obtiene 15 puntos en la misma expresión, obtendrá 6 puntos netos, lo que obviamente es una calificación reprobatoria. Supongamos que tenemos 60 preguntas en total, 10 de cada nivel. En ese caso, la puntuación neta máxima posible es 540.

Ahora veamos cómo podemos utilizar la tabla OMT anterior para evaluar la competencia oral de un estudiante en Lengua de Lenguaje (TL). La forma más sencilla de utilizar la tabla es usar la suma de las puntuaciones netas de cada unidad para todos los niveles. Con base en la puntuación total, sería fácil clasificar a los estudiantes desde la puntuación más alta hasta la más baja.

Sin embargo, no se muestra un análisis de las habilidades lingüísticas de cada estudiante en Lengua de Lengua (LE). Por lo tanto, para analizar el desempeño de un estudiante en cada nivel, se puede considerar la suma de las puntuaciones netas de cada unidad y aplicar las calificaciones "alta", "media" y "baja", según el porcentaje alcanzado, para más del 90%, 80% y 70%, respectivamente. En este caso, "alta" significa una competencia oral muy fluida, "media" significa una fluidez mediocre y "baja" significa una fluidez deficiente, pero suficiente, en Lengua de Lengua (LE).

A modo de ejemplo, supongamos que el estudiante A recibió las siguientes puntuaciones que se muestran en la tabla de un OMT con diversas expresiones de todos los niveles:

Niveles (Puntos totales)	Puntuaciones de rendimiento					Puntuación total (30)	Nivel Puntuación Total	Porcentaje (%)
	MC (10)	AV (7)	FA (6)	VC (4)	Diputado (3)			
B 1 (40)	9.0	7.0	5.4	3.6	2.7	27.7	36.9	92,3%
B2 (60)	9.0	6.3	5.4	3.6	2.7	27	54	90%
Yo 1 (80)	8.0	5.6	4.8	3.2	2.4	24	64	80%
Yo 2 (100)	6.3	4.9	4.2	2.8	2.1	21	70	70%
Un 1 (120)	3.0	2.1	1.8	1.2	0.9	9	36	30%
Un 2 (140)	0	0	0	0	0	0	0	0%

Tabla de resumen de OMT (número total de expresiones: 60)

Según la Tabla Resumen de OMT anterior, las competencias orales del Estudiante A en el TL dado por cada nivel son: Principiante 1 (alto), Principiante 2 (alto), Intermedio 1 (medio) e Intermedio 2 (bajo) respectivamente. El estudiante aún no ha adquirido ninguna competencia oral del nivel avanzado.

9

FL para adultos vs. MT para niños

Es un hecho simple e incuestionable que los niños adquieren su lengua materna, independientemente del tipo de idioma, entre los 30 y 40 meses de vida. Entre los 36 y 40 meses de vida, los niños parecen ser muy activos y creativos al comunicarse con otras personas. Sorprenden a sus padres con nuevas expresiones que no esperarían que el bebé pudiera decir.

Entre los 36 y 40 meses de vida, los niños parecen haber adquirido el lenguaje a un nivel tal que poseen una intuición lingüística lo suficientemente fuerte como para producir diversos tipos de expresiones con patrones regulares. Crean, de forma semiinstintiva, formas regulares para expresiones con formas irregulares. Por ejemplo, algunos niños dirían "coche pasó" en lugar de "coche pasó". Además, parecen haber adquirido la capacidad física para comunicarse sin problemas. El funcionamiento de sus órganos del habla parece ser bastante similar al de un niño, salvo por algunas palabras que les resultan particularmente difíciles de articular.

Entre los 36 y 40 meses de vida, creo que la intuición lingüística y la capacidad física de los niños están tan desarrolladas que sus habilidades lingüísticas se limitan a sus recursos lingüísticos. En cuanto a estos recursos, probablemente poseen entre 300 y 400 vocabularios que utilizan en sus actividades de habla. Incluso si tuvieran entre

500 y 600, no sería mucho. Con esta intuición, capacidad física y vocabulario, adquieren gran fluidez en el dominio del idioma.

Considerando que los bebés no comienzan el entrenamiento activo del balbuceo hasta los 10-15 meses debido a su inmadurez física, se reduce a menos de 30 meses para que adquieran el lenguaje con tanta fluidez. Entonces, ¿cuánto tiempo les tomaría realmente adquirir el lenguaje de esa manera? Analicemos en detalle los entornos en los que los bebés aprenden el idioma.

Categorías	Descripción
Plazo general de adquisición	Aproximadamente entre 36 y 40 meses después del nacimiento; teniendo en cuenta que no comienzan a balbucear hasta los 10 a 12 meses después del nacimiento, en realidad toma menos de 30 meses.
Horas diarias reales de balbuceo	Desde la perspectiva de los adultos, los niños no balbucean intensamente. Lo hacen de forma intermitente. Lo hacen más a medida que crecen, pero no tanto durante los primeros meses. En general, en promedio, no dedican más de 3 horas diarias al balbuceo activo.
Actividades	Principalmente escuchando fuentes de información y balbuceando. Poca interacción verbal bidireccional con el cuidador hasta bastante tarde. No lee, no aprende gramática, no escribe ni escucha medios. En la etapa inicial, pasa la mayor parte del día durmiendo.
Fuentes de entrada	Cuidadores: principalmente padres y niñeras. No se utilizan medios como la televisión, equipos de audio ni películas para la adquisición del lenguaje.

Condiciones físicas	Muy limitados en comparación con los adultos. Su cerebro aún no está completamente desarrollado y sus movimientos físicos no son plenamente funcionales. El sentido de la comprensión y el juicio aún no se han desarrollado.
intuición lingüística	Nace con la capacidad de recopilar datos, desarrollar la intuición basándose en la información que reconoce y realizar las acciones esperadas de forma creativa. Al principio, carece de intuición lingüística; posteriormente, adquiere una intuición lo suficientemente fuerte como para ser productivo y creativo con el lenguaje de patrones regulares después de los 36-40 meses de nacimiento.
Capacidad física	Cero para empezar; bastante limitado durante la mayor parte de la etapa de entrenamiento de Babble.
Recursos lingüísticos	Cero para empezar; y, entre 36 y 40 meses después del nacimiento, alrededor de 300 a 400 términos relacionados con las necesidades de la vida diaria y el parentesco.

Entonces, ¿pueden los adultos[24] adquirir la lengua materna en unos 30 meses mediante el entrenamiento de balbuceo al mismo nivel que los niños de 36 a 40 meses adquieren la lengua materna? Claro que sí. De hecho, pueden lograr un nivel mucho mejor que el de los niños de 36 a 40 meses. Dependiendo del esfuerzo individual y del tiempo dedicado al balbuceo, creo que es muy posible que los adultos puedan adquirir la lengua materna en 30 meses mediante

---

[24] Utilizo el término "adulto" aquí para referirme a adultos relativamente jóvenes en edad escolar, como desde la escuela secundaria hasta la universidad o las escuelas de posgrado.

un entrenamiento de balbuceo intensivo al nivel de los estudiantes de primaria.

En comparación con el entorno de adquisición del lenguaje de los niños para la lengua materna, el de los adultos para la lengua extranjera no parece ser tan desfavorable, especialmente con la ayuda de las tecnologías. Al contrario, parece ser mucho más favorable para los adultos que aprenden lengua extranjera que para los niños que aprenden lengua materna. Sobre todo, los adultos tienen un cerebro y órganos del habla completamente desarrollados. Pueden comprender, aprender y balbucear con mucha más rapidez y eficacia que los niños pequeños. Los adultos pueden concentrarse activamente y esforzarse al máximo para alcanzar sus objetivos, mientras que los niños pequeños parecen ser menos activos a la hora de realizar el entrenamiento del balbuceo desde la perspectiva de los adultos. Además, los adultos pueden utilizar las letras para mejorar la memoria y representar los sonidos.

No solo eso, sino que los adultos también pueden utilizar las tecnologías como fuentes inagotables de información en cualquier momento y lugar. Pueden llevarlas consigo siempre y hablar de ellas tanto como les sea posible.

El factor más desfavorable para que los adultos aprendan una lengua extranjera puede ser el hecho de haber adquirido una lengua materna durante tantos años. En otras palabras, sus operaciones lingüísticas se han centrado exclusivamente en las características lingüísticas de sus lenguas, de modo que estas podrían interferir con el proceso de adquisición de otra.

Uno de los problemas más comunes que sufren los adultos al aprender y hablar una lengua extranjera es la dificultad para pronunciarla. Es decir, las fuertes características lingüísticas de la lengua materna se manifiestan como acento al hablar en lengua materna. Los acentos fuertes son especialmente marcados en los adultos que no han realizado mucho entrenamiento de balbuceo. A medida que se aprende una lengua extranjera, el acento tiende a intensificarse.

Cuanto más fuerte es el acento, más difícil resulta aprender y hablar una lengua extranjera.

Por lo tanto, es necesario superar la interferencia subconsciente de dichas características en el desempeño de la lengua materna, lo cual, si se intenta intencionalmente aplicando el conocimiento del proceso sistemático, no es fácil. Para superar estas barreras provenientes de la lengua materna, especialmente los acentos, se debe enfocarse mucho más en el entrenamiento del balbuceo simple y físico que en las reglas y el sistema de la lengua materna.

10

Cómo se pierden las lenguas

Hace unos años, leí un artículo sobre un anciano coreano de unos 60 años que, tras 15 años en prisión en un país extranjero, perdió por completo el coreano. Se dice que hablaba coreano con la misma fluidez que otros coreanohablantes de su edad antes de ser encarcelado. Me sorprendió mucho descubrir que una lengua materna, hablada durante más de 40 años, pudiera perderse así como así.

También tengo una amiga que me contó en una reunión reciente que su hermano parece haber perdido el coreano casi por completo en sus 13 años de vida en Estados Unidos. Llegó a Estados Unidos a los 13 años. Según ella, se obligó a sí mismo a perder el coreano al no usarlo para aprender inglés con mayor eficacia. Fue a escuelas donde nadie hablaba coreano. Hizo amigos solo con personas angloparlantes. Trabaja en una empresa donde solo se habla inglés.

Por otro lado, conozco a varias personas a mi alrededor que en un momento parecieron haber perdido el coreano por completo y lo recuperaron en un tiempo sorprendentemente corto. Aprendieron el coreano como lengua materna en casa y lo usaron hasta aproximadamente la graduación de la escuela primaria, y luego lo perdieron durante más de diez años por no usarlo antes de recuperarlo. Me dijeron que les tomó entre uno y dos años recuperar el idioma a un nivel muy fluido, llevándose bien con los coreanos debido a su vida matrimonial o laboral. Su coreano suena tan fluido y sin acento que es difícil imaginar que lo hayan perdido durante tanto tiempo. Es como una máquina un poco oxidada que funciona bien después de un tiempo de engrasarse y ajustarse.

Basándome en mi observación de las personas que me rodean, llegué a la conclusión de que las personas pierden primero los recursos lingüísticos, mientras que la intuición lingüística y la capacidad física se conservan durante mucho tiempo. En otras palabras, las personas pierden el vocabulario y las expresiones de un idioma con bastante rapidez en comparación con la intuición y la capacidad física. No sé cuánto tiempo se conservan la intuición y la capacidad física, pero parece que podrían permanecer al menos más de diez años en un estado tal que se reactivan con bastante facilidad al recargarse con los recursos lingüísticos.

Por consiguiente, cuando se dice que uno ha perdido la propia lengua materna, que había adquirido y utilizado plenamente al menos durante diez años antes de perderla, lo más probable es que, en la mayoría de los casos, se hayan perdido los vocabularios y los conjuntos de expresiones de la memoria y que las intuiciones lingüísticas y las capacidades físicas todavía estén bastante disponibles.

Entre los factores de adquisición para dominar un idioma, la intuición lingüística y la capacidad física comparten una característica común: ambas son instintivas. Mientras que los recursos lingüísticos, el factor restante, se diferencian de los otros tres por ser memorísticos. Esto demuestra que el semiinstinto perdura mucho más que la memoria o el conocimiento.

De todos modos, todos los ejemplos de quienes me rodean demuestran que una lengua sin mantenimiento se pierde. En particular, la memoria o el factor de conocimiento de una lengua se pierde mucho más rápido que los otros dos factores.

Entonces, ¿cómo es que los estudiantes pierden los idiomas que les enseñamos tan rápido y por completo? ¿Y cómo es que no parecen recuperarlos tan fácilmente?

Conozco a muchas personas que aprendieron un idioma extranjero durante muchos años y lo han perdido por completo. Un amigo me contó que aprendió francés durante siete años en Estados Unidos. Me contó que empezó a estudiar francés en la escuela cuando estaba en séptimo grado y continuó hasta el segundo año en la universidad. Los primeros cinco años de clases se centraron principalmente en el Método de Traducción Gramatical, y los dos años en la universidad los dedicó a ir a un laboratorio para escuchar francés y hacer ejercicios basados en patrones, que es el método de Enfoques Tecnológicos. Dijo que desde la universidad no recuerda nada del idioma, y que, aunque podía leerlo, no lo entendía.

No es el único que ha perdido por completo lo aprendido en las clases de idiomas. De hecho, la mayoría de los estudiantes que aprendieron lengua extranjera con nosotros, los profesores de lenguas extranjeras, durante muchos años tienen el mismo problema. No es para nada sorprendente. Lo que me entristece es la tendencia a que todos lo acepten como algo natural y obvio. Sorprendentemente, nadie se ha quejado de estos resultados en el desempeño laboral de los profesores de lenguas extranjeras.

Ahora bien, admitamos que todo lo que enseñáramos de memoria desaparecería rápidamente. Según mi experiencia como estudiante de lengua extranjera, la mayoría desaparecía al terminar los exámenes. Tendría que prepararme de cero para los exámenes mensuales, parciales y finales, respectivamente.

Hasta ahora, no hemos enseñado lo suficiente para que los estudiantes adquieran la intuición lingüística, la capacidad física y los recursos lingüísticos de nuestros idiomas. Más bien, hemos utilizado diversos métodos para inculcarles la información sobre las reglas y sistemas de nuestros idiomas, información que se pierde rápidamente.

Desde el principio, los estudiantes no han sido entrenados para adquirir factores semiinstintivos como la intuición lingüística o la capacidad física. Por lo tanto, es muy natural que no hayan aprendido nada para permanecer así durante mucho tiempo.

CAPÍTULO 7

BTM – El único método FLE para tener éxito

Quien no balbucea no lo adquirirá.

1

Método directo vs. BTM

Entre los métodos de FLE introducidos hasta la fecha, el método directo se distingue de otros métodos por centrarse en las interacciones verbales directas entre el profesor y los estudiantes en lengua extranjera, impartiendo toda la instrucción en lengua materna sin recurrir a la traducción. Además de que la lectura y la escritura se enseñan desde el principio, este método parece ser un proceso de FLE muy similar al proceso natural de adquisición del lenguaje. Basándose en lo que implica el concepto del método, se podría pensar que debería funcionar, y de hecho lo haría. En cierto sentido, dado que el método directo prioriza la enseñanza oral del lenguaje, parece tener bastantes similitudes con el método de aprendizaje basado en la lengua (BTM), que se centra en el proceso de entrenamiento para la adquisición de habilidades lingüísticas. Por lo tanto, sería útil comprender claramente las diferencias entre ambos.

Creo que uno de los mejores ejemplos de la aplicación del método directo en la educación FLE contemporánea son los programas de inglés como segundo idioma (ESL) en muchos países de habla inglesa. En Estados Unidos, la mayoría de las universidades estatales ofrecen programas de ESL; y muchos institutos y escuelas secundarias también ofrecen programas de ESL para estudiantes extranjeros. Muy pocos lugares ofrecen programas de ESL para estudiantes de primaria. Los programas de ESL ofrecen únicamente clases de conversación en inglés para gramática, lectura, escritura, expresión oral y comprensión auditiva. Los programas de ESL universitarios también ofrecen clases de gramática inglesa con un peso considerable. La mayoría de los programas de ESL ofrecen de 4 a 5 horas diarias de inglés, cinco días a la semana.

No es fácil determinar el éxito de los programas de ESL con método directo debido a diversas circunstancias y resultados. Por ejemplo, según mis observaciones sobre estudiantes de países extranjeros de mi entorno, los estudiantes extranjeros de escuelas primarias sin programas de ESL parecen dominar el inglés al menos tan bien, si no mejor, que los estudiantes extranjeros de escuelas secundarias o preparatorias con programas de ESL. Por otro lado, los estudiantes de programas universitarios de ESL, que parecen estudiar mucho más en la escuela y hacer muchas más tareas en casa en comparación con los estudiantes no universitarios de ESL, obviamente no parecen dominar el inglés oral tan bien como los estudiantes más jóvenes de escuelas con o sin programas de ESL. Parece una paradoja.

Existe una teoría llamada teoría de la pubertad que sostiene que la educación en lenguas extranjeras después de la pubertad no lleva al estudiante a ser hablante nativo. Por ello, algunos intentan explicar esta paradoja con esta teoría. En este caso, intentaré explicarla desde un punto de vista diferente: desde el balbuceo.

Mi clave para la paradoja reside en la cantidad de balbuceo: bajo la misma condición, quien realiza más entrenamiento de balbuceo adquiere mejores habilidades de habla. De igual manera, quien realiza más entrenamiento de lectura adquiere mejores habilidades de lectura; y quien realiza más entrenamiento de escritura adquiere mejores habilidades de escritura. Además, quien solo realiza el entrenamiento de escucha adquirirá únicamente las habilidades de comprensión auditiva. Independientemente del tipo de método FLE aplicado, no se adquirirá ninguna habilidad de habla sin una cantidad suficiente de entrenamiento de balbuceo voluntario por parte del estudiante.

Al observar la vida cotidiana de los estudiantes extranjeros, generalmente los de primaria sin programa de ESL parecen ser más activos en la convivencia con los demás. A medida que avanzan en la escuela, tanto los estudiantes extranjeros como los residentes parecen estar más centrados en su vida personal, ya que las escuelas les exigen más tareas y se ocupan más de sus propios estilos de vida. Además, los estudiantes mayores parecen ser más sensibles y no les gusta llevarse bien con estudiantes extranjeros que no hablan el idioma. Por lo tanto, los estudiantes extranjeros en primaria se enfrentan a situaciones en las que tendrían que decir algo con mucha más frecuencia a diario que los estudiantes, por ejemplo, en un programa de ESL universitario, donde todos, excepto el profesor, en la clase no hablan inglés.

En consecuencia, los estudiantes de primaria balbucean las mismas expresiones que adquirieron al observar a sus compañeros en diversas situaciones, varias veces al día. Al principio, no hablan realmente al hacerlo. Más bien, diría que simplemente entrenan sus conocimientos de balbuceo y observan las respuestas de sus compañeros para ajustar su desempeño.

Mientras tanto, los estudiantes de un programa universitario de inglés como segundo idioma (ESL) no se enfrentan a estas situaciones con tanta frecuencia a diario, ya que todos, excepto el profesor, no hablan inglés. Por lo tanto, no tienen la oportunidad de hablar inglés con tanta frecuencia en la escuela. Es probable que haya personas en el programa que sean de su mismo país y hablen el mismo idioma, lo que no les sería muy útil para aprender inglés. Hay otros elementos que, en mi opinión, causan muchos problemas a los estudiantes de los programas universitarios de ESL que intentan aprender lenguas orales. Con base en estos problemas, no es de extrañar que, como resultado, uno o dos años de programas universitarios de ESL, donde se aplica el Método Directo, no sean tan productivos como se esperaba antes de salir de su país para aprender inglés.

Entonces, ¿deberíamos aplicar el método directo a las clases iniciales de lengua extranjera? No creo que sea una buena idea, ya que no sería lo suficientemente eficaz para que los estudiantes adquieran los factores de adquisición: intuición lingüística, capacidad física y recursos lingüísticos. El método directo no es el más eficaz, especialmente para los estudiantes que aún no han adquirido los factores de adquisición.

En primer lugar, no sería muy práctico dar instrucciones en lengua extranjera solo a estudiantes adultos que aún no están preparados para procesar la lengua materna. Dar instrucciones en lengua materna solo a los principiantes sería como poner a los principiantes de fútbol directamente en los partidos desde el principio para enseñarles el fútbol, pidiéndoles que descubran por sí mismos cómo jugar. Haría la clase mucho más difícil y aburrida que los estudiantes perderían rápidamente el interés en la lengua extranjera.

En segundo lugar, dado que requiere la colaboración entre el profesor de lengua extranjera y los estudiantes, estos no pueden estudiar lengua extranjera sin un profesor de lengua extranjera. Esto plantea un serio problema respecto a la viabilidad del método directo tanto para la enseñanza de lengua extranjera pública como privada. Conseguir profesores de lengua extranjera que impartan clases de lengua extranjera únicamente en lengua materna es muy poco realista, no solo para la mayoría de las escuelas del mundo, sino también para quienes desean enseñarse lengua extranjera a sí mismos.

En tercer lugar, el método directo en clase no ofrece a los estudiantes la práctica suficiente para hablar el idioma. Simplemente dar instrucciones en lengua extranjera no sería suficiente para que adquieran la capacidad física necesaria para comunicarse en lengua extranjera. Las oportunidades intermitentes de interacción verbal simple no desarrollarían la capacidad física necesaria para comunicarse con fluidez en lengua extranjera. Además, dicha interacción intermitente con el profesor no sería suficiente para que los estudiantes adquirieran las intuiciones lingüísticas de la lengua materna.

En cuarto lugar, aunque el Método Directo ofrece a los estudiantes la oportunidad de acceder a la lengua materna en vivo, un aspecto fundamental es la enseñanza que se imparte a través de él. Si las clases del Método Directo ofrecieran una enseñanza basada en la gramática, como la mayoría de las clases actuales de ESL basadas en el Método Directo en muchos países angloparlantes, no se consideraría tan eficaz, ya que no produciría hablantes fluidos de la lengua materna, como lo han demostrado millones de personas en todo el mundo. Lo mismo ocurre con cualquier clase de lectura que se imparta a través de este método. En otras palabras, por muy bueno que sea el método, no podría ser eficaz sin centrarse en el aprendizaje del habla desde el principio.

Entonces, ¿es inútil el método directo? No, no lo es. Tiene su propio valor. Sin embargo, lo que quiero decir es que aplicar el método directo a los principiantes de FL es como enseñarles a correr a los bebés que gatean y aún no saben caminar, demostrándoles cómo hacerlo.

En general, el método directo se encuentra en la misma categoría de ineficacia para principiantes de lenguas extranjeras que los demás métodos FLE. La principal razón común de todos los métodos FLE para no haber logrado formar hablantes fluidos de lenguas extranjeras es que no se centran en el proceso de entrenamiento para adquirir los factores necesarios para la adquisición del idioma. Aquí es donde se destaca una clara diferencia entre el método directo y el BTM. En otras palabras, el método directo se centra en impartir clases de lenguas extranjeras en un entorno exclusivamente de lenguas extranjeras. Por otro lado, el BTM se centra en proporcionar a los estudiantes un proceso de entrenamiento sólido y suficiente para adquirir primero las habilidades lingüísticas y, posteriormente, para alcanzar un alto nivel de competencia oral.

Con respecto a la variedad de métodos FLE, se ha afirmado que ningún método FLE es perfecto; y que un programa FLE eficaz depende de la coordinación adecuada de los diversos métodos. Sin embargo, quisiera modificar esta afirmación: Ningún método FLE puede ser perfecto, pero ninguna combinación de métodos FLE sin un método que enfatice el entrenamiento del habla, preferiblemente desde el inicio, puede ser exitosa.

Solo existe una forma comprobada de adquisición del idioma por parte de todos los seres humanos a lo largo de la historia: el balbuceo. Ningún ser humano normal ha logrado adquirir el idioma simplemente balbuceando. Creo firmemente que desarrollar y aplicar un método eficaz de entrenamiento del balbuceo dará como resultado un programa de FLE eficaz.

2

Memorización de oraciones vs. BTM

Mucha gente argumenta que la memorización de oraciones (ME) es muy útil para aprender LE. Sin embargo, no se han presentado ni conocido métodos concretos para aplicar el método ME. Solo se puede intuir su funcionamiento basándose simplemente en su concepto intuitivo. Hasta donde sé, no parece haberse impartido ninguna enseñanza sistemática sobre la memorización de oraciones. Por lo tanto, es muy difícil encontrar personas que lo hayan aplicado de forma consistente.

Muchos profesores de lenguas extranjeras que conozco han expresado comentarios negativos sobre el método SM. Si bien no lo apoyo en sí mismo con razones claras, le veo muchas ventajas sobre los métodos tradicionales de FLE, ya que creo que puede ser muy útil según cómo se lleve a cabo.

Entonces, ¿cuál es la diferencia entre el método BTM y el método SM? Para una comparación más clara, permítanme repasar el concepto de balbuceo. Anteriormente lo definí como el proceso de entrenamiento para adquirir habilidades lingüísticas. Entre estas habilidades se encuentran hablar, escuchar, leer y escribir.

Para adquirir estas habilidades lingüísticas con fluidez se requieren tres factores de adquisición: la intuición lingüística, la capacidad física y los recursos lingüísticos. Como método educativo más eficaz para que los estudiantes adquieran estos factores, he desarrollado un procedimiento sistemático de entrenamiento de balbuceo que incluye entrenamientos en serie de lectura, comprensión auditiva, escritura y expresión oral.

Mientras tanto, no se conoce una definición específica del concepto de memorización de oraciones. Por lo tanto, para fines de comparación, adoptaremos la definición de sentido común implícita en los términos de memorización de oraciones: memorizar oraciones en lengua materna. SM presupone que memorizar oraciones en lengua materna permitirá a los estudiantes hablar en lengua materna.

En primer lugar, basándose en los conceptos respectivos mostrados anteriormente, uno puede encontrar fácilmente la diferencia sobresaliente entre los dos métodos en que el SM, a diferencia del BTM, solo se centra en memorizar oraciones de la lengua materna que no se seleccionan mediante ningún principio sistemático y no contiene un proceso concreto para la adquisición de habilidades tales como hablar, leer, escuchar, escribir y el desarrollo de habilidades de competencia oral.

En definitiva, el enfoque principal del SM es que los estudiantes adquieran las habilidades básicas de expresión oral de la lengua materna, en lugar de adquirir todas las habilidades lingüísticas. En otras palabras, el SM se considera simplemente un método fragmentado para aprender habilidades lingüísticas limitadas de la lengua materna, que corresponde al nivel básico de expresión oral. En particular, al igual que todos los demás métodos FLE especializados en áreas específicas de las habilidades lingüísticas, el método SM no incluye el proceso ni los métodos de enseñanza sistemáticos en áreas tan diversas como la expresión oral básica, la comprensión auditiva, la lectura, la escritura y el nivel avanzado de competencia oral.

Como resultado, el método SM no ofrece una solución al dilema de la situación desordenada del FLE tradicional y contemporáneo. En otras palabras, el SM no responde a las preguntas de qué, cuándo, cómo y cuánto enseñar primero y dar seguimiento a las áreas de gramática, expresión oral, lectura, comprensión auditiva, escritura y niveles avanzados.

Mientras tanto, el BTM se centra no solo en enseñar a los estudiantes a adquirir todas las habilidades lingüísticas de forma sistemática, sino también en desarrollar la competencia oral. Por lo tanto, el SM no puede equipararse al BTM en cuanto a las áreas y niveles de habilidades lingüísticas que persigue cada método. Si bien el SM no puede equipararse al BTM, dado que este se centra básicamente en el desarrollo de la habilidad oral de los estudiantes, merece la pena compararlo con el entrenamiento de balbuceo del BTM.

En resumen, la diferencia entre el método SM y el entrenamiento de balbuceo se resume en la diferencia entre memorización y adquisición, respectivamente. El primero se refiere simplemente a guardar algo en la memoria, mientras que el segundo se refiere a obtener, desarrollar o adquirir una habilidad. En otras palabras, el propósito del SM es guardar frases aprendidas de la lengua materna en el cerebro para utilizarlas posteriormente cuando sea necesario.

El objetivo del Entrenamiento de Balbuceo, además de adquirir la fluidez oral de la Lengua de Señas (LE), es sentar las bases para desarrollar una alta competencia oral mediante la adquisición de los tres factores de adquisición. En este sentido, el SM puede considerarse un proceso parcial de recopilación de recursos lingüísticos, uno de los tres factores de adquisición. Es decir, el SM, en cierto sentido, puede considerarse parte del Entrenamiento de Balbuceo para hablar.

Para determinar la relación entre la memorización y el entrenamiento del balbuceo en la adquisición del lenguaje, es necesario analizar las características de cada uno de los tres factores de adquisición. Es fácil observar que, por naturaleza, la intuición lingüística y la capacidad física son claramente habilidades semiinstintivas.

Por otro lado, los recursos lingüísticos, como la variedad de expresiones, modismos y vocabularios, contribuyen claramente a la acumulación de conocimiento, lo que puede caracterizarse como memorización. En este sentido, se puede definir la relación entre el SM y el entrenamiento de balbuceo como una parte del otro.

Sin embargo, para una adquisición significativa de un idioma, dado que los factores de adquisición no pueden adquirirse de forma independiente, sino que deben considerarse un proceso inseparable, resulta difícil afirmar que la simple memorización sea una parte integral del proceso de aprendizaje del balbuceo. En particular, dado que la simple memorización basada en la lectura ocular, sin un proceso adecuado al nivel de adquisición, podría resultar en una intuición lingüística errónea y una capacidad física deficiente en la lengua de aprendizaje. Por lo tanto, la memorización basada en la lectura ocular, por sí sola, no debería considerarse una parte legítima del proceso de adquisición del idioma.

Por otro lado, la diferencia y la relación entre ambos conceptos se pueden comparar fácilmente con la metáfora de un lanzador de béisbol: memorizar versus adquirir las habilidades de lanzamiento. Para memorizar las habilidades, se pueden estudiar las escritas en un papel, como si se tratara de una receta de cocina, y memorizarlas sin necesidad de salir al campo, o con pequeñas prácticas. Sin embargo, para adquirir las habilidades de lanzamiento, es necesario pasar muchos meses, si no años, practicando en el campo.

La diferencia entre SM y el entrenamiento de balbuceo también se puede comparar con la metáfora de tocar el piano. Quien ha adquirido todas las habilidades para tocar música de piano puede tocar diversos tipos de música con naturalidad. Sin embargo, quien ha memorizado completamente la música de piano aún no puede tocarla como se supone que debe sonar.

Aunque los dos métodos difieren claramente en sus conceptos, como se muestra arriba, es posible que las personas se confundan y los consideren prácticamente lo mismo. Analicemos los detalles del entrenamiento del balbuceo y la memorización de oraciones para ver de dónde provienen las diferencias.

Algo que ambos comparten en parte es que los estudiantes necesitan almacenar diversos conjuntos de expresiones en su propia base de datos de recursos lingüísticos. Sin embargo, el proceso de almacenamiento de las expresiones es bastante diferente.

Una de las maneras más obvias de distinguirlos radica en cómo se ejecutan cada método. Es decir, uno es posible, mientras que el otro no, sin movilizar los órganos del habla. Se pueden memorizar oraciones directamente simplemente leyéndolas a simple vista o escuchándolas. Sin embargo, no se puede realizar el Entrenamiento del Balbuceo sin movilizar los órganos del habla. Memorizar oraciones es básicamente un proceso estático de almacenamiento de información. Sin embargo, el Entrenamiento del Balbuceo es, por naturaleza, un proceso de entrenamiento físico muy dinámico.

Otra forma de distinguirlos es el destino final de las expresiones que se almacenan. El destino final para las oraciones memorizadas se encuentra en una zona muy profunda y remota del cerebro[25]; mientras que el de las expresiones balbuceadas se encuentra en la punta de la lengua, [26]que se entrena para sincronizarse con el cerebro. Durante el entrenamiento del balbuceo, es fundamental que los estudiantes

---

[25]   Esta es una expresión metafórica que refleja el tiempo que lleva recuperar frases memorizadas para usarlas en una situación real. No se refiere necesariamente a un lugar remoto y profundo.

[26]   Esta es una expresión metafórica. Se refiere a la disponibilidad instantánea de las expresiones almacenadas en la punta de la lengua. Es obvio que nada puede almacenarse literalmente en la punta de la lengua. Sin embargo, para enfatizar las interacciones sincronizadas de forma natural entre el cerebro y la lengua que se producen mediante el entrenamiento intensivo del entrenamiento del balbuceo para hablar, utilizo aquí una expresión metafórica.

no solo mantengan bien sus recursos lingüísticos, sino que también sean capaces de producir esas expresiones con gran fluidez desde el principio.

Otra forma de distinguirlos claramente es mediante los tipos de fuentes de los recursos lingüísticos. La fuente para que los estudiantes realicen el entrenamiento de balbuceo son las demostraciones reales de la lengua oral del hablante nativo o con mucha fluidez: ya sea escuchándolas directamente o escuchando el material de audio producido por hablantes nativos o con mucha fluidez de la lengua materna. Sin embargo, las fuentes para la memorización de oraciones son... Diversos, incluyendo principalmente textos escritos y, a veces, sonidos reales. Por lo tanto, las fuentes de entrada del método SM generalmente no incluyen la información precisa para la interpretación oral.

Se puede hacer una mayor distinción entre ambos en cuanto a lo que se almacena en la base de datos. Dependiendo del tipo de origen de las oraciones, en el método SM, probablemente se almacene la comprensión o interpretación incorrecta de los sonidos, así como la información sobre cómo descifrar el significado, el componente y el uso de los textos. Sin embargo, para que Babble Training funcione, se almacena la capacidad física para ejecutar las expresiones dadas, además de toda la información sobre el sonido, el significado, el componente y el uso de los textos.

Muchos profesores de lengua extranjera dudan de la eficacia de memorizar oraciones para estudiarlas. Muchos otros también creen que memorizar oraciones en lengua extranjera no sería muy útil para adquirirlas. Esto se debe a que el idioma no se memoriza simplemente, sino que se adquiere. Por lo tanto, para quienes simplemente memorizan oraciones de libros de texto sin practicar su correcto uso, estas no serían muy efectivas para comunicarse en lengua extranjera.

Sin embargo, durante el proceso de memorización de oraciones, generalmente se practican hasta cierto punto, pero no lo suficiente como para dominarlas. Por ello, dependiendo de la práctica, el método SM puede ser mucho más efectivo en términos de habilidades comunicativas que el método tradicional de traducción gramatical. Sin embargo, el SM puede generar el mal hábito de desarrollar acentos fuertes debido a la memorización repetida de expresiones con sonidos creados por la propia imaginación.

Si bien el método SM presenta muchos problemas, como se mencionó anteriormente, las siguientes presentaciones de casos demostrarán que aún podría ser mejor que los métodos tradicionales para comunicarse en lengua de señas. Al menos, incluso con un tono de voz algo torpe y con un acento fuerte que requiere mucha atención del oyente, es posible comunicarse en lengua de señas utilizando las expresiones memorizadas a través del SM para gestionar las tareas cotidianas.

3

La relación del balbuceo con la memorización, la recitación y la adquisición

Para presentar con claridad la relación del balbuceo con la memorización, la recitación y la adquisición, es necesario primero aclarar la relación entre memorización, recitación y adquisición. En el entorno de FLE, el término memorización se ha utilizado con bastante frecuencia. Sin embargo, términos como recitación y adquisición no parecen haberse citado con tanta frecuencia como memorización. En cierto sentido, el término memorización a veces parece haberse utilizado en un sentido genérico. Incluyendo incluso los conceptos de recitación y adquisición. De igual manera, el término «agua» a veces se usa en sentido genérico para abarcar todo tipo de agua, como agua tibia o agua destilada.

Sin embargo, para distinguir con precisión el estado físico cambiante del agua y comprender la relación entre el papel de los medios que causan dichos cambios físicos, es fundamental utilizar términos especializados según el estado del agua. Asimismo, para comprender el estado cambiante de las habilidades lingüísticas de los estudiantes durante el aprendizaje de la lengua materna, debemos utilizar términos específicos en lugar de un término genérico vago y confuso para denotar los diferentes niveles de adquisición de las habilidades lingüísticas. Por lo tanto, para el propósito mencionado, utilizaré tres términos: memorización, recitación y adquisición.

En primer lugar, ¿cuál es el concepto fundamental de la memorización? En lo que respecta al aprendizaje de idiomas, se puede definir simplemente como el almacenamiento en el cerebro de la información lingüística de una determinada expresión de lengua de origen. Por lo tanto, la memorización se relaciona más con la entrada de información, y, en sentido estricto, la salida de dicha información mediante una ejecución específica no pertenece al ámbito de la memorización.

Por lo tanto, lo más importante en la memorización es recopilar y almacenar toda la información lingüística presentada con la mayor precisión posible. Esto se debe a que la calidad de la memorización determinará por completo la calidad del siguiente nivel. Por ejemplo, si un estudiante no recopila toda la información lingüística precisa de "No voy a jugar" cuando se le presenta y la memoriza con un sonido mucho más parecido a "Quiero rezar", sin duda obtendrá resultados erróneos.

Otro aspecto a tener en cuenta es que la cantidad de medio, cualquiera que sea, necesaria para la memorización no sería suficiente para convertir la información lingüística memorizada en actos lingüísticos concretos y correctos. Para convertir la información lingüística en tales actos lingüísticos se requeriría una cantidad adicional de dicho medio.

El siguiente nivel de memorización es la recitación. El concepto fundamental de la recitación en el aprendizaje de idiomas se define como la recitación de la información lingüística completa almacenada en el cerebro mediante actos lingüísticos concretos. Entre estos actos lingüísticos concretos, la producción de articulaciones con la mayor precisión posible, al nivel de la fuente, es uno de los aspectos más importantes de la recitación. En este caso, se asume que la fuente es producida por un hablante nativo o un profesor con nivel de hablante nativo. Por lo tanto, cualquier recitación basada en la memorización de información errónea no puede ser efectiva.

Como se vio anteriormente, es fácil comprender que la memorización y la recitación están en una relación secuencial. Es decir, la memorización debe preceder a la recitación. Además, la calidad de la recitación no puede ser mejor que la de la memorización. Por lo tanto, es importante comprender que, para lograr una recitación exitosa, la calidad de la información almacenada en el cerebro juega un papel fundamental, lo que significa que es crucial un esfuerzo sincero por recopilar y almacenar información lingüística precisa durante el proceso de memorización.

Entonces, ¿cuál es el concepto fundamental de adquisición en el aprendizaje de lenguas? La adquisición puede definirse metafóricamente como la posesión completa de una expresión de la lengua materna dada como instrumento lingüístico. Poseer una expresión como instrumento lingüístico significa que esta ha sido procesada en el acervo lingüístico de la lengua materna y está lista para ser utilizada con fluidez y naturalidad en cualquier momento y lugar según sea necesario. El acervo lingüístico de la lengua materna es un lugar imaginario donde se extraen y analizan todos los fenómenos lingüísticos de las expresiones adquiridas para producir la intuición lingüística de la lengua materna. Este acervo también es donde se producen todas las expresiones personalizadas mediante la intuición lingüística y la capacidad física de la lengua materna. En este contexto, el instrumento lingüístico se refiere, por supuesto, a una herramienta para la interacción activa en la comunicación, especialmente la comunicación verbal, que requiere una mayor intuición lingüística instantánea, capacidad física y recursos lingüísticos de la lengua materna.

Basándose en el concepto de adquisición mencionado, se pueden inferir las diferencias entre recitación y adquisición: la recitación consiste en la ejecución de expresiones meramente memorizadas, mientras que la adquisición, en sentido estricto, consiste en la ejecución de expresiones totalmente personalizadas; y el resultado de la recitación es más bien una función temporal de reproducción, mientras que el resultado de la adquisición es una habilidad lingüística disponible permanentemente. Además, la adquisición se diferencia de la recitación en que las expresiones adquiridas o personalizadas pueden transformarse o utilizarse de forma natural en diferentes formas.

Como se muestra arriba, los términos memorización, recitación y adquisición no son independientes entre sí, sino que están relacionados entre sí en una secuencia de alimentación. Es decir, la memorización produce entradas para la recitación, que a su vez produce entradas para la adquisición. En otras palabras, denotan diferentes niveles de adquisición de expresiones dadas en el proceso de aprendizaje de la lengua de aprendizaje (LE). Por consiguiente, una alta calidad de memorización es fundamental para lograr una recitación exitosa, lo cual, a su vez, determinará la calidad de la adquisición. Por lo tanto, ninguno de los tres conceptos puede subestimarse en el aprendizaje de la LE.

Entonces, ¿cuál es el medio que lleva las habilidades de la lengua materna de los estudiantes a niveles gradualmente superiores en el orden de memorización, recitación y adquisición? Es decir, ¿qué lleva las habilidades de la lengua materna de los estudiantes a los niveles de memorización, recitación y adquisición, respectivamente? Es el balbuceo. Los estudiantes memorizan, recitan y adquieren expresiones de la lengua materna mediante el balbuceo. Ninguna memorización, recitación ni adquisición será exitosa sin el balbuceo, ya sea activo o inactivo. Además, la calidad de la memorización, recitación y adquisición depende exclusivamente de la calidad del balbuceo, que también incluye la cantidad de entrenamiento en balbuceo.

Si una expresión se memoriza con, por ejemplo, un balbuceo muy inactivo, la calidad de la expresión memorizada solo puede ser tan buena que, dependiendo de ella, la memoria podría no durar lo suficiente para la recitación ; en ese caso, la recitación de la expresión también puede ser buena solo hasta ese punto; e incluso si la expresión se aprendiera, a la larga causaría muchos efectos secundarios en la comunicación. Por lo tanto, la alta calidad del entrenamiento del balbuceo es fundamental desde el principio.

La relación del balbuceo con la memorización, la recitación y la adquisición de conocimientos puede compararse, para facilitar la comprensión, con la de la energía térmica con el agua fría, la tibia y la destilada. Es decir, la energía térmica es el único medio que provoca los cambios físicos del agua. La energía térmica transformaría el hielo en agua fría, tibia y destilada. Se requiere cierta cantidad de energía térmica para transformar el hielo en agua fría; cierta cantidad adicional para transformar el agua fría en tibia; y cierta cantidad adicional para transformar el agua tibia en destilada. Después de todo, así como la energía térmica es necesaria para provocar los cambios en el estado físico del agua, la energía del balbuceo es necesaria para provocar los cambios en las habilidades lingüísticas de la lengua materna.

Así como la energía térmica insuficiente no derretía el hielo y lo convertía en agua fría, la energía del balbuceo insuficiente no facilitaba la memorización. Así como la energía térmica suficiente solo para derretir el hielo y convertirlo en agua fría no calentaba el agua, la energía del balbuceo suficiente solo para memorizar una expresión no ayudaba a recitarla.

De igual manera, se requerirá mucha más energía de balbuceo, además de la acumulada hasta el nivel de recitación, para adquirir completamente las expresiones recitadas. Asimismo, así como la cantidad de energía térmica necesaria para cambiar el estado del agua varía según diversas variables, como la cantidad de agua, el tamaño del recipiente, etc., también varía la energía de balbuceo necesaria según las personas, las situaciones, etc., para mejorar las habilidades lingüísticas de la lengua materna.

Sin embargo, es indiscutible que la forma más rápida y eficiente de convertir hielo en agua destilada es aplicar la mayor energía térmica posible de principio a fin sin interrupción. Asimismo, la forma más rápida y eficiente de adquirir TL es realizar todos los esfuerzos del Entrenamiento de Balbuceo con la mayor energía posible sin interrupción.

La comparación anterior entre la energía térmica y la energía del balbuceo responde a muchas preguntas sobre el método de Entrenamiento del Balbuceo. La razón por la que muchas personas no progresan mucho en la adquisición de la TL, incluso después de dedicar tantas horas diarias al Entrenamiento del Balbuceo, se debe a la falta de energía del balbuceo.

Por ejemplo, la energía del entrenamiento de balbuceo con el reproductor de audio mientras se conduce, algo que mucha gente hace, no sería suficiente ni siquiera para memorizar las expresiones. En consecuencia, no se adquirirían las expresiones con ese tipo de energía de balbuceo inactivo. Otros balbucean mientras descansan o se quedan dormidos, como si escucharan música relajante. Este tipo de entrenamiento de balbuceo es tan inactivo que casi no se requiere energía de balbuceo. En este caso, el balbuceo inactivo se refiere a diversos esfuerzos de balbuceo, desde solo escuchar hasta imitar sin que se escuche una voz clara. ling. de balthere hay casi nn casi nnn a la energía de balbuceo musical relajante.

Con la energía del balbuceo inactivo, no se pueden memorizar las expresiones, ya que la memorización no solo involucra el componente oracional, sino también el sistema muscular y nervioso para producir los sonidos. Por lo tanto, este esfuerzo de balbuceo inactivo sería balbucear para escuchar, no para hablar en lengua materna. Por consiguiente, es muy natural que quien realizó el entrenamiento de balbuceo solo para la comprensión auditiva no pueda hablar en lengua materna con fluidez.

, para los educadores de FLE, determinar el estado de las habilidades lingüísticas de los estudiantes en expresiones TL dadas, y prescribir y supervisar la agenda de entrenamiento de balbuceo necesaria para ayudar a los estudiantes a adquirirlas con éxito son muy importantes.

4

Métodos de memorización de oraciones, recitación, expresión oral, comprensión auditiva, lectura y escritura vs. BTM

Anteriormente, presenté comparaciones detalladas entre el Método Directo y el BTM, y entre el SM y el BTM. Entonces, ¿qué relación existe entre el BTM y todos los demás métodos de FLE que se han aplicado a voluntad del profesor? Si bien se han introducido tantas variedades de métodos de FLE hasta la fecha, no es fácil encontrar un método que describa sistemáticamente los métodos de enseñanza basados en el proceso general de adquisición del lenguaje.

Existen algunos problemas comunes entre los métodos FLE presentados hasta ahora. El primero es que todos los métodos se centran en áreas específicas de las habilidades lingüísticas, como hablar, escuchar, escribir o leer. Parecen asumir que, una vez que los estudiantes adquieren las habilidades lingüísticas específicas de la lengua de origen, pueden adquirir las habilidades restantes de forma natural. Por ejemplo, los educadores que creen firmemente en el Método de Traducción Gramatical parecen creer que los estudiantes pueden adquirir todas las habilidades lingüísticas con bastante facilidad una vez que dominan la gramática de la lengua de origen.

En segundo lugar, dado que los métodos se centran principalmente en un área específica de las habilidades lingüísticas, no ofrecen un proceso educativo sistemático de las demás. Por ejemplo, el método de escucha, que obliga a los estudiantes a centrarse únicamente en la escucha de medios de audio hasta que adquieran la habilidad de comprensión auditiva, no ofrece métodos concretos para que los estudiantes aborden la expresión oral, la lectura y otras habilidades de la lengua de aprendizaje. En consecuencia, los estudiantes no pueden adquirir las habilidades lingüísticas de la lengua de aprendizaje mediante estos métodos.

En tercer lugar, la mayoría de los métodos se orientan más a que los estudiantes aprendan Lengua Extranjera (LE) por sí mismos, en lugar de a que los educadores los enseñen. En otras palabras, en sentido estricto, no son métodos de enseñanza de LE, sino métodos de estudio de LE. No sería exagerado decir que todos los métodos presentados hasta ahora son ideas simplistas para los estudiantes que se enseñan LE. Por consiguiente, si bien ha habido una gran variedad de métodos de LE, es cierto que, al no estar diseñados para los educadores, no han sido apropiados para que los educadores de LE los adopten en sus clases de LE.

En cuarto lugar, algunos métodos de aprendizaje de lenguas extranjeras (LE) son poco realistas. Por ejemplo, métodos como el Método Directo y el Método Basado en el Contenido, que requieren que el educador sea hablante nativo de una lengua materna o que adquiera una lengua materna a un nivel de hablante nativo, son muy poco realistas para la mayoría de los programas de lenguas extranjeras en escuelas públicas, excepto para los programas de lenguas extranjeras en algunos países con una situación especial como Estados Unidos. Asimismo, otros métodos, como el Método de Inmersión, son poco realistas para la mayoría de los programas públicos de lenguas extranjeras, ya que solo las personas con recursos económicos pueden permitirse los gastos que conllevan.

BTM contrasta con los métodos FLE limitados y unilaterales citados hasta ahora, ya que resuelve todos los problemas mencionados. La relación entre BTM y los demás métodos FLE citados puede analizarse como la relación entre el proceso de construcción sistemático que gestiona el proceso general de edificación de una casa y las unidades de trabajo necesarias para dicho proceso. Es decir, BTM puede analizarse como un proceso FLE sistemático para ayudar a los estudiantes a adquirir todas las áreas de habilidades lingüísticas de la lengua de aprendizaje (TL); y los métodos citados, centrados en áreas limitadas de habilidades lingüísticas como la memorización, la recitación, la expresión oral, la lectura, la comprensión auditiva y la escritura, pueden considerarse como las unidades educativas que se aplicarán en el respectivo proceso educativo de la TL.

Al construir una casa, es imposible no seguir el proceso de construcción sistemático. Si los trabajadores realizan trabajos como excavar el terreno, colocar los postes, colocar los ladrillos, instalar las ventanas, terminar el techo y decorar el interior o el exterior de forma arbitraria, sin prestar atención al proceso de construcción, el fracaso está garantizado. No se puede empezar a preparar el techo primero porque llueve; ni se puede insistir en colocar los ladrillos antes de colocar los postes por el viento. Si no se sigue el procedimiento de construcción, la situación puede empeorar sin posibilidad de reparar los daños ya causados.

Del mismo modo, enseñar lengua extranjera en la dirección del viento o en contra de ella sin seguir un proceso educativo seguro y sistemático puede garantizar el fracaso final. No se debe escuchar intensamente solo desde el principio, ya que no se puede escuchar ni comprender la lengua materna; y no se debe apresurar la lectura en lengua materna basándose en la gramática de la lengua materna solo porque no se sabe leer en lengua materna. Además, memorizar cualquier oración que surja tampoco ayudará. Además, recitar muchas oraciones y poemas elaborados desde el principio, cuando en realidad se necesita captar las expresiones que se necesitan de inmediato, tampoco ayudará a adquirir la lengua materna. BTM proporciona el proceso sistemático de educación en lengua extranjera que se necesita para un programa de FLE eficaz.

5

El lenguaje vs. el piano

Ahora que he señalado que los métodos tradicionales de FLE no han logrado formar hablantes fluidos de lengua materna, permítanme mostrar con más detalle cómo estos métodos no pudieron lograrlo. En un artículo anterior, señalé la falta de lengua materna en las clases de lenguas escolares. Para quienes aún no entiendan mi argumento, aplicaré una analogía con la enseñanza del piano.

Supongamos que los profesores de piano insistieran en que la educación de piano escolar debería centrarse en enseñar a los estudiantes la gramática (teoría) de la música de piano durante tres o cuatro años porque las teorías de la música de piano son el conocimiento más fundamental. necesario antes de tocar el piano. Este es exactamente el mismo contexto en el que se basa el método de traducción gramatical de FLE.

Sabemos que los estudiantes no podrán tocar el piano muy bien, por mucho tiempo que estudien las teorías. Todos sabemos que no es así como debemos aprender a tocar el piano. Se podría argumentar que conocer la teoría puede mejorar la calidad de la interpretación. Sí, pero no marcaría una gran diferencia al principio. De hecho, podría causarles serias confusiones, ya que existen muchas teorías diferentes para una misma cosa. Por lo tanto, el tiempo y los recursos invertidos al principio serían en vano.

Ahora supongamos además que, después de una educación intensiva en gramática musical de piano, los profesores de piano comenzaron a enseñar a los estudiantes cómo leer la música de piano basándose en la gramática musical de piano durante un par de años. Esto sería bastante similar al Método de Lectura de FLE. Sin embargo, las teorías son innumerables, con nuevas interpretaciones y argumentos que surgen a diario. Dado que los estudiantes parecen tener un mejor rendimiento en la lectura y el análisis de la música para piano según la gramática, los profesores decidieron enseñarles, como siguiente paso, a escribir música para piano.

Los estudiantes trabajarían duro para mejorar en la escritura de la música para piano aplicando las reglas de la música. Luego, finalmente, los estudiantes se volvieron muy buenos con la gramática, la lectura y la escritura de la música para piano en 6 años de arduo trabajo. Los maestros se sienten recompensados e instruyen a los estudiantes para que comiencen a escuchar la música para piano utilizando los equipos de audio y video de alta tecnología, al igual que en el Enfoque Tecnológico de FLE. Además, los maestros les pedirían a los estudiantes que memorizaran mucha música para piano. Entonces, los estudiantes hacen lo instruido escuchando la música para piano día y noche y memorizando mucha música para piano. Después de un par de años más así, los estudiantes pueden escuchar y entender cómo apreciar la música. Algunos de los estudiantes inteligentes y trabajadores obtendrían calificaciones muy altas en varios tipos de pruebas de música para piano que no requieren que los estudiantes toquen el piano.

Para todos, excepto para los profesores de piano, es evidente que los alumnos aún no han aprendido a tocar el piano. Solo ellos parecen creer que todos los métodos mencionados son útiles y necesarios para que los alumnos puedan tocarlo con fluidez. Hasta ahora, no se ha incluido el piano en la clase. Por lo tanto, sabemos que los alumnos ni siquiera han tocado el piano y que no lo tocan bien. Sin embargo, los profesores insisten en que les han estado enseñando a tocar el piano, pero no parecen darse cuenta de que aún no se les ha enseñado a tocarlo.

Tras unos 10 años de arduo entrenamiento, los profesores creen que los alumnos han adquirido una base sólida para tocar el piano. Por lo tanto, esperan que lo hagan. Sorprendentemente, ninguno de ellos es capaz ni siquiera de tocar piezas muy básicas y fáciles. Los profesores siguen esperando que sigan tocando el piano. Los alumnos no dominan sus manos ni sus dedos, aunque su cerebro sepa perfectamente qué hacer.

Sobre todo, con 10 años dedicados a estudiar teoría, leer, escribir y escuchar música de piano, la mayoría de los estudiantes perderían muchas buenas oportunidades y la mejor condición física para aprender a tocar el piano a nivel profesional, ya que sus músculos y nervios de las manos y los dedos ya están envejecidos. Todos sabemos lo que el envejecimiento significa para nuestra capacidad física para aprender a tocar el piano. La pérdida de oportunidades y la adaptabilidad física para una interpretación excelente, debido a la edad, podría ser el mayor sufrimiento de este tipo de educación descuidada.

Afortunadamente, en el mundo real, todos conocemos la idea de cómo empezar a aprender a tocar el piano y, afortunadamente, todos los profesores de piano, aunque tengan diferentes niveles de habilidad o cualificaciones, parecen conocer muy bien al menos las ideas sobre cómo abordar la enseñanza del piano. No conozco ningún profesor que empiece a enseñar sin pedir a los alumnos que balbuceen repetidamente cada pieza hasta que puedan tocarla con mucha fluidez. Los profesores de piano conocen la diferencia entre memorizar la pieza y practicar repetidamente para adquirir el piano. música.

Hay muchas características comunes entre aprender a hablar un idioma y aprender a tocar el piano.

En un idioma, por mucho que se sepa, se haya leído y escuchado, no se puede hablar sin una coordinación fluida de los órganos del habla. La única manera de que los órganos del habla sean tan fluidos es mediante el entrenamiento de balbuceo, repitiendo numerosas expresiones de la vida real hasta que puedan producirlas de forma casi instintiva. El lenguaje no se puede adquirir eficazmente sin un entrenamiento físico exhaustivo de los órganos del habla mediante diversas expresiones.

Para tocar el piano, por muy profundo que se sea el conocimiento de las reglas, la experiencia de lectura y la excelente capacidad auditiva, no se puede tocar sin la coordinación de movimientos semiinstintivos de manos y dedos. La única manera de que las manos y los dedos sean tan semiinstintivos es tocando repetidamente numerosas piezas de piano real hasta que las manos y los dedos puedan tocarlas de forma semiinstintiva. No se puede aprender a tocar el piano eficazmente sin un entrenamiento físico exhaustivo de las manos y los dedos utilizando diversas piezas.

En este sentido, considero muy lamentable que la mayoría de los profesores de idiomas no comprendan las ideas fundamentales sobre cómo abordar la enseñanza de lenguas extranjeras a los estudiantes. La mayoría de los profesores creen firmemente que la gramática es fundamental antes de abordar el idioma.

Además, la mayoría de los profesores creen que, después de la gramática, debemos centrarnos en la lectura, la escritura y la comprensión auditiva del idioma. Los profesores siempre dicen cosas diferentes. Algunos profesores afirman que se puede aprender una lengua extranjera con un buen dominio gramatical del idioma. Otros piden a los alumnos que lean mucho en voz alta para aprender el idioma. Otros recomiendan escuchar y ver los medios de comunicación en lengua extranjera repetidamente como la mejor manera de aprender una lengua extranjera.

Sin embargo, el hecho de que aquellos profesores que defienden con tanta vehemencia sus propios métodos de FLE no hayan adquirido sus propias lenguas de habla mediante dichos métodos plantea un grave problema. Existen dos grupos de estos profesores.

La mayoría no ha adquirido la lengua de habla que enseña, por lo que ni siquiera pueden dominarla bien por sí mismos. Estos son los que no han experimentado el dominio de la lengua de habla con fluidez. El pequeño grupo restante de profesores aprendió sus lenguas de habla de forma totalmente independiente a partir de sus propios métodos de enseñanza. Por consiguiente, ambos grupos de profesores deberían saber qué les espera al final de la FLE basada en dichos métodos.

Sin embargo, resulta irónico que los profesores siguieran sin ceder en su postura ni adoptar nuevas ideas. Entonces, esperarían que los alumnos hablaran el idioma en el mundo real, lo cual solo frustra a todos, tanto a los profesores como a los alumnos. Incluso la mayoría de los profesores no distinguen entre el entrenamiento del balbuceo y la memorización de expresiones. El entrenamiento del balbuceo se realiza a través de los órganos del habla, y la memorización, a través de los órganos de la memoria.

Deberíamos enseñar a nuestros alumnos a tocar el piano como los profesores de piano. ¿Por qué? Porque el lenguaje es exactamente igual que el piano, en el sentido de que es necesario para nosotros. Adquirir habilidades semiinstintivas para producir y controlar los sonidos. Sin estas habilidades semiinstintivas, requeridas por la TL, en los órganos del habla, principalmente la lengua, los labios y las cuerdas vocales, no se puede dominar el idioma con fluidez. Sin estas habilidades semiinstintivas en las extremidades, principalmente las manos y los dedos, no se podría tocar el piano con éxito.

Debemos enseñar a nuestros estudiantes que necesitan balbucear el idioma repetidamente hasta que puedan hablarlo muy bien, tal como los estudiantes de piano practican el piano repetidamente hasta que tocan el piano muy bien.

En la clase de piano, comenzar con la gramática musical y luego leer, componer e incluso escuchar la partitura gradualmente supone una enorme pérdida y desperdicio de recursos. Incluso después de 10 años de clases, es recomendable empezar de nuevo con el método

Babble Training, ya que no hay otra manera de adquirir fluidez al tocar el piano.

En las clases de idiomas, comenzar con la gramática y pasar gradualmente a la lectura, la escritura e incluso la escucha implica una enorme pérdida y desperdicio de recursos. Incluso después de 10 años de clases, es recomendable empezar de nuevo desde Babble Training, ya que no hay otra manera de adquirir la fluidez en el idioma.

A medida que se desarrolla la intuición musical mediante un entrenamiento exitoso de balbuceo al piano, se desarrolla la intuición lingüística mediante un entrenamiento exitoso de balbuceo en el idioma. La intuición es necesaria para ser un pianista exitoso; y es lo que se necesita para ser un hablante exitoso de un idioma.

6

¿Cuántas expresiones se necesitan?

Quisiera recalcar una vez más que, entre los 5 niveles de BTM, el Entrenamiento de Balbuceo es la mejor manera de que un estudiante adquiera los tres factores de adquisición del lenguaje de forma simultánea y armoniosa hasta alcanzar un nivel suficientemente sólido para comunicarse eficazmente en la lengua materna en su vida personal. En un artículo anterior, expliqué por qué los conjuntos de expresiones basados en diálogos son mejores que otros tipos de recursos lingüísticos. Entonces, ¿cuántas expresiones se necesitarían para adquirir los factores de adquisición del lenguaje de forma tan sólida ?

La respuesta podría variar según la distancia lingüística entre la lengua materna y la lengua materna, definida en un capítulo anterior. Si la distancia es lo suficientemente cercana, como entre idiomas como el inglés, el español, el italiano, el francés y el alemán, por ejemplo, significa que comparten muchas características lingüísticas. Esto, a su vez, significa que los estudiantes pueden utilizar los factores de adquisición ya adquiridos para su lengua materna en el aprendizaje de la lengua materna.

Aprender un idioma cuya distancia lingüística es tan cercana a la de la lengua materna sería como reparar un coche viejo y oxidado cuyo motor aún está en buen estado, pero necesita cambiar algunas piezas menores. En este caso, no es necesario construir el motor ni la carrocería desde cero, sino simplemente trabajar en el motor para reemplazar algunas piezas viejas por nuevas, en la carrocería para enderezar las zonas dentadas y en repintarla.

Por otro lado, en el caso de idiomas con baja distancia lingüística entre la lengua materna y la lengua materna, como por ejemplo, entre el inglés y el coreano, el japonés, el árabe y otros, los factores de adquisición que los estudiantes han adquirido para su lengua materna les dificultan el aprendizaje de la lengua materna. Esto es comparable a construir un coche desde cero en un entorno muy desfavorable.

Por lo tanto, en lugar de responder a la pregunta de qué se requiere para adquirir las habilidades necesarias para trabajar en un coche muy viejo y oxidado y hacerlo funcionar, intentaré responder a la pregunta de qué se requiere para superar el entorno desfavorable y adquirir las habilidades para construir un coche nuevo desde cero. De igual manera, a lo largo de este libro, me centro en... FLE de una lengua extraña cuyo puntaje de distancia lingüística con respecto a la MT del aprendiz es bastante alto.

En consecuencia, aquellos que buscan respuestas para la enseñanza de lenguas familiares con una distancia lingüística muy cercana a la TL necesitarían algunos ajustes discrecionales para inducir respuestas apropiadas en términos de las cantidades y esfuerzos de entrenamiento de balbuceo para los respectivos niveles de entrenamiento de balbuceo basados en la distancia lingüística.

Para responder a las preguntas, tomemos como referencia la adquisición de la lengua materna (TM) por parte de los niños. A los 40 meses, los niños hablan sus idiomas con bastante fluidez. Pueden crear y producir expresiones por sí mismos. Si bien cada niño presenta diferencias individuales, parece que empieza a crear nuevas expresiones a los 30 meses.

Por otro lado, según el sitio web de PBS Parents, Child Development Tracker, se sabe que los niños de alrededor de 36 meses comprenden alrededor de 1000 vocabularios, la mayoría directamente relacionados con su vida diaria. A los 48 meses, pueden comprender entre 2500 y 3000, principalmente sustantivos y modificadores. Sin embargo, esto no significa que los niños de esa edad dominen tanto vocabulario. Pueden dominar mucho menos vocabulario del que comprenden.

Aunque los niños pueden comprender tanto vocabulario, el número real de expresiones independientes a las que están expuestos no parece ser mucho. Esto se puede calcular fácilmente considerando el número de expresiones lingüísticas para aquellas situaciones relacionadas con las actividades de la vida diaria de los niños. Las expresiones lingüísticas que se les ofrecen a los niños están relacionadas principalmente con situaciones cotidianas como comer, dormir, lavarse, llorar, sonreír, términos familiares, partes del cuerpo, salir con los cuidadores y jugar con juguetes. Los cuidadores principalmente usan las mismas expresiones o expresiones muy similares repetidamente para las respectivas situaciones. Considerando esto, el número total de expresiones independientes ofrecidas a los niños sería menor de 150, o 200 como máximo. Incluso si uno intentara maximizar el número de expresiones, no excedería las 300.

La observación anterior indica que un entrenamiento intensivo y exhaustivo del balbuceo, con aproximadamente 150 a 200 expresiones de la vida cotidiana, permitiría dominar considerablemente los tres factores de adquisición: intuición lingüística, capacidad física y recursos lingüísticos. Es fundamental comprender que la mayoría del vocabulario y los conjuntos de expresiones que los niños aprenden están directa y estrechamente relacionados con sus necesidades y actividades cotidianas.

Por otro lado, según mi experiencia enseñando a hablar con el método Balbuceo, es evidente que, tras aproximadamente dos semestres de cursos de Balbuceo, la mayoría de los estudiantes que se esfuerzan adquieren los tres factores de adquisición a un nivel bastante sólido y pueden producir algunas expresiones básicas por sí mismos. En particular, pueden decir muy bien las expresiones que balbucean, pero no pueden continuar conversaciones que vayan más allá de lo que saben debido a las restricciones derivadas, principalmente, de sus limitados recursos lingüísticos. Disponible. Yo diría que su nivel es mucho más alto que el de los niños de 30 meses.

Además, según mi experiencia, los estudiantes, dependiendo de su desempeño individual, pueden ser muy creativos al dominar la lengua materna después de tres semestres de entrenamiento de balbuceo. Durante los tres semestres en mi clase, se espera que los estudiantes puedan utilizar, para la comunicación creativa en diversas situaciones, alrededor de 500 palabras coloquiales. Expresiones y más de 2500 vocabularios, según los libros de texto y los métodos que he utilizado. En otras palabras, los estudiantes pueden utilizar estos recursos lingüísticos para participar activamente en diálogos. Sin embargo, su rendimiento se limita a su vocabulario. En esta etapa, los estudiantes adquieren las habilidades lingüísticas necesarias para leer y comprender textos de nivel elemental.

Por lo tanto, propongo un mínimo de 500 expresiones relacionadas con la actividad diaria como objetivo para completar el entrenamiento de balbuceo de primer nivel antes de pasar al de segundo. Mediante un entrenamiento de balbuceo sistemático y exhaustivo con unas 500 expresiones reales seleccionadas de diferentes situaciones de la vida cotidiana, podemos ayudar a los estudiantes a adquirir la lengua materna al menos al nivel de un niño típico de 40 meses. Si bien es cierto que los estudiantes pueden adquirir la lengua materna con un entrenamiento de balbuceo de unas 200 expresiones, utilizar más expresiones en el entrenamiento de balbuceo de primer nivel debería ser mucho más efectivo para que desarrollen todas las habilidades lingüísticas de la lengua materna.

En cuanto al vocabulario, alrededor de dos mil vocabularios coloquiales serían suficientes para el primer nivel. El objetivo para este nivel no es simplemente presentar a los estudiantes una cantidad tal de recursos lingüísticos, lo cual no requiere ideas ni habilidades didácticas específicas, sino lograr que los estudiantes utilicen estas expresiones coloquiales de forma gradual y repetida para que, con el tiempo, puedan desarrollar los diálogos con fluidez y mantener el vocabulario correctamente.

Al completar el primer nivel, se puede guiar a los estudiantes a los niveles 2, 3, 4 y 5 para diferentes niveles de Entrenamiento de Balbuceo en secuencias exitosas. Es fundamental que los estudiantes mantengan el Entrenamiento de Balbuceo con las expresiones adquiridas previamente y lo continúen con nuevas expresiones. Al fin y al cabo, cuantas más expresiones coloquiales para diversas situaciones balbuceen y retengan, mayor será su capacidad oral. Esto también les proporcionará una intuición lingüística mucho más potente para absorber la lengua materna fácilmente mediante actividades de escucha y lectura.

Hasta ahora, he descrito los tipos y la cantidad de expresiones reales necesarias en el Entrenamiento de Balbuceo durante el primer nivel, de un total de cinco niveles. Para conocer los tipos y la cantidad de expresiones necesarias en los siguientes niveles para mejorar las habilidades lingüísticas generales de los estudiantes de la manera más efectiva, se recomienda consultar el diagrama BTM.

7

Introducción del caso : Memorización de oraciones

Hace unos años, conocí a un señor mayor, Kim, que empezó a estudiar inglés tras jubilarse y memorizó unas 1000 frases de diálogo en inglés. Había visitado Estados Unidos varias veces y se quedaba varios meses en cada ocasión. Cuando lo conocí, estaba visitando a sus familiares en Estados Unidos.

Según él, recopiló oraciones individuales de diversas fuentes y elaboró un cuaderno tipo diccionario donde enumeraba todas las oraciones en una secuencia elegida por él mismo. Al estar jubilado, pudo dedicar muchas horas y esfuerzos cada día durante varios años a memorizarlas. Las leía repetidamente para sí mismo. Como resultado, podía repetir cada una de las 1000 oraciones una y otra vez. Las memorizaba como quien hace una tabla de propiedades matemáticas.

Como resultado, podía comunicarse en inglés con la gente utilizando las frases de memoria con bastante facilidad, pero no con mucha fluidez. En mi opinión, no tiene el nivel de un bilingüe sólido. Sin embargo, comparado con muchas personas de su edad u otros adultos coreanos, que no han memorizado ninguna frase en inglés y han vivido muchos años en Estados Unidos, su inglés era excepcional. Podía pedir comida en restaurantes, hacer la compra, pedir ayuda con direcciones, etc., por sí solo.

Si los oyentes tuvieran la paciencia de escucharlo, como lo harían con bebés pequeños, podría seguir hablando en inglés mucho más. Considerando la edad que tenía cuando empezó a memorizar las oraciones en inglés, el hecho de que pudiera hacer tanto en inglés memorizando las oraciones fue realmente alentador.

Al memorizar las oraciones, no escuchó material de audio producido por hablantes nativos ni practicó la pronunciación de las oraciones después de los sonidos nativos. De hecho, desde el principio no prestó mucha atención a los sonidos, pues no comprendió la importancia de desarrollar la capacidad física para comprender y expresarse oralmente con fluidez. Es decir, como no comprendía la necesidad de desarrollar la capacidad física, simplemente se obsesionó con la idea de que, una vez memorizadas las oraciones, debería ser capaz de comprender y hablar inglés. Mucha gente comete este error al asumir simplemente que el órgano del habla funcionará sin un entrenamiento intensivo para desarrollar la capacidad física necesaria.

Sin embargo, al escucharlo hablar inglés, detecté algunos problemas. En primer lugar, esas frases memorizadas se guardan en un lugar muy profundo de su cerebro. Por lo tanto, salvo algunas expresiones que tiene a mano por el uso frecuente, tenía que recuperar manualmente las que memorizaba. Le llevaba bastante tiempo recordar una expresión poco común y decirla. Es decir, su flujo de ideas no estaba sincronizado con su habla. En otras palabras, la mayoría de las frases no estaban listas para usarse instantáneamente en la situación. Así, más allá de los niveles básicos de saludo y presentación, no podía interactuar de forma natural e instantánea con su interlocutor.

En segundo lugar, sus órganos del habla no están muy bien entrenados. Por lo tanto, su pronunciación tiende a ser muy torpe y extraña. Su articulación está totalmente influenciada por los acentos coreanos y, por lo tanto, no es precisa, por lo que no se le entiende fácilmente. Memorizaba las oraciones con los sonidos que deducía al observarlas. Por lo tanto, estaba muy sesgado con los conjuntos de sonidos que producía al observar las oraciones.

En tercer lugar, le resultaría difícil entender a los hablantes nativos de inglés que le hablaban, ya que no estaba familiarizado con los sonidos y la velocidad.

Como resultado, puede comunicarse en inglés de forma pausada y relajada, con tiempo suficiente para pensar, repetir y corregirse, y con la atención de los demás. Sin embargo, el estado de las expresiones memorizadas y su capacidad física para expresarlas son tales que retrasan el habla y provocan errores de pronunciación, incluso al dominar las expresiones memorizadas.

El caso de Kim es bastante inusual, ya que no mucha gente memoriza tantas oraciones para aprender lengua extranjera. Memorizar tantas oraciones requiere un gran compromiso, esfuerzo y tiempo. Es especialmente difícil para los estudiantes de lengua extranjera, ya que la mayoría de las clases actuales de lengua extranjera no adaptan este método, lo que significa que tendrían que hacerlo por su cuenta, además de lo que se enseña en la escuela. Sin embargo, es un ejemplo muy significativo que demuestra claramente que memorizar oraciones aún ayuda mucho a la comunicación verbal. En particular, memorizar oraciones parece ser mucho más efectivo que memorizar gramática, e incluso más efectivo que simplemente leer mucho en lengua extranjera.

8

Introducción del caso: Entrenamiento de balbuceo 1

Yo, como mucha gente común en Corea, empecé a aprender inglés en la secundaria. Aunque me iba bien en todas las materias, incluido el inglés, no podía seguir bien las clases de gramática. Como estudiante de una pequeña escuela secundaria rural, de alguna manera conseguí buenas notas en inglés, pero eso no me ayudó en nada en cuanto a mis conocimientos de inglés.

En mi instituto, que era una escuela de negocios, solo teníamos una clase de inglés a la semana, lo cual era prácticamente nada comparado con las escuelas secundarias regulares que ofrecían al menos seis o siete clases semanales (en los últimos años, los estudiantes recibían más de diez clases de inglés a la semana, tanto en los programas regulares como en los complementarios). Aunque mi instituto no se centraba en las humanidades, incluido el inglés, decidí aprender inglés por mi cuenta.

Compré un libro de consulta para estudiar gramática inglesa y me esforcé por repasarlo varias veces de principio a fin, memorizando todos los términos gramaticales y el vocabulario de las oraciones de ejemplo en inglés. Cada vez que terminaba el libro, pensaba en expresiones sencillas en coreano y me preguntaba cómo decirlas en inglés. Siempre fallaba. Ante los repetidos fracasos, compré otro libro de consulta para estudiar inglés e hice lo mismo. Sin embargo, no noté ninguna mejora. En el penúltimo año de bachillerato, la frustración se acumuló tanto que decidí dejar de estudiar inglés.

Después de la preparatoria, conseguí trabajo. Luego, comencé a prepararme para un examen de funcionario del gobierno nacional en el área de ingeniería eléctrica. Sin embargo, descubrí que el inglés era una de las materias principales para el examen de calificación preliminar. Así que tuve que volver a aprender inglés por mi cuenta. Sin embargo, esta vez fue un método diferente. No tenía ni idea de cómo empezar de nuevo. Por casualidad, compré uno de los audiolibros de conversación en inglés con libros de texto para empezar a estudiar inglés de nuevo.

Cuando escuché las cintas de audio por primera vez, incluso los sonidos de la versión lenta de cada expresión eran demasiado rápidos para que pudiera entender ni una sola palabra. Tuve que abrir el libro para ver qué palabras había en las oraciones. Simplemente no pude entenderlas escuchando el audio. Como había dejado el inglés hacía unos dos años, no dominaba gran parte de la gramática inglesa, salvo algunos términos gramaticales como "sujeto", "verbo", etc. También perdí la mayoría de las palabras en inglés, excepto términos básicos muy simples, como la mayoría de los pronombres personales y los términos de parentesco.

Sin saber qué hacer ni cómo, simplemente leía el texto primero para descifrar los componentes de las oraciones, escuchaba el audio, imitaba los sonidos y me esforzaba por retener todas las expresiones. Luego, de camino al trabajo, a casa o a otros lugares, balbuceaba las expresiones una y otra vez. Así fue como empecé Babble Training in English. Al terminar una lección, revisaba todas las lecciones anteriores hasta ese momento y me aseguraba de poder decirme bien las expresiones antes de pasar a la siguiente. Cuando completé el primer volumen del conjunto de audio, que constaba de 50 lecciones, en unos 4 meses, repasé todas las lecciones desde la primera hasta la última antes de empezar con el segundo volumen.

Mientras hacía el entrenamiento de balbuceo para hablar, sentí que el primer volumen fue el más difícil y el que más tiempo me llevó terminar. Sin embargo, a partir del segundo volumen· el proceso de balbuceo se volvió más fácil: escuchar era más fácil y repetir las expresiones también. A partir del cuarto volumen· pude escuchar y comprender la velocidad normal de la presentación de audio con bastante claridad, y no tuve que consultar el libro para descubrir los componentes de las oraciones. Repetir verbalmente después de las cintas de audio también fue bastante fácil. Después de terminar el quinto volumen· que era el último de la serie en ese momento, seguí escuchando las cintas y balbuceando. Me llevó unos 15 meses terminar los cinco volúmenes de las series de audio con el método mencionado.

Sin embargo, no sabía cuánto podía hablar en inglés, ya que para entonces no tenía experiencia hablando con alguien que lo hablara. Simplemente podía practicar la mayoría de las expresiones con bastante fluidez de memoria. Aunque me daba cuenta de que aún no podía decir todo lo que se me ocurría, al mismo tiempo sentía claramente que podía expresarme bastante bien en inglés para asuntos de la vida diaria.

Cuando empecé a leer el volumen 4 de un total de 5, comencé a leer en inglés comparando la traducción al coreano (en Corea, muchos libros están diseñados con la versión en inglés en una página y la versión en coreano en la siguiente). El proceso de entrenamiento de lectura que seguí en ese momento consistía, primero, en leer la oración en inglés del libro; luego, buscar el significado de las palabras nuevas; intentar adivinar el significado de la oración basándome en el significado de las palabras o expresiones idiomáticas; y comparar el significado adivinado con la traducción.

Luego, cada vez que encontraba diferencias entre el significado supuesto y la traducción, intentaba encontrar dónde y por qué se producía la diferencia, y analizaba cómo debía interpretar las frases u oraciones específicas para obtener el significado correcto. En particular, me esforzaba por conservar esas palabras nuevas, apuntándolas en varias páginas del libro para poder escribirlas varias veces y así ayudarme a memorizarlas.

Al hacerlo, también puedo repasar esas palabras repetidamente a medida que leo. Al pasar de página, primero buscaba las palabras que había anotado y las repasaba antes de empezar a leer. Esto me ayudó mucho a adquirir sólidos recursos lingüísticos. Cuando terminé de leer dos libros con este entrenamiento de lectura, mi precisión en el significado de varias oraciones complejas en inglés se acercó al 100%, y adquirí naturalmente las habilidades de lectura en inglés.

Cuando empecé a escuchar las cinco series de audio por tercera vez, empecé a escribir diarios en inglés, principalmente citando expresiones de los libros que leía. Al principio fue difícil, pero un par de meses después, escribir páginas enteras de los diarios se volvió bastante fácil.

Cuando ingresé a una universidad en Corea algunos años después, conocí a un extranjero angloparlante en el campus por primera vez. Era profesor de inglés. Yo, como estudiante de primer año, empecé a hablar con él y logré hablar inglés con bastante fluidez y no tuve problemas para entenderme con él. También se sorprendió de mi dominio del inglés.

9

Introducción del caso: Entrenamiento de balbuceo 2

Hace muchos años, un día de Navidad, conocí a un hombre de unos treinta y tantos años en casa de un amigo estadounidense, el Sr. Kim. Él también es de Corea y llevaba tres años en Estados Unidos. Como todos hablábamos en inglés, noté que lo hablaba muy bien, sin acento coreano. Sin vacilaciones, sin balbuceos, sin demoras al hablar, y con muchos chistes. Naturalmente, me picó la curiosidad por saber cómo aprendía tan bien el inglés y le pregunté cómo lo estudiaba.

Me contó que se le daba muy mal el inglés en la universidad. No pudo entrar en una universidad mejor debido a sus malas calificaciones en inglés en la preparatoria. Dijo que las clases de inglés de la secundaria siempre fueron difíciles; y que desde entonces perdió el interés por el inglés hasta que volvió a estudiarlo después de ser dado de baja del ejército.

Al regresar de la universidad después del ejército, compró un juego de audios de conversación en inglés. Escuchaba las cintas y repetía verbalmente, después de la presentación, cada conjunto de expresiones de diálogo hasta que pudo decirlas instantáneamente con fluidez (esto es lo que considero el proceso de entrenamiento del balbuceo para hablar). Balbuceaba las expresiones para sí mismo tanto como podía, siempre que tenía tiempo.

Tras dos años de esfuerzos, se sentía bastante cómodo con el inglés. Podía hablarlo con fluidez cuando se encontraba con extranjeros angloparlantes en el campus o en la calle. Luego, leyó muchas revistas en inglés, de las cuales aprendió vocabulario. De esta manera, aprendió inglés en Corea y, algunos años después de graduarse de la universidad, emigró a Estados Unidos. Sin embargo, comentó que no aprendió mucho más inglés después de llegar a Estados Unidos, ya que se llevaba bien principalmente con coreanos de la comunidad coreana.

Me sorprendió bastante descubrir que la forma en que él adquirió el inglés de Corea por sí solo era casi idéntica a mi caso.

Otro caso de Mi esposa, JW, es quien me ha enseñado a hablar con éxito en Babble. Cuando trabajaba como editor jefe del periódico en inglés de una universidad a la que asistíamos juntos, conocí a JW, quien se unió al periódico en inglés del campus. Era estudiante de primer año y, como todos los demás, no dominaba el inglés oral. En aquel entonces, teníamos reuniones matutinas solo en inglés. Pero yo era quien mayormente hablaba en inglés con los miembros y quien respondía a mis preguntas o peticiones en un inglés sencillo. Un día, les hablé a los miembros sobre cómo estudiar para hablar bien inglés. Les expliqué cómo dejé el inglés en la preparatoria y cómo lo retomé, aprendiendo inglés por mi cuenta.

JW siguió mis sugerencias. Compró los mismos juegos de cintas de audio que yo usaba y practicó el entrenamiento de balbuceo escuchando el audio y repitiendo cada expresión. Hizo prácticamente lo mismo que yo y leyó varios libros en inglés. Usaba auriculares para moverse. Después de un par de años, aprendió a hablar inglés con bastante fluidez.

Los lectores de mi libro me han contado más historias de balbuceos. Tras la publicación de *New TESL Plus* en 2005, escrito en coreano para estudiantes de inglés en Corea, muchos comenzaron a estudiar inglés siguiendo el modelo BTM. Muchos aún cursan el primer nivel de entrenamiento de balbuceo para hablar.

Para los estudiantes en Corea, no es fácil enfocarse en el BTM, ya que requiere que estudien inglés de maneras radicalmente diferentes a las del programa de inglés escolar. En la escuela, las clases de inglés aún se centran principalmente en la gramática y su aplicación para descomponer las oraciones por categoría gramatical. Por consiguiente, se evalúa a los estudiantes en función de sus habilidades gramaticales y de lectura. Además, deben seguir las tendencias del examen nacional de ingreso a la universidad, donde el examen de inglés, nuevamente, no se centra en las habilidades lingüísticas integrales, incluyendo la expresión oral, sino en la gramática, la lectura y la comprensión auditiva.

Para los estudiantes, la evaluación del inglés escolar y los exámenes nacionales son tan importantes para su vida futura que realmente no pueden concentrarse en BTM, lo que requiere mucho tiempo para comenzar con Babble Training, lo que al menos al principio no les ayuda mucho con el programa de inglés escolar basado en gramática.

Por lo tanto, no muchos estudiantes escolares parecen participar activamente en el BTM. Sin embargo, muchos trabajadores han publicado comentarios o testimonios en el tablón de anuncios de los cibercafés. Entre los comentarios se encuentran historias de gran éxito sobre Babble Training. El Sr. Park (« Park »), quien realizó Babble Training durante aproximadamente un año, escribió que ahora podía asistir a reuniones de negocios en inglés sin demasiadas preocupaciones y expresar sus opiniones con fluidez.

Algunos otros miembros dicen que se sintieron más seguros al hablar en inglés después de recibir entrenamiento Babble durante aproximadamente un año.

Por otro lado, otras personas expresaron dificultades para realizar el entrenamiento de balbuceo debido al ruido al balbucear, que llama la atención de los demás o parece molestarlos. En general, quienes han realizado el entrenamiento de balbuceo de forma continua durante aproximadamente un año creen firmemente que es realmente necesario para hablar la lengua materna.

10

Introducción del caso:
Entrenamiento de balbuceo 3

Antes de venir a los EE. UU., di clases de inglés a estudiantes en institutos privados de Corea durante dos años. Principalmente, impartí clases a estudiantes de secundaria y universitarios. A los estudiantes de secundaria, les enseñé inglés para prepararlos para el examen de ingreso a la universidad. A los universitarios, les enseñé TOEFL y comprensión lectora de nivel avanzado. Independientemente del nivel de los estudiantes, mis clases se centraban principalmente en la gramática inglesa y las habilidades de lectura basadas en la gramática. Fácilmente pasaba muchas horas simplemente presentando las diferentes categorías de las respectivas partes del discurso en inglés sin tener que presentarles ninguna oración en inglés. Durante dos años, no les enseñé muchos diálogos en inglés. Aunque estaba seguro de que era un error enseñar solo gramática y lectura, no tenía más opción que cumplir con los planes de estudio.

Durante las clases de inglés, no esperaba que los estudiantes desarrollaran competencia oral, ya que no les había enseñado a hablar inglés. Ninguno se había quejado de no poder hablar ni una sola línea de inglés. A nadie le importaba la competencia oral en inglés. Algunos estudiantes de secundaria tuvieron mucho éxito, obteniendo calificaciones muy satisfactorias en el examen de inglés al final del año. Sin embargo, no parecía importarles cuánto inglés podían hablar realmente. Los estudiantes universitarios a los que enseñaba eran iguales: no les importaba desarrollar la competencia oral en inglés.

Me sentía muy incómodo al seguir enseñando ese tipo de inglés. El hecho de que ya hubiera adquirido un nivel alto de inglés y desarrollado mi dominio oral no parecía serles útil, ya que las clases de inglés tenían una orientación totalmente diferente. Aunque han pasado unos 20 años desde entonces, sé que las clases de inglés en Corea no han cambiado mucho.

Hace unos diez años, me ofrecí como voluntario para enseñar inglés en Estados Unidos a los miembros mayores de la comunidad coreano-estadounidense en Denver. Daba clases una vez a la semana, todos los sábados, durante dos horas. Esta vez, en lugar de enseñar gramática inglesa, usé un libro de texto de conversación en inglés. Presenté las ideas y los objetivos del método Babble Training. En aquel entonces, el método Babble Training para la enseñanza no se había desarrollado. Todavía no lo hacían muy bien. Sin embargo, me centré exclusivamente en enseñarles a hablar inglés. A medida que avanzaba con la clase, me enfrenté a un par de problemas importantes que mermaron el efecto de la enseñanza.

El primer problema fue que los estudiantes de último año desconfiaban del método. La mayoría tenía más de 60 años y no habían aprendido lo que llamaban "inglés básico". Para ellos, lo que enseñaba no era "inglés básico", sino un inglés bastante avanzado. Esperaban que empezara enseñándoles la gramática básica del inglés. Aunque intenté convencerlos de que comprendieran la definición de "inglés básico", no lograron deshacerse de esa vieja creencia de un día para otro.

El segundo problema fue la falta de concentración por parte de los estudiantes, por muchas razones comprensibles. Al ser una clase semanal, debían dedicar la mayor parte del estudio por su cuenta, en su tiempo libre, según mis instrucciones para el entrenamiento de Babble.

Sin embargo, como es habitual en la mayoría de las personas, independientemente de su edad, la mayoría no pudo concentrarse en un entrenamiento de balbuceo exhaustivo para prepararse para la clase. Tampoco lograron mantener una buena expresión. Esta falta de rendimiento se debió en parte a que las clases no eran lo suficientemente intensivas, con una sola sesión semanal. Si bien algunos estudiantes estaban muy satisfechos de poder expresarse con expresiones sencillas en inglés, la motivación y el rendimiento no fueron suficientes para continuar con el entrenamiento de balbuceo hasta que aprendieran inglés.

El tercer problema era que, como profesor, no tenía ningún medio vinculante, salvo animarlos constantemente, para instar a los alumnos de último año a estudiar con ahínco. No se les exigía ninguna evaluación, ni la asistencia era obligatoria. Tampoco se aplicaba ninguna restricción a su rendimiento.

Aproximadamente un año y medio después, me di cuenta de que era muy poco realista llevar a cabo con éxito, a través de ese tipo de programa, un Babble Training incluso para la cantidad mínima de recursos lingüísticos necesarios para que los estudiantes adquieran inglés, que creo que son alrededor de 250 expresiones y alrededor de 2.000 vocabularios estrechamente relacionados con las diversas situaciones de la vida cotidiana típica. Para usar la metáfora de un avión, que requiere una cantidad absoluta de energía para despegar de la pista, un programa de este tipo proporcionaría la energía suficiente para mover el avión alrededor de una pista durante todo el día y todo el año, pero no produciría una potencia de propulsión tan fuerte como para sacar el avión con éxito de la pista.

Otra experiencia de enseñar Balbuceo fue en un programa de educación continua de una universidad en EE. UU. Nuevamente, se trataba de una sesión vespertina de dos horas una vez por semana.

Sin embargo, esta vez, los estudiantes eran de varias generaciones. El ambiente y el compromiso de los estudiantes eran tales que, cada vez, me encontraba con que no balbuceaban tanto como esperaba para retener las expresiones dadas. Además, casi todos tomaban el curso como máximo dos trimestres y lo abandonaban.

Con frecuencia, tenía que dedicar mucho tiempo a recordarles a los estudiantes cómo estudiar para aprender coreano y a animarlos a realizar un entrenamiento intensivo de balbuceo para hablar. Aunque muchos parecían contentos con el hecho de que, en un par de trimestres, además de leer y escribir coreano, habían aprendido suficientes expresiones coreanas para saludar, presentarse y pedir comida en un restaurante coreano, no podía considerarlo un éxito. Al fin y al cabo, resultó que el avión había sido empujado por la pista, pero la potencia de propulsión no era suficiente para despegar a toda velocidad.

11

Introducción del caso:
Entrenamiento de balbuceo 4

No fue hasta que empecé a enseñar coreano en la Universidad de Colorado en Boulder en 2002 que empecé a aplicar el método sistemático de Entrenamiento de Balbuceo. La universidad ofrece un programa de coreano de cinco clases semanales en tres niveles: principiante, intermedio y avanzado. Sin embargo, debo confesar que el método de Entrenamiento de Balbuceo se ha desarrollado lentamente desde el concepto principal hasta convertirse en un sistema bastante estructurado basado en la prueba y el error.

Durante el primer par de años del programa de coreano de 1er año para Babble Training para hablar, además de hacer que los estudiantes repitan después de mí y lean en voz alta cada lección Varias veces ofrecí explicaciones bastante detalladas sobre los componentes de cada oración en los diálogos para los respectivos sonidos, significados y, ocasionalmente, también algunas funciones gramaticales.

Luego, como requisito para su evaluación de desempeño, les pedí a los estudiantes que repitieran todas las expresiones, pero no les exigí que mantuvieran las expresiones de diálogo de cada lección más allá de las lecciones respectivas. Esto se debió principalmente a que, debido a mi falta de experiencia en la aplicación del método de enseñanza de balbuceo, desconocía cuántas expresiones serían la cantidad adecuada para que los estudiantes universitarios en general realizaran el Entrenamiento de Balbuceo a lo largo del semestre. Es decir, los evaluaba para ver si podían decir los diálogos al final de cada lección, y las evaluaciones parciales y finales se basaban en pruebas escritas.

En consecuencia, los estudiantes aprenden idiomas durante poco tiempo para los exámenes y no prestan mucha atención al esfuerzo diario de guardarse las expresiones. Por consiguiente, su nivel de aprendizaje no es satisfactorio.

Lo que he descubierto con este tipo de entrenamiento de balbuceo es que la explicación detallada de cada oración no parece ser de mucha ayuda para que los estudiantes adquieran las habilidades lingüísticas requeridas y desarrollen la competencia oral.

Además, he descubierto que este entrenamiento de balbuceo a corto plazo, incluso con entrenamientos exhaustivos e intensivos, no es lo suficientemente efectivo para que los estudiantes, en general, mantengan las expresiones a un nivel real durante el semestre y después de él. En consecuencia, la mayoría de los estudiantes no retienen los recursos lingüísticos presentados durante el semestre.

Luego, establecí como requisito que los estudiantes mantuvieran los diálogos durante todo el semestre, evaluándolos en su desempeño oral con base en todos los diálogos presentados en clase hasta el momento de la evaluación. Por ejemplo, para una evaluación parcial, realizaría una evaluación oral y escrita de las lecciones cubiertas hasta el momento; y, para la evaluación final, haría lo mismo con todos los diálogos cubiertos a lo largo del semestre.

Tras dos semestres de este entrenamiento de balbuceo, la mayoría de los estudiantes más dedicados parecían dominar un buen número de expresiones personales básicas que podían utilizar cuando fuera necesario. Sin embargo, tras los dos primeros semestres, la capacidad física de muchos estudiantes para articular expresiones coreanas no era suficiente para pronunciar palabras nuevas con claridad. Algunos incluso tenían dificultades para articular las expresiones que se les presentaban en clase.

Además, la mayoría de los estudiantes no parecían haber adquirido una buena intuición lingüística sobre los sonidos y las estructuras del idioma. La falta de capacidad física claramente significa que su balbuceo no fue lo suficientemente fuerte ni intenso, y que la cantidad de recursos lingüísticos adquiridos no les permitió reconocer repetidamente las diversas características lingüísticas del coreano. Este tipo de problemas podría deberse a la cantidad insuficiente de entrenamiento de balbuceo y recursos lingüísticos ofrecidos en clase, a un uso deficiente por parte de los estudiantes, o a ambas cosas.

Con base en estos hallazgos, he incorporado la evaluación de repaso al currículo. Ahora, los estudiantes deben ser evaluados diariamente para evaluar su competencia oral en cualquiera de las expresiones presentadas en clase. Para esta evaluación de repaso, les pido a cada estudiante que presente una demostración oral de un diálogo específico que elijo entre los diálogos tratados previamente. También les ayudo con la pronunciación si es necesario.

Además, los estudiantes deben aplicar las expresiones aprendidas durante el primer semestre al segundo semestre siguiente. En otras palabras, la evaluación de repaso del semestre de primavera incluiría los diálogos del semestre de otoño. Este método parece ser bastante eficaz para ayudar a los estudiantes a desarrollar la destreza oral.

Mediante este método, tras dos semestres de un programa intensivo de 5 horas semanales, los estudiantes con un buen nivel adquieren la capacidad física para articular nuevas expresiones con claridad y una intuición lingüística sobre los diversos tipos de estructuras oracionales, diría yo, al nivel de niños de 3 a 4 años. Pueden comunicarse de forma productiva utilizando las expresiones que han aprendido. Sin embargo, no pueden producir ni comprender las expresiones coloquiales esenciales de la vida cotidiana. que no se introducen en los libros de texto.

Para abordar estos problemas, añadí otra sesión de "Palabras del día" para ofrecer las expresiones coreanas que más les interesan a los estudiantes. Para ello, les pido que traigan las expresiones que más les interesan. Los estudiantes traen las expresiones en inglés y yo presento las expresiones coreanas correspondientes. Normalmente, tomo de tres a seis expresiones nuevas de los estudiantes como "Palabras del día". A veces, presento algunas expresiones que considero más útiles para los estudiantes en un contexto determinado. Estas expresiones adicionales también se incluyen en la evaluación de repaso.

Esta idea de "Palabras del día" es muy útil de muchas maneras. Los estudiantes se entusiasman al aprender lo que necesitan de inmediato; proporciona muchas expresiones reales, así como vocabulario; y también les ayuda a aprender el uso de las expresiones cuando se presentan casualmente en los diálogos del libro de texto. De esta manera, muchos estudiantes incluso empiezan a hablar en coreano durante el primer semestre. Disfrutan diciendo las expresiones que querían aprender. Obviamente, en dos semestres con este método, los estudiantes adquieren niveles mucho mejores de capacidad física, intuición lingüística y recursos lingüísticos para hablar coreano.

En el programa, ofrezco tres semestres de entrenamiento de conversación. En el tercer semestre, incluyo una sesión de "Dilo en coreano" después de cada lección. Los estudiantes deben presentar su propia historia durante unos tres minutos sobre los temas de cada lección. Los estudiantes que terminan el tercer semestre con un buen rendimiento pueden dominar el coreano bastante bien.

Aunque el método aún se está desarrollando para maximizar su poder de ayudar a los estudiantes a obtener las habilidades lingüísticas y desarrollar la competencia oral de la lengua de origen, yo, con base en la experiencia y la observación a través de la enseñanza tanto del coreano como del inglés, he observado claramente que la adquisición exitosa de las habilidades lingüísticas y el desarrollo de la competencia oral de la lengua de origen dependen claramente de la cantidad, calidad y realidad de los recursos lingüísticos de la lengua de origen que se conservan. Los estudiantes aprenden a través del entrenamiento de Babble. Es decir, cuanto más completo sea el entrenamiento de Babble para hablar con más recursos lingüísticos, mejores habilidades lingüísticas adquirirán y mayor será su dominio oral.

CAPÍTULO 8

Cómo enseñar: BTM Nivel 1: Iniciando el entrenamiento de balbuceo para hablar

Nada comienza sin imitación.

1

Ideas para el diseño de clases

Como señalé en un artículo anterior, creo que la adquisición de una lengua se logra mediante la adquisición de factores de adquisición como la intuición lingüística integral, la capacidad física y los recursos lingüísticos de la lengua materna. Por lo tanto, los educadores de lenguas extranjeras, que deben aspirar a que los estudiantes adquieran primero estos factores de adquisición, deben centrarse en desarrollar un currículo de lenguas extranjeras más eficaz para que los estudiantes adquieran dichos factores de adquisición.

Para que los estudiantes adquieran los factores de adquisición de la Lengua de Familia (LE), se requiere, en primer lugar, un entrenamiento intensivo de balbuceo, que incluye recitación repetida y práctica real con diversas expresiones en situaciones concretas durante un período prolongado, así como un esfuerzo creativo para utilizar dichas expresiones en la vida real. Los profesores de LE deben considerar estos requisitos al diseñar sus clases. Al analizarlos en detalle, se puede observar que se componen de cuatro aspectos: (1) balbuceo intenso, (2) variedad de expresiones, (3) esfuerzo continuo para mantener el entrenamiento de balbuceo durante un período prolongado y (4) esfuerzo por expresar el propio significado. Por consiguiente, las clases de LE deben diseñarse de forma que se garantice el cumplimiento de estos requisitos.

Para cumplir con el primer objetivo, la clase debe diseñarse de forma que se asegure que los estudiantes repitan constantemente el entrenamiento de balbuceo; para el segundo, se les deben ofrecer continuamente nuevos recursos lingüísticos ; y, para el tercero, se les debe guiar para que continúen con los esfuerzos de balbuceo durante el tiempo suficiente; y, por último, pero no menos importante, se les debe guiar para que expresen sus propios significados. En otras palabras, los roles del profesor de Lengua Extranjera (LE) como líder y entrenador de balbuceo deben estar perfectamente equilibrados.

Las siguientes son algunas de las ideas a tener en cuenta al diseñar la clase de entrenamiento de balbuceo de nivel 1:

1. Para el nivel inicial, las clases deben impartirse en el idioma oficial de la clase. Esto facilita la comunicación entre el profesor y los alumnos para un funcionamiento eficaz de la clase, además de ayudar a los alumnos a comprender el proceso y a concentrarse mejor en la práctica y la adquisición de los recursos lingüísticos que se les presentan. Muchos sugieren aplicar métodos directos desde el principio. Sin embargo, esto dificultaría el aprendizaje de la lengua materna y retrasaría su adquisición. Una vez que los alumnos se hayan adaptado a mediados del primer semestre, sería recomendable empezar a usar la lengua materna para expresiones breves, como saludos, y para indicar actividades sencillas como "por favor, lea", "inténtelo de nuevo", etc.

2. El objetivo del nivel 1 de Entrenamiento de Balbuceo es ayudar a los estudiantes a adquirir la lengua materna (LT) al nivel de un niño de 40 meses, mediante el dominio

de aproximadamente 500 idiomas personales [27]. De esta manera, los estudiantes establecerán una base sólida para una intuición lingüística integral, la capacidad física y un nivel básico de recursos lingüísticos, con la capacidad de producir expresiones sencillas para desarrollar su competencia oral.

3. El tiempo para completar el Entrenamiento de Balbuceo de nivel 1 varía según la edad de los estudiantes, el número de estudiantes en la clase, el número de horas de clase semanales y la duración de la clase. Sin embargo, para estudiantes universitarios con 5 horas de clase semanales, el Entrenamiento de Balbuceo de nivel 1 puede completarse en aproximadamente 3 semestres.

4. Por lo general, el tiempo de clase se puede dividir de manera flexible en tres secciones, respectivamente: conversación sobre el significado propio, personalización de las expresiones adquiridas a través del balbuceo, revisión de expresiones introducidas previamente e introducción de nuevos recursos lingüísticos.

5. Se debe prestar especial atención a que los estudiantes adquieran un nivel de fluidez en cada conjunto de expre-

---

[27] Utilizo el término, idiomas personales, en referencia a los idiomas coloquiales hablados por hablantes de TL en entornos de actividad personal como saludos, describir sentimientos como tener frío, calor, escalofríos, oler, estar fresco, gustar o disgustar, hacer preguntas para aclarar o repetir, pedir direcciones, preguntar cómo, quejarse de dolor, mirar televisión, hacer compras, leer libros, escuchar música, cocinar, responder preguntas o solicitudes, hablar sobre familiares, amigos, levantarse, acostarse, llegar tarde a la escuela, el tiempo, los colores, los animales, la edad, la dirección, la dirección de correo electrónico, los números de teléfono, el hogar, la casa, las compras, los tamaños, los precios, el dinero, la salud, estudiar, ir a la escuela, ir a la iglesia, las vacaciones, obtener la licencia de conducir, solicitar el SSN, ir a una oficina de correos, las comidas, el clima, la temporada, ir a una cita con el médico, viajar en avión, tren, automóvil o bicicleta, etc.

siones y a que mantengan las expresiones adquiridas mediante la repetición del balbuceo.

6. Se debe alentar a los estudiantes a personalizar las expresiones adquiridas a través del entrenamiento Babble.

7. Las evaluaciones deben realizarse principalmente para evaluar a los estudiantes en cuanto a la fluidez en el desempeño del diálogo, la adquisición y el mantenimiento exitosos de las expresiones del diálogo y la creación de un sólido conjunto de recursos.

Para mayor detalle, permítanme explicarles algunos aspectos de mi clase de coreano. Aclaro que, al presentar algunos aspectos de mis clases, no pretendo que mi forma de dirigirlas sea la mejor. Dependiendo de diversos factores, como los estudiantes, los profesores, el tiempo y la dedicación de los estudiantes, existen muchas maneras diferentes de dirigir las clases.

Durante el primer semestre de Babble Training, suelo saludar a los estudiantes en coreano al entrar al aula. A medida que se van acostumbrando a la clase, empiezo a decir algunas expresiones sencillas y habituales en coreano. Sin embargo, para una comunicación más eficaz con los estudiantes en cuanto al funcionamiento de la clase, la imparto principalmente en inglés durante la primera mitad del semestre. Los objetivos principales de la clase son ayudar a los estudiantes a desarrollar la capacidad física para manejar los sonidos fonológicos y a adquirir expresiones que puedan utilizar en situaciones cotidianas.

La clase regular durante el primer semestre se compone de tres sesiones de manera algo flexible: repaso, ' Palabras del día ' y libro de texto.

La sesión de repaso es muy útil para los estudiantes, ya que les brinda oportunidades diarias para repasar las expresiones presentadas. También les ayuda a conocerse mejor. Normalmente dedico los primeros 15 minutos a la sesión de repaso, donde se les pide que practiquen en grupos o con compañeros los diálogos de los capítulos presentados. Les asigno un par de capítulos específicos para que practiquen durante ese tiempo. Se anima a los estudiantes a hablar basándose únicamente en las páginas de traducción al inglés, sin abrir las páginas de diálogo en coreano. Además, se les anima a ayudarse mutuamente cuando sea necesario.

De esta manera, pueden aprender con mayor eficacia ayudando o enseñando a sus compañeros. Al final de la sesión de repaso, les pediría a algunos estudiantes que representaran conversaciones entre ellos sobre los diálogos para su evaluación. Para ello, mostraría las líneas de la conversación en inglés en la pantalla para que los estudiantes pudieran leerlas y decir las expresiones en coreano correspondientes.

Mientras realizo la evaluación, corrijo las actuaciones incorrectas, principalmente los acentos fuertes y las pronunciaciones incorrectas, de los estudiantes cuando considero que son graves. En las correcciones, siempre intento animarlos y no avergonzarlos. Les hago saber que es muy natural pronunciar mal los idiomas extranjeros. Algunos estudiantes se esfuerzan tanto que tienden a confiarse demasiado en la pronunciación y a decir las palabras demasiado rápido. Esos estudiantes merecen elogios y felicitaciones antes de corregirlos. Normalmente, primero digo las palabras o expresiones y les pido que las intenten de nuevo.

La sesión "Palabras del día" consiste en presentar expresiones que los estudiantes desean aprender de inmediato. Normalmente, presento de 3 a 4 expresiones nuevas al día, basadas en las preguntas de 2 a 3 estudiantes. De esta manera, les permito elegir lo que desean aprender en clase. A veces, también ofrezco algunas expresiones. Las expresiones adicionales que se presentan se almacenan en una base de datos y se presentan simultáneamente en la pantalla.

Cada expresión se asigna a su respectivo capítulo para que los estudiantes la estudien en evaluaciones como repaso diario, cuestionarios, exámenes parciales y finales. Por ejemplo, cualquier expresión adicional recopilada durante el avance del capítulo 1 se incluirá en el capítulo, y los estudiantes también serán evaluados con las expresiones del libro de texto y de la base de datos.

Durante la sesión del libro de texto, presento las expresiones de diálogo, enfocándome en los sonidos fonológicos de cada expresión y la interpretación del significado, basada principalmente en el vocabulario y las partículas. Siempre intento identificar el significado de cada palabra y partícula en lugar de ofrecer un análisis gramatical para la interpretación del significado.

El segundo semestre de Babble Training es básicamente igual al primero, excepto que la clase es más flexible según las respuestas de los estudiantes y que aumento gradualmente el uso del coreano durante la clase, comenzando con preguntas sencillas como "¿Qué hiciste anoche?" en coreano para que los estudiantes respondan. Dejo que cada estudiante responda la pregunta en coreano.

Dependiendo de las respuestas de los estudiantes, los guiaría hacia otra pregunta para fomentar o mantener el interés de la clase. Siempre que se introducen nuevas expresiones reales durante esta conversación libre, las ingreso en una base de datos para presentarlas a la clase y los guío para que practiquen esas expresiones.

La estructura de la clase regular del tercer semestre de Babble Training es básicamente la misma que la del segundo semestre, excepto por la sesión de "Dilo en coreano" al final de cada lección. En esta sesión, los estudiantes deben presentar en coreano, durante 3 minutos, sus propias historias o las de otras personas que conozcan, sobre el tema presentado en cada lección.

A estas alturas, la mayoría de los estudiantes que han terminado con éxito los dos semestres anteriores pueden comunicarse en coreano bastante bien basándose en su capacidad física, intuición lingüística y los recursos lingüísticos en coreano que han conseguido hasta el momento.

A partir del cuarto semestre, el entrenamiento de balbuceo incluye presentaciones en un diario y sobre temas específicos asignados a los estudiantes, además del uso de libros de texto. La principal diferencia entre el entrenamiento de balbuceo y el entrenamiento a partir del cuarto semestre es que, mientras que hasta el tercer semestre se basa principalmente en la recitación de expresiones de diálogo sobre diversas situaciones, a partir del cuarto semestre se centra en la expresión creativa del propio significado.

2

Ideas para métodos
de evaluación

Junto con el diseño de la clase, el diseño de los métodos de evaluación es fundamental, ya que la forma y el enfoque de estudio de los estudiantes se rigen naturalmente por los estilos de evaluación. Independientemente de cómo se imparta o gestione la clase, los estudiantes son muy sensibles y se adaptan naturalmente a las tendencias de las evaluaciones. Por consiguiente, el método de evaluación y el diseño de la clase deben complementarse para lograr la adquisición correcta de la Lengua de Estudio.

A menos que nosotros, profesores de lenguas extranjeras, desarrollemos buenos métodos para evaluar a los estudiantes en su continuo entrenamiento de balbuceo con diversas expresiones, no podremos ofrecer una educación eficaz para que continúen sus esfuerzos hacia la adquisición de la lengua materna. De nuevo, presentaré los métodos de evaluación que he aplicado hasta ahora en mi clase. Aunque puede que no sea el mejor método de evaluación para cada situación, creo que merece la pena consultarlo.

Diseño la evaluación de mis estudiantes principalmente con métodos tales como la evaluación de revisión, exámenes, tareas, exámenes parciales orales, exámenes parciales escritos, conversación con compañeros, decirlo en coreano, diarios, exámenes finales orales y escritos, y copia del idioma de tal manera que se enfoque en las habilidades de habla fluida de los estudiantes para las expresiones introducidas por cada capítulo durante la clase.

Normalmente, realizo la evaluación de repaso para entre dos y cuatro estudiantes al día, según la situación. Para la evaluación, se les pide a los estudiantes seleccionados que interpreten los roles de cada participante en los diálogos de un capítulo presentado previamente a la clase.

Dependiendo del número de estudiantes en una clase, se requiere que todos los estudiantes tengan entre 10 y 15 evaluaciones de repaso a lo largo del semestre. Como estrategia de gestión, entre todos los elementos de evaluación, le doy mayor importancia a la evaluación de repaso para las calificaciones finales. Por lo tanto, los estudiantes comprenden la importancia de las evaluaciones diarias aleatorias y esperan que cualquier día se les convoque para la evaluación de repaso. Para los principiantes, la mayor parte de las calificaciones provienen de la evaluación de repaso.

Para la evaluación de repaso, ya expliqué previamente qué es y cómo la realizo. En particular, para promover un entrenamiento de Babble eficaz para los estudiantes, la evaluación de repaso del primer año continúa durante todo el año, lo que significa que los recursos lingüísticos introducidos durante el primer semestre se siguen evaluando parcialmente durante el segundo semestre.

Es decir, el capítulo uno del primer semestre se excluiría de la evaluación de repaso al inicio del capítulo dos del segundo semestre; y el capítulo dos del primer semestre al inicio del capítulo tres del segundo semestre; y así sucesivamente. Para una formación eficaz en balbuceo, sería muy conveniente incluir los recursos lingüísticos introducidos durante el segundo semestre en la evaluación de repaso del tercer semestre.

Sin embargo, esto no ha sido realista en mi programa, principalmente debido a que las vacaciones de verano después del segundo semestre son demasiado largas, a que no muchos estudiantes continúan tomando la clase durante tres semestres seguidos y a que muchos de los estudiantes en el tercer semestre son nuevos en la clase que no han tomado las clases anteriores de Babble Training, sino que aprendieron coreano en otro lugar.

Para efectos de evaluación, califico el desempeño del estudiante con base en 15 puntos: 7 puntos por la recitación de los recursos, 5 puntos por la fluidez y 3 puntos por la presentación.

Para la evaluación del primer semestre, solía usar exámenes de vocabulario al dictado, con énfasis en la capacidad de escribir correctamente el vocabulario al escuchar. Este tipo de examen surgió en parte porque el vocabulario que ofrecían los libros de texto que usaba no era tan abundante, especialmente para estudiantes universitarios, como para tener tiempo suficiente para dictar la mayoría durante la clase.

A partir del segundo semestre, incluí las palabras en inglés en el cuestionario para que los estudiantes pudieran escribir sus equivalentes en coreano. Las puntuaciones de los cuestionarios se califican según las respuestas correctas.

Sin embargo, desde que he podido proporcionar y controlar una cantidad suficiente de recursos lingüísticos, además del libro de texto, a través de las "Palabras del día", he cambiado el tipo de cuestionario. En el nuevo tipo de cuestionario, salvo el primero, donde aplico el dictado después de la primera lección de orientación sobre coreano, presento todas las preguntas de vocabulario en coreano para que los estudiantes puedan escribir el significado en inglés.

De esta manera, el cuestionario se volvió más fácil para los estudiantes, pero pude incluir muchas más preguntas. Mientras los estudiantes se concentren en el entrenamiento intensivo de balbuceo, deberían poder resolver la mayoría de las preguntas del cuestionario y, por lo tanto, el cuestionario no debería ser una carga extra para ellos. En consecuencia, le di más importancia al entrenamiento de balbuceo que a la capacidad de escribir personajes.

Para cada prueba, hasta el cuarto semestre, siempre doy números en coreano, comenzando con números básicos y aumentando gradualmente, para que los estudiantes se familiaricen rápidamente con el sistema numérico. También incluyo preguntas predeterminadas para que los estudiantes las escriban en coreano: año, mes, fecha, día y hora de cada prueba.

Además, las preguntas predeterminadas incluyen la introducción del número de teléfono propio o de un amigo, así como la fecha de nacimiento propia o de un amigo en coreano. El propósito de estas preguntas predeterminadas es ayudar a los estudiantes a familiarizarse con los usos básicos de los números en diversos contextos de la lengua materna, y se les advierte que la información no tiene por qué ser necesariamente precisa.

Dependiendo de los niveles de los estudiantes, se realizan pruebas de competencia oral con frecuencia durante el semestre a través de conversaciones con compañeros, OMT (Oran Matching Test) para el examen parcial y final, copia de idioma, sesiones de "say-it-in-koland", sesiones de diario en koland, o haciendo a los estudiantes una serie de preguntas o pidiéndoles que hagan presentaciones cortas y largas.

El diseño de las clases y los métodos de evaluación de Lengua Extranjera (LE) deben desarrollarse de acuerdo con el entorno educativo y las características lingüísticas de la Lengua de Señas (LE). En este punto, lo expuesto anteriormente puede servir de referencia. Los entornos de enseñanza de Lengua Extranjera (LE) varían según los estudiantes, las escuelas, los profesores de LE, las políticas gubernamentales, la LE, etc. Por lo tanto, los profesores de LE deben estudiar primero los entornos dados y desarrollar los métodos más eficaces para impartir un entrenamiento de balbuceo eficiente en cada nivel a los estudiantes.

3

Cosas que enseñar antes del entrenamiento de balbuceo

Anteriormente, señalé tres factores de adquisición necesarios para dominar una lengua: la intuición lingüística, la capacidad física y los recursos lingüísticos. Sin la armonía de estos factores, no se puede adquirir la lengua materna ni alcanzar un alto nivel de dominio oral. En este contexto, la fluidez se refiere más a un proceso natural de dominio de la lengua materna, no a un proceso manual o artificial. Se podría forzar y operar manualmente el cerebro y los órganos del habla en secuencia para ensamblar expresiones y expresarlas con base en el conocimiento del sistema y las reglas de la lengua materna.

Sin embargo, tras varios años de clases de lenguas extranjeras, no deberíamos conformarnos con ser capaces de producir expresiones torpes manualmente. Por lo tanto, el objetivo de la FLE debería ser ofrecer una educación donde los estudiantes puedan captar los factores de adquisición de la forma más eficaz. Para ello, propuse el BTM como la mejor manera de ayudar a los estudiantes a adquirir los factores de adquisición simultáneamente. El primer nivel del BTM es el entrenamiento de balbuceo para hablar.

Entonces, ¿cuánto y qué necesitamos enseñar antes de realmente comenzar a enseñar a nuestros estudiantes Babble Training a hablar?

Para responder a esta pregunta, analicemos primero el caso de los bebés que comienzan a balbucear. No reciben información formal sobre sus lenguas meta. Están expuestos directamente a la lengua que inicialmente no comprenden. Se les hacen constantemente el mismo tipo de preguntas, repetidas en numerosas ocasiones, incluso cuando no entienden una palabra. Luego, una vez que empiezan a balbucear, se les anima a repetirlo, ya que a sus cuidadores les encanta interactuar con ellos. No es hasta la secundaria que aprenden las reglas y el sistema de la lengua.

Además, los niños pequeños que comienzan a aprender un nuevo idioma en el jardín de infantes o la escuela primaria no reciben educación formal sobre cómo funciona el idioma. Más bien, están expuestos directamente al idioma. Con esta exposición directa al idioma, los niños son desafiados a balbucear. Se enfrentan a situaciones en las que tendrían que decir algo y comienzan a imitar simplemente lo que otros dicen en una situación similar. No pueden decir cosas creativas durante mucho tiempo, al menos durante 6 a 12 meses. Su pronunciación suena torpe al principio, pero mejora rápidamente a medida que repiten la misma expresión cada vez que enfrentan los desafíos repetidamente. Balbucean principalmente mientras se llevan bien con los amigos diciendo las mismas expresiones repetidamente. También hacen entrenamiento de balbuceo cuando están solos hablando consigo mismos.

Mientras tanto, los niños pequeños a quienes se les enseña lengua extranjera en la escuela sin que el entorno les obligue a usar expresiones en lengua materna, muestran un aspecto diferente de la adquisición del idioma. Hasta ahora, no he sabido de ninguna escuela que enseñe de forma intensiva la gramática o las reglas de la lengua extranjera a niños de primaria o de edades más tempranas.

En cambio, la escuela enseñaría diversas expresiones de la lengua materna a los estudiantes o les contaría historias en ella. En este caso, el nivel de adquisición de la lengua materna depende del esfuerzo individual por mantener las expresiones mediante el entrenamiento de balbuceo repetido a lo largo del tiempo. Obviamente, en comparación con el entorno donde se les reta a hablar la lengua materna en la vida diaria, les lleva mucho más tiempo adquirirla, y la mayoría no lo logra por diversas razones.

Con base en estas observaciones, queda claro que no es necesario conocer el sistema y las reglas de la lengua de aprendizaje para iniciar el entrenamiento del balbuceo. Más bien, se demuestra que el entorno en el que uno se enfrenta a imitar o balbucear las expresiones de otros desempeña un papel fundamental en la adquisición del lenguaje.

Por lo tanto, basándose en los casos de adquisición del lenguaje de bebés y niños pequeños, proporcionar recursos lingüísticos para que los estudiantes balbuceen y confrontarlos para que balbuceen constantemente parecen ser los elementos clave para el éxito.

Sin embargo, dependiendo de la edad de los estudiantes, creo que enseñar algunas de las características básicas de la lengua materna podría ser útil para promover la eficiencia de su adquisición. Para estudiantes muy pequeños, como niños de preescolar y primaria, creo que la exposición directa al balbuceo de la lengua materna es más apropiada que intentar enseñarles algunas características básicas de la lengua materna antes de aplicarles el método de aprendizaje de la lengua materna. Esto se debe a que son demasiado pequeños para comprender dichas características y no podrían utilizarlas adecuadamente en el aprendizaje de la lengua materna.

Por otro lado, para los estudiantes de edad superior a la secundaria, creo que cierto grado de conocimiento previo de la lengua materna es útil para que puedan balbucear de manera más eficiente.

Entonces, a los estudiantes de educación secundaria y superior, ¿cuánto de qué deberíamos enseñarles para ayudarlos a balbucear de manera más eficiente?

Creo que, antes de empezar a enseñar el balbuceo, los profesores de lengua extranjera deberían enseñar a los estudiantes las características básicas de la lengua materna, necesarias para que lean en voz alta y busquen las formas básicas de los elementos léxicos en el diccionario de la lengua materna. Para ello, se deben enseñar las letras del alfabeto y el sonido de cada una.

Además, es necesario enseñar las formas básicas en que las letras forman sílabas o caracteres para que el estudiante pueda descifrar el sonido de las palabras basándose en el sonido individual de cada letra. Una vez que los estudiantes puedan descifrar los sonidos observando las palabras, les ayudará mucho a mantener y continuar el balbuceo por sí mismos.

De esta manera, quien quiera continuar con el proceso de balbuceo, puede hacerlo por sí solo sin tener que estar escuchando constantemente el sonido.

En resumen, se puede balbucear y comenzar a adquirir la Lengua de Habla sin necesidad de preparación previa ni estudio previo. Sin conocimiento del idioma, los estudiantes pueden concentrarse más en el proceso de balbuceo, especialmente en captar los sonidos y conjuntos de expresiones tal como los escuchan. Los estudiantes en Entrenamiento de Balbuceo se verán menos perturbados por no tener conocimientos de Lengua de Habla. Los estudiantes adultos se beneficiarán si les enseñamos, antes del Entrenamiento de Balbuceo, a descifrar los sonidos de las palabras y las oraciones.

Por lo tanto, si uno insistiera en enseñar a los estudiantes sobre la lengua materna antes de comenzar a enseñar el balbuceo, debería ser solo lo necesario para llevar a cabo el proceso de balbuceo eficientemente. Todas las reglas y el sistema de la lengua materna deben ser adquiridos naturalmente por los estudiantes como parte de la intuición lingüística a través del proceso de balbuceo.

4

Tipos de recursos lingüísticos

Con el revolucionario desarrollo de la tecnología, han surgido diversos tipos de materiales FLE. Existe una gran variedad de libros, audios, videos y materiales de internet sobre idiomas extranjeros, esperando ser utilizados por nosotros y nuestros estudiantes.

Muchos libros tratan sobre la gramática de la lengua de aprendizaje (LM), y muchos otros contienen expresiones útiles para viajes de negocios y en LM, así como diccionarios de expresiones útiles. En cuanto al material de audio, se trata principalmente de expresiones conversacionales, historias o discursos famosos, y materiales multimedia reproducidos, como películas y programas de televisión. El material de video es bastante similar al audio, salvo que incluye gráficos. Algunos materiales de internet ofrecen presentaciones fonéticas interactivas.

Ninguno de ellos es inútil ni inútil en absoluto. Creo que son excelentes materiales cuando se utilizan correctamente. En particular, creo que son muy útiles y necesarios para adquirir habilidades de lengua de aprendizaje (TL) según los respectivos niveles de adquisición. Sin embargo, si se utilizan sin prudencia durante el proceso de adquisición del idioma, podrían causar graves daños a nuestros estudiantes.

los materiales de alta tecnología ser mejores recursos que los tradicionales? Como profesores de lenguas extranjeras, ¿qué deberíamos considerar para elegir los recursos adecuados para nuestras clases? ¿Qué recomendaremos a nuestros estudiantes para el estudio de nuestros idiomas?

Antes de abordar cómo manejar los diferentes tipos de materiales FLE, creo que primero deberíamos pensar en los distintos tipos de recursos lingüísticos que deberíamos enseñar a los estudiantes.

¿Les pediremos a nuestros alumnos principiantes que hablen sobre recursos de cuentos o discursos famosos? ¿O usaremos artículos de periódico en lengua materna para que hablen ? ¿Y qué tal los guiones de películas u obras de teatro? ¿Podemos introducir a nuestros alumnos directamente en el mundo de los idiomas comerciales formales? ¿Qué tal si empezamos con artículos cortos de una o dos páginas para que los alumnos hablen?

Para responder a estas preguntas, debemos considerar algunos factores importantes, incluyendo los objetivos de los respectivos niveles de balbuceo. El objetivo fundamental de la enseñanza del Entrenamiento de Balbuceo de nivel 1 es ayudar a los estudiantes a alcanzar simultáneamente los tres factores de adquisición de la Lengua de Señas (LE). Entre estos factores, la intuición lingüística puede especificarse en las intuiciones sobre el sonido, la estructura de la palabra/oración y el uso de la LE. Por lo tanto, este objetivo fundamental debe considerarse una condición prioritaria al considerar la adquisición de material de texto para el Entrenamiento de Balbuceo de nivel 1.

Además del objetivo del balbuceo, debemos considerar seriamente algunos aspectos prácticos: deben ser factibles, fáciles, interesantes, útiles, convenientes, eficaces y productivos. Además, según la situación, debemos considerar la edad de nuestros estudiantes.

Para una enseñanza más eficaz, planteo la hipótesis de que las expresiones más necesarias se pueden obtener más rápidamente que las menos necesarias; que las expresiones reales se adquieren más rápidamente que las no reales; y que las expresiones simples se aprenden más rápido que las complejas. Las expresiones más necesarias las decide cada estudiante de vez en cuando.

Por lo tanto, siempre debemos animar a los estudiantes a plantear preguntas sobre cómo decir en lengua materna las expresiones que más desean aprender. Para las expresiones reales, los profesores deben considerar el nivel social de los estudiantes, ya que los tipos de expresiones reales pueden variar según el grupo. Por ejemplo, ningún estudiante adulto principiante de lengua materna consideraría prácticas expresiones como las que se usan entre una madre y un bebé. Es decir, por muy fácil que sea una expresión, no se aprenderá rápidamente ni se conservará durante mucho tiempo si no resulta práctica para los estudiantes.

Además, al elegir las expresiones que se presentarán a los estudiantes, se deben considerar expresiones simples tanto en la forma como en el significado de la lengua materna antes que expresiones complicadas o sofisticadas.

Considerando el objetivo y la hipótesis del Entrenamiento de Balbuceo, los recursos lingüísticos que se presentarán a los estudiantes para su formación deben ser los más necesarios, reales y sencillos. Para ello, propongo enseñar a los estudiantes el Entrenamiento de Balbuceo con los recursos lingüísticos de los diálogos cotidianos. En particular, al inicio del Entrenamiento de Balbuceo para hablar, se deben enseñar las expresiones comunicativas fundamentales o de supervivencia, como la formulación de peticiones, preguntas y respuestas.

Luego, con el éxito gradual basado en este inicio, podemos ampliar los conjuntos de diálogos para diversos tipos de situaciones sociales y laborales en los siguientes niveles de balbuceo. Una vez que los estudiantes adquieran habilidades comunicativas básicas, también sería recomendable utilizar escenarios de juego basados en historias de la vida cotidiana como fuente de recursos lingüísticos para el entrenamiento de balbuceo.

Utilizar los recursos de los diálogos de la vida cotidiana resulta muy natural y cumple con los objetivos de la educación del balbuceo, así como con la mayoría, si no todos, de los problemas prácticos mencionados. Las expresiones de los diálogos son relativamente breves y, por lo tanto, las estructuras de palabras y oraciones son sencillas y fáciles de entender para que los estudiantes adquieran el idioma con naturalidad sin necesidad de depender de la gramática de la lengua materna.

Por supuesto, dado que las expresiones de diálogo de la vida cotidiana son breves y de estructura sencilla, los estudiantes captan con mayor facilidad sus características sonoras. Además, no necesitan basarse en conocimientos gramaticales para comprender el significado de cada expresión.

Por consiguiente, los estudiantes pueden balbucear repetidamente con facilidad por sí mismos si se comprometen a aprender el idioma. El hecho de que los estudiantes puedan usar las expresiones que han balbuceado durante el proceso regular de Entrenamiento de Balbuceo para hablar, con gran facilidad, incluso si aún no han dominado el idioma, podría ser la mayor ventaja de usar diálogos cotidianos como recursos para el balbuceo. Es decir, al adquirir expresiones útiles para diversas situaciones mediante el Entrenamiento de Balbuceo, los estudiantes pueden usarlas cuando se encuentren en situaciones similares al visitar o viajar a la comunidad de hablantes nativos.

En comparación con las expresiones de diálogo basadas en la vida cotidiana como fuente de recursos, utilizar otros tipos de fuentes de recursos lingüísticos como artículos de noticias, discursos e historias famosas, películas, revistas, novelas, etc., puede resultar bastante seco, difícil y menos efectivo para la mayoría de los estudiantes para realizar el balbuceo para hablar.

Si observamos el proceso natural de adquisición del lenguaje por parte de los niños, que balbucean sobre diálogos de la vida cotidiana, comenzar el entrenamiento del balbuceo sobre recursos de expresiones convenientes relacionadas con la vida cotidiana parece ser bastante natural.

Además, en base a mis propias experiencias enseñando coreano como lengua extranjera a mis estudiantes universitarios, y enseñándome inglés por mi cuenta, y en base a las observaciones sobre los resultados decepcionantes de tantas personas que estudiaron coreano como lengua extranjera con programas de televisión, películas y otros medios de audio generales desde el principio, y otros que comenzaron a aprender coreano como lengua extranjera con gramática, leyendo o escuchando desde el principio, creo que el entrenamiento Babble de diálogos basados en actividades diarias es muy efectivo.

Además, muchas personas que leyeron mi humilde libro, cuyo título en inglés es *New TESL Plus,* que se publicó en coreano en 2005, y realizaron el BTM basado en diálogo junto con mis sugerencias del libro, me han enviado mensajes confirmando que les ha funcionado realmente bien.

En cuanto a los tipos de materiales que contienen los recursos, creo que los libros y los audiolibros son los más efectivos para que los estudiantes estudien lengua extranjera. Los videos e internet, en cambio, son menos efectivos.

5

Aspectos a considerar antes de elegir materiales de texto

Dado que los métodos tradicionales de FLE no se han centrado realmente en la enseñanza de la competencia oral, no se han producido muchos materiales de texto para tales fines. Miles de materiales de referencia para FLE Están diseñados y publicados para satisfacer las necesidades de los métodos tradicionales de FLE: principalmente libros de gramática, materiales de lectura y materiales de comprensión auditiva de varios niveles, que se han introducido recientemente en el mercado. No se han introducido en el campo de FLE muchos materiales de estudio sofisticados diseñados para que los estudiantes completen con éxito el proceso natural de entrenamiento de balbuceo para adquirir la lengua materna.

Por lo tanto, cambiar las tendencias tradicionales de FLE en Babble Training El método puede ser todo un reto según el idioma. Como profesores de lenguas extranjeras, es nuestra principal responsabilidad decidir los materiales y métodos de enseñanza de nuestros idiomas a los estudiantes. O, dependiendo del idioma, incluso podemos considerar desarrollar algunos materiales por nuestra cuenta si no encontramos materiales adecuados para los estudiantes.

De hecho, la tarea de desarrollar materiales para libros de texto trasciende el ámbito de cualquier docente. Dado que la FLE requiere varios años de trabajo en diferentes niveles educativos, requiere una preparación sistemática no solo para quienes redactan los materiales, sino también para quienes desarrollan los programas de FLE en todos los niveles. Sin estos diseños sistemáticos y vínculos entre los niveles educativos, sería muy difícil mantener la continuidad y la consistencia de las clases de Lengua Extranjera (LE) en los diferentes niveles educativos.

Las ideas más básicas para nosotros, profesores de lenguas extranjeras, al desarrollar o seleccionar los materiales de los libros de texto para la enseñanza de lenguas extranjeras pueden inspirarse en la forma en que los profesores de piano desarrollan o seleccionan los materiales de los libros de texto para sus alumnos. Esto se debe, básicamente, a que el proceso de formación en lenguas extranjeras debe ser similar al de la formación en piano.

Ahora, supongamos que hay varios tipos de libros de referencia que podemos usar y pensemos en algunas cuestiones que deberíamos considerar para seleccionar materiales de texto para enseñar a los estudiantes de acuerdo con el método Babble Training.

En primer lugar, debe ajustarse al nivel de capacidad física de los estudiantes para realizar la TL. Por ejemplo, para principiantes, cada línea de los conjuntos de expresiones debe ser corta y lo suficientemente fácil como para balbucear.

Uno de los objetivos más importantes en el nivel inicial del Entrenamiento de Balbuceo es que los estudiantes adquieran la intuición del sistema de sonidos de la lengua de origen mediante la adquisición de expresiones muy básicas. Esta intuición también forma parte de la capacidad física para expresarse oralmente.

Otro objetivo del nivel inicial de Babble Training es adquirir la pronunciación. El reconocimiento natural del sistema de sonidos y la pronunciación de la lengua materna se pueden adquirir mediante Babble Training con expresiones cortas y sencillas. Por lo tanto, elegir textos con diálogos muy complejos para principiantes no es la mejor idea.

En segundo lugar, debería contar con audiolibros disponibles. Su uso es especialmente beneficioso para quienes desean aprender lenguas extranjeras por su cuenta. Realizar el entrenamiento de balbuceo por cuenta propia sin la pronunciación de hablantes nativos resulta muy ineficiente y requiere mucho tiempo. Además, es fácil que uno se quede atascado con pronunciaciones incorrectas. No solo quienes enseñan lenguas extranjeras en las escuelas, sino también quienes se enseñan lenguas extranjeras por su cuenta son, por supuesto, profesores de lenguas extranjeras.

Además, los padres que intentan enseñar lengua extranjera a sus hijos también son profesores de lengua extranjera. Asimismo, los audiolibros para el entrenamiento de balbuceo de nivel 1 deberían incluir explicaciones en la traducción automática sobre el significado de las expresiones, así como sobre las habilidades para producir sonidos difíciles de la lengua extranjera. Esto facilitará a los estudiantes balbucear después de las expresiones, escuchando solo los audiolibros en cualquier momento y lugar. Si el audio contuviera solo expresiones en lengua extranjera sin explicaciones detalladas sobre su significado y pronunciación, sería demasiado abrumador para los estudiantes principiantes escucharlas y balbucearlas.

Otra razón por la que los audios son tan cruciales es que los estudiantes deben poder escuchar y balbucear las expresiones en cualquier momento y lugar fuera del aula. Es decir, los audios son sin duda necesarios para realizar el Entrenamiento de Balbuceo junto con el patrón de actividad diaria. Por eso, los audios son mucho más preferidos que los videos o los medios de internet: los audios son portátiles, pero los videos y los medios de internet no lo son tanto como los audios. Este es el aspecto clave del BTM: los estudiantes deben poder realizar el Entrenamiento de Balbuceo tantas veces como puedan.

Además, el paquete de audio es muy necesario para los profesores que no dominan la lengua materna. Los profesores no nativos que no puedan hablar la lengua materna con fluidez deberían recomendar los paquetes de audio a sus alumnos para que los utilicen en el entrenamiento de Babble. Si bien es muy poco frecuente en EE. UU. que un profesor no nativo enseñe una lengua extranjera... En el caso de los profesores que no dominan la lengua materna, es muy común en otros países que profesores no nativos o que no dominan la lengua materna enseñen lengua materna a sus alumnos. Esto ha sido posible hasta ahora porque los profesores de lengua extranjera han enseñado principalmente gramática y comprensión lectora en lengua materna en la escuela. Pueden enseñar gramática y comprensión lectora sin necesidad de dominar la lengua materna.

En tercer lugar, las expresiones de diálogo deben ser reales para que los estudiantes las utilicen en su vida diaria. Especialmente para los estudiantes de nivel inicial, los conjuntos de diálogos deben ser muy reales para que puedan usarlos con frecuencia después de un entrenamiento de balbuceo suficiente. Los principiantes deben comenzar a adquirir tantas expresiones instrumentales[28] de la lengua materna como sea posible, en lugar de expresiones demasiado sofisticadas.

Una de las ventajas de BTM es que, tras el entrenamiento de Babble, los estudiantes pueden utilizar las expresiones aprendidas en la escuela en la vida real, incluso sin dominar completamente la lengua materna. Incluso si dejan de estudiar lengua materna después de aproximadamente un semestre, deberían poder usar las expresiones reales con bastante fluidez cuando sea necesario. Por lo tanto, el nivel inicial del material de entrenamiento de Babble debería incluir la mayor cantidad posible de expresiones instrumentales para que

---

[28] Las expresiones instrumentales aquí se refieren a aquellas expresiones que son necesarias para continuar las comunicaciones para la supervivencia en la comunidad TL.

los estudiantes puedan seguir usándolas eficazmente incluso con un corto periodo de estudio de lengua materna.

En cuarto lugar, los recursos lingüísticos que se presenten a los estudiantes deben ser contemporáneos y estar en el registro estándar de la lengua. Cada lengua es muy específica de cada cultura, por lo que ninguna es independiente de las culturas contemporáneas del país. Además, los diferentes grupos comunitarios tienden a compartir diferentes registros de la lengua. Por consiguiente, las expresiones de diálogo deben actualizarse al registro estándar contemporáneo de la lengua de estudio.

En quinto lugar, debe abarcar la mayor variedad posible de situaciones de la vida real y expresiones idiomáticas. El libro de texto debe presentar expresiones de diversas fuentes que no se traducen bien a otros idiomas. En lugar de ejercicios basados en patrones sobre un tipo específico de patrón oracional, debe presentar oraciones de diversas estructuras y expresiones idiomáticas para que los estudiantes puedan profundizar en las características específicas del idioma. El ejercicio centrado en patrones, que por naturaleza no es una forma productiva de hablar, en cierto sentido retrasaría el progreso del entrenamiento del balbuceo.

6

Roles de un docente BTM

El nivel 1 de Babble consiste en iniciar el entrenamiento de habla, que es el paso más básico e importante para adquirir el lenguaje. Básicamente, según la observación de la adquisición de la lengua materna en niños, el 100 % de la adquisición del lenguaje se logra mediante el entrenamiento de habla materna solo alrededor de los 36-40 meses. Muchos niños parecen adquirir la lengua materna incluso alrededor de los 30 meses. Para adquirir la lengua materna, los niños no necesitan leer, escribir, escuchar la radio ni ver la televisión, ni conocimientos de gramática.

Todas las actividades lingüísticas, como leer, escribir y ver televisión, que realizan los niños tras adquirir la lengua materna mejoran naturalmente sus habilidades lingüísticas. Este proceso de mejora de las habilidades lingüísticas, mediante la lectura de cientos de libros, la redacción de numerosos diarios e informes escolares, el visionado de películas y el estudio de la gramática, continúa durante la universidad. Por lo tanto, el entrenamiento de balbuceo es crucial para la adquisición de la lengua materna. Quienes tengan éxito en el entrenamiento de balbuceo serán hablantes fluidos de la lengua materna, y quienes fracasen, como máximo, se quedarán como lectores de la lengua materna.

Entonces, ¿cómo podemos guiar con éxito a los estudiantes para que inicien y continúen el entrenamiento de balbuceo para hablar?

Estamos muy familiarizados con las interacciones de balbuceo entre el guía, los cuidadores, principalmente los padres, y el bebé. El guía tiende a exagerar la mayoría de las características lingüísticas y no lingüísticas al bebé. Además, inicia la interacción con palabras muy sencillas que describen lo que está ocurriendo frente al bebé. No se utilizan libros de texto ni expresiones preparadas. Todo es instantáneo. En el proceso de adquisición de la TA, las interacciones entre el guía y el bebé son muy naturales.

Sin embargo, el entorno de las clases de FLE es bastante diferente al del aprendizaje de TA. En lugar de contextos muy flexibles, individuales y de la vida real, las clases de FLE se caracterizan por contextos más restringidos, de uno a muchos y artificiales. No obstante, el hecho de que los estudiantes tengan una inteligencia mucho más desarrollada y comprendan mejor puede realmente contrarrestar la sombra que emana de dicho entorno de clase.

Entonces, ¿cómo deberíamos diseñar nuestras clases de idiomas para que los estudiantes aprendan el vocabulario de forma eficiente? Además, ¿deberíamos ser líderes en el aprendizaje de la lengua materna? ¿O deberíamos ser entrenadores de vocabulario, como un entrenador de fútbol americano que dirige un equipo de fútbol? ¿O deberíamos ser profesores universitarios que imparten clases sobre temas complejos?

Como profesores de lenguas extranjeras, debemos comprender que el secreto del entrenamiento de balbuceo no reside en ser muy bueno para la temporada de exámenes solo con empollar un par de noches, sino en adaptarse y mejorar de forma constante mediante esfuerzos constantes y repetitivos. Esto se debe a que la adquisición de una lengua no se trata tanto de ser brillante, sino más bien de realizar esfuerzos constantes y rigurosos a lo largo del tiempo. Mediante los ajustes, los estudiantes desarrollan la intuición lingüística, la capacidad física y los recursos lingüísticos necesarios para obtenerla. Por lo tanto, la clase de balbuceo debe diseñarse de tal manera que los estudiantes deban realizar el entrenamiento de balbuceo todos los días del semestre y del año, tanto dentro como fuera del aula.

En cuanto a los roles que debemos desempeñar como profesores de lenguas extranjeras, ya sean buenos o malos, deberíamos ser capaces de desempeñar los tres roles con gran éxito. Es decir, deberíamos ser capaces de desempeñar los roles de buen líder de conversación, buen coach y profesor cuando sea necesario. Sin embargo, creo que los roles de buen líder de conversación y buen coach son muy necesarios la mayor parte del tiempo para ser profesor de lenguas extranjeras. En particular, creo que diseñar un plan de curso eficaz y guiar a los estudiantes para que lo sigan son los roles más importantes.

Ahora bien, ¿cuál sería un diseño eficaz para una clase de balbuceo en lengua extranjera? ¿Cómo podemos lograr que los estudiantes realicen el entrenamiento de balbuceo a diario? Presentaré algunas ideas para impartir clases de balbuceo en lengua extranjera, principalmente basadas en lo que he estado haciendo en mis clases de coreano. Este diseño se ha actualizado cada año con los conocimientos adquiridos en las clases de años anteriores. Lo considero muy eficaz en las circunstancias de mi universidad.

Al citar algunos ejemplos de lo que he estado haciendo en mis clases, no afirmo que sea la manera más efectiva. Las clases pueden variar entre sí por diversas razones, como la edad de los alumnos, el número de alumnos, la cantidad de horas de clase semanales, el nivel de los alumnos, su compromiso y esfuerzo, etc. Más bien, afirmo que se debe diseñar la clase de balbuceo de la mejor manera posible para un entorno determinado, de modo que los alumnos puedan aprender la lengua materna con mayor eficacia.

7

Roles de un líder de Babble

El primer y fundamental rol del profesor de lengua extranjera en la clase de entrenamiento de balbuceo es el de guía. Es decir, como guía, el profesor debe presentar a los estudiantes recursos lingüísticos compuestos por expresiones de diálogo seleccionadas de diversas fuentes.

La forma detallada de mostrar los recursos lingüísticos a los estudiantes puede variar según su edad y nivel: primaria, secundaria, preparatoria y universidad (nivel inicial, intermedio y avanzado, respectivamente). Diría que cuanto más jóvenes sean los estudiantes, más visual será la presentación, ya que podría resultarles demasiado aburrido aprender las expresiones solo con los libros de texto.

Sin embargo, para estudiantes adultos, como los universitarios, creo que una presentación sencilla y directa de los libros de texto sería más adecuada para concentrarse. Hasta ahora, mis alumnos parecen estar satisfechos con este tipo de presentación simple. Por lo tanto, al menos para los universitarios, parece ser una buena manera para el profesor de presentar expresiones, durante las clases, demostrando la ejecución precisa de cada línea, principalmente con los sonidos y, a veces, los gestos necesarios, utilizando recursos como palabras, modismos, frases, cláusulas y oraciones.

Si el profesor no es hablante nativo o fluido de lengua de origen, puede utilizar equipos de audio o video para presentar los recursos lingüísticos a los estudiantes. Asimismo, si desea enseñar lengua de origen, debe considerarse un profesor no nativo ni fluido de lengua de origen y utilizar dichos equipos como guía para la presentación de los recursos.

Para los estudiantes de nivel inicial, por ejemplo, la demostración debe comenzar en un modo más lento para que puedan imitarla. Luego, una vez que capten los sonidos, se les debe presentar el modo de habla normal para el balbuceo.

Además, en esta etapa es fundamental que los estudiantes reciban capacitación intensiva para articular los recursos con la mayor claridad y fluidez posible. Según sea necesario, se deben ofrecer explicaciones detalladas y demostraciones sobre cómo articular sonidos difíciles. En este caso, puede ser necesario que el profesor de lengua extranjera exagere los sonidos y gestos de esas palabras, como lo haría un guía de balbuceo para ayudar a un bebé a aprender a producir el sonido.

Tras suficientes demostraciones de los recursos o las expresiones de diálogo, generalmente de 2 a 3 repeticiones, los estudiantes tendrán la oportunidad de repetirlas un par de veces, o más si es necesario, tras la demostración del profesor. Posteriormente, se les pide que lean las expresiones bajo la supervisión del profesor, quien corregirá los sonidos mal articulados, si los hubiera. De esta manera, los estudiantes estarán listos para realizar el entrenamiento de balbuceo por su cuenta fuera del aula.

Mientras un estudiante lee, el profesor debe escucharlo y aconsejarle para corregir los sonidos mal pronunciados, si los hay, explicando la razón de los sonidos incorrectos y mostrándole cómo corregirlos. Esta es la sesión de ajuste donde los estudiantes trabajan en ajustar y mejorar su capacidad física para articular las palabras y expresiones. Los demás estudiantes de la clase también se beneficiarán indirectamente de la explicación y la demostración.

Cuanto más bajo sea el nivel de entrenamiento de balbuceo, más tiempo se necesitará para esta sesión de ajuste. Además, esta sesión de ajuste es muy importante, ya que repetir el entrenamiento de balbuceo con una pronunciación incorrecta podría llevar a los estudiantes a desarrollar el mal hábito de pronunciar ciertos sonidos incorrectamente. También podría causar una dificultad general para balbucear con mayor eficacia.

Después de la sesión de ajuste, el profesor ofrece más información lingüística basada en el significado de los respectivos componentes de la oración, como morfemas, palabras, modismos, expresiones relacionadas, etc. La mayoría de las partículas y conjugaciones se pueden explicar ofreciendo los significados de cada una de ellas, y no es necesaria una larga explicación gramatical. De esta manera, los estudiantes aprenderán el sistema de reglas una por una y caso por caso a la vez durante el proceso de adquisición. Durante el proceso de Babble Training para hablar, el enfoque gramatical sistemático de los recursos que se presentan a la clase no es necesario y debe evitarse, ya que podría desviar los intereses de los estudiantes en direcciones equivocadas.

Al final de cada capítulo, se evaluará la recitación de los diálogos de los estudiantes. Esta evaluación de repaso no solo verifica el estado de memoria de los estudiantes, sino también la calidad de los recursos retenidos. Dependiendo del nivel de adquisición de las expresiones, la fluidez, la velocidad, la articulación y la confianza en la recitación varían. La recitación memorística se caracteriza por un retraso significativo en el habla, una articulación torpe de los sonidos y falta de confianza.

del profesor de lengua extranjera como guía de balbuceo, como se muestra arriba, continúa. Sin embargo, a medida que el estudiante adquiere mayor expresión, el rol del guía de balbuceo debe ser flexible y ajustarse según corresponda, al igual que el rol de los padres como guías de balbuceo para sus hijos, que cambia según su nivel de adquisición.

Además, al final de cada capítulo, se evaluará a los estudiantes sobre el vocabulario y las expresiones idiomáticas utilizadas en el mismo. De esta manera, se concluye la función del profesor como guía para un capítulo o conjunto de expresiones de diálogo.

8

Roles de un entrenador de Babble

A medida que Babble Training avanza, completando lección tras lección, el siguiente rol para los profesores de Lengua Extranjera (LE) que se añadirá al rol de líder de Babble es el de entrenador de Babble, quien guía a los estudiantes para que Babble Training mantenga y mejore su nivel de adquisición de expresiones, de modo que mantengan y mejoren su nivel de adquisición. El rol de entrenador consiste más en guiar a los estudiantes sobre qué hacer y cómo hacerlo fuera de clase.

El entrenamiento o la práctica repetida de las expresiones contenidas en las respectivas lecciones durante la clase no es suficiente para que los estudiantes adquieran los recursos. Dependiendo del grado de adquisición, las habilidades lingüísticas de los estudiantes para utilizar las expresiones con naturalidad en situaciones reales varían.

Además, cuanto mayor sea la cantidad y la calidad de las expresiones que retengan los estudiantes, más rápido y fácilmente aprenderán el idioma. De igual manera, cuanto más preciso sea el entrenamiento de balbuceo, mayor será la intuición lingüística y la capacidad física para usar la lengua materna. Por lo tanto, lograr que los estudiantes mantengan el entrenamiento de balbuceo sobre los recursos lingüísticos que se presentan durante la clase es una de las tareas más importantes, junto con la función de guiar el balbuceo como profesor de lenguas extranjeras.

A medida que las clases de lengua extranjera se desarrollan a lo largo del semestre y del año, aumentará el número de lecciones impartidas, así como la cantidad de recursos lingüísticos que cada estudiante debe retener. Al principio, la dificultad para los estudiantes para obtener los recursos lingüísticos no es mucha, pero aumentará gradualmente.

Si los estudiantes no adquieren los recursos a tiempo según el progreso de la clase y los posponen, podrían verse fácilmente abrumados por la cantidad de expresiones acumuladas y perder el ánimo para continuar. Por lo tanto, es crucial capacitarlos para que gestionen su tiempo y esfuerzo de manera oportuna, en consonancia con el progreso de la clase.

Creo que una buena formación para que los estudiantes gestionen su tiempo y esfuerzo comienza con el diseño de las clases y los métodos de evaluación. Dependiendo del diseño de las clases y los métodos de evaluación, las habilidades lingüísticas de los estudiantes en Lengua Extranjera (LE) pueden variar drásticamente. En particular, independientemente del diseño de las clases, los métodos y objetivos de la evaluación influyen significativamente en las actitudes fundamentales de los estudiantes hacia el estudio.

Si la evaluación, por ejemplo, requiriera principalmente que los estudiantes completaran palabras entre paréntesis para exámenes y pruebas, los estudiantes desarrollarían sus propias estrategias de estudio solo para poder descubrir y escribir las palabras correctas entre paréntesis, lo que no es lo más efectivo en términos de aprender lengua materna.

Además, si las evaluaciones se centraran en evaluar a los estudiantes en diversas materias, como gramática, vocabulario, comprensión lectora y escritura, estos tendrían que diversificar sus esfuerzos en muchas direcciones diferentes sin poder concentrarse en áreas específicas. En esencia, para los estudiantes, adquirir o no la Lengua de Señas no puede ser una preocupación mayor que obtener altas calificaciones en los exámenes. En otras palabras, les preocupa más cómo obtener altas calificaciones en los exámenes que cualquier otra cosa.

Por lo tanto, los profesores de Lengua Extranjera (LE) deben comprender y tener cuidado de no diversificar la atención de los estudiantes en diversas áreas mediante la implementación de políticas de evaluación ineficientes. En cambio, todas las evaluaciones deben ser consistentes y centrarse en los temas más importantes de la clase. Por ejemplo, para las clases de Entrenamiento de Habla con Voz, las evaluaciones de las lecciones, los exámenes, los parciales y los finales deben desarrollarse de manera que los estudiantes puedan gestionarlas con éxito, centrándose en el Entrenamiento de Habla con Voz con Voz.

En mi caso, evalúo a los estudiantes de la clase de Entrenamiento de Balbuceo con la recitación de cada lección, la evaluación de repaso, la recitación parcial y la recitación final, así como con los exámenes de cada lección, parcial y final. En particular, la evaluación de repaso de los dos primeros semestres requiere una gran concentración por parte de los estudiantes, ya que incluye expresiones del semestre anterior. Por lo tanto, los estudiantes que se esfuercen por aprender a fondo las expresiones presentadas en la clase superarán con éxito todas las evaluaciones.

A excepción de la evaluación de repaso después de cada lección, se espera que los estudiantes sean evaluados en todas las expresiones que se les han presentado en clase para la recitación diaria, la recitación parcial y la recitación final. Lo mismo ocurre con los exámenes. Por lo tanto, presento y recomiendo encarecidamente algunas ideas para que adquieran y mantengan eficazmente las expresiones, que van aumentando cada vez más, así como para mejorar su capacidad física. Además, con base en los consejos del entrenador y en sus propios entornos individuales, los estudiantes desarrollan sus propias estrategias para mantener la adquisición de las expresiones.

Además, aunque no sea un método de evaluación, siempre me tomo el tiempo de intentar comunicarme con los estudiantes utilizando algunas de las expresiones que ya les he enseñado. De esta manera, los estudiantes reciben un nuevo estímulo. Con este nuevo estímulo, los animo a mejorar su rendimiento hasta el punto de que puedan usar las expresiones en situaciones de la vida real. Además, les pido que se sientan recompensados por haber podido comunicarse conmigo en coreano en tan poco tiempo.

Durante el proceso de entrenamiento del balbuceo, siempre les pido encarecidamente a los estudiantes que escuchen repetidamente todos los diálogos introducidos en clase y que balbuceen las expresiones para sí mismos con la boca abierta tantas veces como sea posible. No necesitan estar en una biblioteca ni en un lugar tranquilo para hacerlo. Pueden realizar este entrenamiento de balbuceo prácticamente en cualquier lugar y a cualquier hora del día si realmente se comprometen a aprender la lengua materna. Esto mejorará sus habilidades de escucha y habla con gran precisión.

También recomiendo que, desde el principio, los estudiantes no dediquen tiempo ni esfuerzo a usar las expresiones aprendidas en clase como patrones base para el ejercicio de reemplazar algunas palabras por otras nuevas y cambiar parte del uso o significado. En cambio, les pido que, si disponen de tiempo, realicen el entrenamiento de Balbuceo para escuchar y hablar. Esto se debe a que, una vez que los estudiantes dominen diversas expresiones con alta calidad, solo será cuestión de vocabulario para que puedan usarlas adecuadamente en situaciones similares.

Por lo tanto, para ser efectivo, es más importante dedicar su tiempo y esfuerzo a aprender más expresiones con mayor calidad que a ejercitarse para utilizar algunas de las expresiones mal aprendidas en diferentes situaciones. Al considerar que uno de los objetivos más importantes del Entrenamiento de Balbuceo es adquirir la capacidad física para realizar la Lengua de Forma natural, es muy importante enfocarse en desarrollar dicha capacidad en lugar de enfocarse en ejercicios de expansión de patrones de manera torpe. Enfocarse en ejercicios de expansión de patrones retrasaría el proceso de obtener nuevos conjuntos de diálogos para diversas situaciones, lo que eventualmente retrasaría todo el proceso de adquisición de la Lengua de Forma. Además, los ejercicios de expansión de patrones pueden ser realizados fácilmente por estudiantes individuales. Por lo tanto, durante la clase, es mejor enfocarse en brindarles a los estudiantes más cantidades de recursos lingüísticos de alta calidad.

En resumen, para la enseñanza del Entrenamiento de Babble de nivel 1, los roles de los profesores de Lengua Extranjera (LE), incluyendo a los autodidactas y a los padres de niños que aprenden LE, se pueden resumir en el rol de líder y el de entrenador. El rol de líder consiste en introducir continuamente nuevos recursos lingüísticos de manera eficiente para que los estudiantes adquieran las habilidades lingüísticas adecuadas; y el rol de entrenador consiste en diseñar y gestionar sistemas de Lengua Extranjera (LE) para que los estudiantes repitan continuamente el proceso de Entrenamiento de Babble con recursos nuevos y antiguos, de modo que puedan adquirir con éxito la intuición lingüística, la capacidad física y los recursos lingüísticos necesarios para la adquisición de la LE.

9

Enseñando a comprender expresiones

Asimilar expresiones de lenguas extranjeras sin comprender su significado no tiene sentido. Los estudiantes deben comprender el significado antes de adquirir cualquier expresión. Por lo tanto, los profesores de lenguas extranjeras deben enseñar el significado de cada expresión. Además, deben enseñar a los estudiantes cómo comprenderlo. Aquí es donde los gramáticos argumentan que la educación gramatical es necesaria para la comprensión de los estudiantes. No creen que los estudiantes puedan comprender el significado de las expresiones sin aplicar el análisis gramatical a la oración.

Sin embargo, uno de los mayores malentendidos de quienes insisten en la enseñanza de la gramática en lengua extranjera (LE) es que los estudiantes no pueden comprender oraciones sin conocimientos gramaticales de la lengua materna. La mayoría de las expresiones de diálogo cotidianas son sencillas y fáciles de entender por naturaleza. No son demasiado técnicas ni complejas. Por lo tanto, durante el proceso de entrenamiento de balbuceo para hablar, los estudiantes pueden comprender fácilmente las características lingüísticas generales de la lengua materna simplemente aprendiendo el significado de cada componente de la oración, así como el significado de la oración misma. Los estudiantes no necesitan realizar programas intensivos de gramática desde el principio.

Los siguientes ejemplos mostrarán lo fácil que es descubrir los significados de las expresiones FL sin tener que depender de la gramática. Conocimiento de TL:

A: AnNyungHaSeYo?
Hola, cómo estás
¿Hola, cómo estás?

B: An AnNyungHaSeYo?
¿Hola, cómo estás?

A: NalSsi-ka   AJu   JoChiYo?
Tiempo-marcador de sujeto muy bueno
El tiempo está muy bueno ¿verdad?

B: Ye, AJu JoAYo.
Sí, muy bien
Sí, es muy bueno.

A: MinSu-Ssi ONul JeomSim Mua MokOssOYo?
Minsu-Señor hoy almuerzo/mediodía qué comer-pretérito
¿Qué has tenido para el almuerzo de hoy?

B: Bul-Go-Ki MokOssOYo
Bulgokicomer-pretérito
Comí Bulgoki.

A: YiBon JooMal-e HalIl-i   ManAYo?
Ésta fin de semana-en trabajo por hacer-Marcador de sujeto mucha
¿Tienes muchas cosas que hacer el próximo fin de semana?

B: ANiYo. ByolRo OpsOYo.
No.   particularmente no existe
No, nada que hacer en particular.

A: KuRom, YiBon JooMal-e   Mua   HalKoYeYo?
Entonces este fin de semana-en ¿qué lo hará?
Entonces, ¿qué harás el próximo fin de semana?

B: ORaeGanMan-e Jom Pook ShiGo SipOYo.
En mucho tiempo-en más o menos profundamente reposo
me gustaría
Me gustaría tomar un descanso profundo en mucho tiempo.

Como se muestra arriba, al detallar el significado de palabras, modismos y partículas individuales, el significado de la mayoría de las oraciones se vuelve bastante obvio. Algunas ambigüedades se pueden aclarar explicando que en coreano se pueden omitir los pronombres bien conocidos, al igual que en inglés se omiten los componentes claramente comprendidos de una oración, como "Buena suerte".

Aunque usé algunos ejemplos coreanos, creo que todos los idiomas pueden abordarse de la misma manera. En los ejemplos anteriores, utilicé algunos términos gramaticales como el marcador de sujeto y el tiempo pasado para explicar las partículas. Sin embargo, no pretendía introducir la gramática para explicar el significado de las expresiones. Dichos términos pueden sustituirse por términos más sencillos para adaptarse al nivel de comprensión de los estudiantes.

A medida que los estudiantes recopilan más expresiones sobre diversos temas, aprenden diversos tipos de patrones regulares, además de las expresiones que pueden usar en la vida diaria. Al encontrar patrones regulares en áreas lingüísticas específicas, como tiempo verbal, número, aspecto, uso honorífico, caso, etc., según la lengua, estos hallazgos, obtenidos mediante la recopilación de diversas expresiones de la lengua materna, se irán acumulando caso por caso para fortalecer su intuición lingüística. De esta manera, los estudiantes identifican fácilmente los patrones en las características lingüísticas que se les presentan con mayor frecuencia, como caso, tiempo verbal, número, etc.

Hacia el final del primer semestre, normalmente imparto una clase especial sobre algunos tipos específicos de patrones que ocurren regularmente, como el tiempo verbal, el caso y las partículas de las formas honoríficas del habla coreana. Antes de impartir una clase especial sobre patrones específicos, enfatizo que mi objetivo es únicamente ayudar a los estudiantes a comprender algunos de los fenómenos regulares; que no se les evaluará sobre los temas de mi clase especial; y que, por lo tanto, no deben preocuparse por desconocer o comprender los fenómenos.

Imparto esta clase tan especial principalmente porque la clase está compuesta por estudiantes universitarios con una comprensión y capacidad de aprendizaje plenamente desarrolladas, quienes, con mucho menos tiempo para estudiar coreano, aún necesitan empezar desde el nivel básico de entrenamiento de balbuceo para hablar. Por esta razón, para aquellos estudiantes jóvenes, como los de primaria o secundaria, que cursan clases de Lengua Extranjera (LE) con un programa a largo plazo, no consideraría impartirles una clase tan especial, sino que me centraría exclusivamente en ofrecerles el entrenamiento de balbuceo más efectivo posible.

10

Cosas a tener en cuenta

Como ocurre con muchas cosas en nuestra vida, un buen comienzo También es muy importante tanto para profesores como para estudiantes de lenguas extranjeras. Siempre me doy cuenta de que a los estudiantes que faltan a la primera clase de cada semestre en mi programa les cuesta seguir la clase. Suelen desentenderse de lo que intento enseñar.

Durante la primera clase de cada semestre, como la mayoría de los profesores, siempre doy orientación a los estudiantes sobre mis planes para el semestre. Les explico cómo dirigiría la clase, cómo deben prepararse, qué espero de ellos, los métodos de evaluación y qué evitar.

Entre las cosas que los estudiantes deben evitar, especialmente en la clase inicial, está el hábito de glosar los sonidos de las palabras con sus propios símbolos fonéticos. Según mi experiencia, quienes glosaban los sonidos de las palabras con símbolos fonéticos siempre resultaban ser los lectores más lentos de la clase. Además, sus habilidades de articulación suelen ser más débiles que las de otros estudiantes. Siempre les tomaba mucho más tiempo descifrar los sonidos individuales de las letras o caracteres.

Normalmente, en mi clase, los estudiantes empiezan a leer coreano en unas tres semanas. En unas cuatro o cinco semanas, pueden leer coreano con fluidez y una articulación bastante precisa. Sin embargo, los estudiantes que adquirieron el hábito de glosar los sonidos con símbolos fonéticos tardaron más de ocho semanas en aprender a leer, y algunos aún no leen muy bien incluso después del primer semestre. Este hábito de glosar los sonidos hace que los estudiantes presten menos atención a recordar los sonidos de las letras o caracteres correspondientes durante la clase. Al estudiar, se basan en la glosa, que no refleja los sonidos reales. Por lo tanto, crean sonidos diferentes y desarrollan el mal hábito de pronunciar mal las palabras.

Además, entre las cosas que los estudiantes deben evitar está detener sus esfuerzos en la memorización o recitación de expresiones. La diferencia entre memorizar, recitar y adquirir expresiones radica en si los estudiantes realizan suficiente entrenamiento de balbuceo. Entre la memorización y la adquisición de expresiones se encuentra la recitación de las mismas. Si la memoria es de simple recuerdo, la recitación es de reproducción temporal, y la adquisición es de comunicación productiva.

No se puede hablar con fluidez basándose simplemente en la memoria o la recitación. Solo se puede hablar con fluidez con las habilidades lingüísticas adquiridas. Una forma eficaz de enseñar a los estudiantes a adquirir las habilidades necesarias para hablar es guiarlos en el entrenamiento continuo del balbuceo sobre las expresiones memorizadas y recitadas.

Una forma de determinar si el esfuerzo de un estudiante por balbucear se centra en la memorización, la recitación o la adquisición es mediante la evaluación de repaso. Normalmente, los estudiantes no pueden pronunciar las expresiones memorizadas con fluidez debido a problemas derivados de la falta de entrenamiento en balbuceo, como mala pronunciación, falta de confianza, falta de habilidades, etc. Además, se puede observar fácilmente el esfuerzo manual que realizan los estudiantes al intentar recordar las expresiones. Asimismo, la diferencia entre las expresiones recitadas y las aprendidas se puede determinar mediante la evaluación de repaso repetida a lo largo del tiempo y mediante la interacción natural con el estudiante que utiliza las expresiones del sujeto.

Además de los problemas de glosa de sonidos y memorización simple o recitación temporal, se debe corregir a los estudiantes que balbucean con pronunciación incorrecta. De lo contrario, podrían atascarse con el patrón específico de los sonidos y les resultará difícil corregirlos posteriormente.

Además, se debe corregir el entrenamiento de balbuceo con la boca entrecerrada y la voz apagada. Se debe animar a los estudiantes a realizar el entrenamiento de balbuceo con la boca bien abierta y con voz suficientemente alta, lo cual facilita enormemente la formación de articulaciones precisas. Se debe recordar con frecuencia a los estudiantes que la fluidez y la competencia oral de sus habilidades de habla dependen totalmente de la forma en que se habla durante el entrenamiento de balbuceo.

Algunos estudiantes insisten en sus viejos hábitos de estudiar lenguas extranjeras basándose en libros de gramática y no se esfuerzan mucho en balbucear. Esto se debe a que creen que acumular conocimientos sobre las reglas y sistemas de la lengua materna les resultará más efectivo para aprenderla. A estos estudiantes se les debe enseñar a observar y comprender el proceso natural de adquisición del lenguaje.

Para los estudiantes que desean aprender lengua extranjera, hay un par de cosas muy importantes que siempre deben llevar consigo.

El primero es un cuaderno de vocabulario sólido, grueso y práctico. Este cuaderno contiene los recursos lingüísticos para el entrenamiento de Babble, como conjuntos de expresiones, palabras, modismos y otras expresiones útiles de diversas fuentes.

Cuando sea Si se les presentan nuevas expresiones útiles durante o fuera de clase, los estudiantes deben recopilarlas y mantenerlas en buen estado para poder usarlas en cualquier momento. Pueden usar su libro de texto para registrar los nuevos recursos lingüísticos. Sin embargo, como Al terminar un libro y pasar al siguiente, no resulta fácil repasar los recursos lingüísticos del libro anterior. He comprobado que los estudiantes que mantienen un buen cuaderno de vocabulario obtienen mejores resultados en el aprendizaje de lenguas extranjeras.

El segundo es un reproductor de audio portátil ("PAP") por razones obvias. PAP realmente ayuda a los estudiantes a balbucear sobre una variedad de expresiones. Sin un PAP, los estudiantes tendrían que depender únicamente de la clase y el libro para balbucear. Sin embargo, al realizar el entrenamiento de balbuceo después de la clase, no es fácil recordar los sonidos con precisión, especialmente para los principiantes. PAP ayuda mucho a mejorar la calidad del entrenamiento de balbuceo, ya que los estudiantes pueden escuchar las expresiones en cualquier momento y lugar. Además, los estudiantes que utilizaron el sistema de audio han tenido un rendimiento mucho mejor en mi clase que otros que no lo usan.

Finalmente, se debe recordar y animar a los estudiantes a que continúen repasando y repitiendo el balbuceo por su propia voluntad en todos los recursos lingüísticos con la mayor frecuencia posible. Si los estudiantes dejaran por completo el entrenamiento de balbuceo durante las vacaciones, como las de verano, perderían rápidamente muchos recursos lingüísticos y, con el tiempo, se desanimarían de seguir aprendiendo lengua de lengua extranjera. Los profesores de lengua de lengua extranjera solo pueden interactuar directamente con los estudiantes durante las horas de clase y no podrían guiar ni entrenar el balbuceo durante el descanso. Por lo tanto, es muy importante recordarles a los estudiantes que continúen esforzándose por adquirir la lengua de lengua extranjera.

11

Equipos para el entrenamiento del balbuceo

No puedo enfatizar lo suficiente la importancia del entrenamiento de balbuceo en expresiones reales. Es como los entrenadores de fútbol americano, que no enfatizan la importancia de los entrenamientos repetidos para desarrollar habilidades y resistencia física en los jugadores principiantes. Sin embargo, como profesores de lengua extranjera, no podemos ser líderes de balbuceo permanentes para nuestros estudiantes, como lo son las madres o los padres para sus hijos en la adquisición del lenguaje natural. Por lo tanto, recomendamos a los estudiantes que aprovechen la tecnología moderna para contratar a un líder de balbuceo en cualquier momento.

Entre los muchos equipos de alta tecnología que utilizan muchos profesores y estudiantes de lenguas extranjeras se encuentran equipos de audio, equipos de video, programas de fonética informática, interacciones telefónicas, interacciones visuales basadas en Internet, servicios basados en teléfonos celulares, etc.

Entonces, ¿qué tipo de equipos serían los más efectivos para el entrenamiento de balbuceo? La respuesta puede variar según la edad y el nivel de los estudiantes. Sin embargo, para estudiantes adultos, como estudiantes de secundaria y universitarios, creo que los equipos de audio son los más efectivos por muchas razones. También creo que los equipos de audio pueden seguir siendo los más efectivos para la mayoría de los estudiantes jóvenes, siempre que estén dispuestos a usarlos.

Se recomienda a los estudiantes que balbuceen sobre expresiones reales mientras escuchan repetidamente el audio, que, para principiantes, debería reproducir tanto el habla lenta como la normal. Esto les ayudará mucho a desarrollar la capacidad física para producir pronunciaciones fluidas y una comprensión auditiva muy sólida. Si los estudiantes se basaran únicamente en la clase de Lengua Extranjera y balbucearan leyendo los libros, les resultaría más difícil y les llevaría mucho más tiempo producir sonidos correctos. Además, no desarrollarían la comprensión auditiva.

El entrenamiento de balbuceo con audio de los diálogos ofrece claras ventajas sobre el entrenamiento de balbuceo con el libro o con un video. La ventaja del audio reside en que los estudiantes deben concentrarse en captar la información únicamente a través del oído, lo que desarrolla una atención auditiva muy eficaz. De esta manera, los estudiantes pueden desarrollar rápidamente una sólida comprensión auditiva.

Además, facilita la concentración en el entrenamiento de balbuceo, ya que uno puede concentrarse únicamente en escuchar e imitar las expresiones. Además, es mucho más fácil llevar a cabo el conjunto de audio y, por lo tanto, practicar el entrenamiento de balbuceo en cualquier momento y lugar. Puede convertirse fácilmente en un guía de balbuceo en cualquier momento y lugar. Basta con un oído y la boca para que uno pueda practicar el entrenamiento de balbuceo fácilmente, incluso en movimiento. Especialmente para los estudiantes que toman clases de lengua extranjera y, por lo tanto, reciben ayuda de un profesor de lengua extranjera para articular sonidos específicos, el conjunto de audio puede ser un guía de balbuceo ideal.

La mayoría de la gente suele considerar que los videos son el mejor material para aprender lenguas extranjeras, simplemente porque permiten escuchar y ver simultáneamente. Sin embargo, en el nivel inicial, el entrenamiento de balbuceo con videos puede desviar fácilmente la atención del estudiante. En primer lugar, se centra más la atención en los ojos para captar la información. Además, se utilizan todos los ojos, oídos y boca para balbucear sobre el video.

Por lo tanto, los oídos no reciben la atención completa para comprender lo que sucede, lo cual, en mi opinión, retrasa el desarrollo de la comprensión auditiva. Por la misma razón, la energía del balbuceo se desvía. Sobre todo, dado que es muy difícil llevar el equipo de video consigo (aunque se pudiera, ya que ocupa los ojos, no se podría hacerlo estando en movimiento), la práctica del entrenamiento del balbuceo se limita a un horario y lugar específicos del día.

Por lo tanto, no puede ser un líder de balbuceo infalible. Algunos señalan que el video ayudaría a los autodidactas principiantes sin profesor de lengua extranjera a aprender el proceso de articular algunos sonidos difíciles. Sin embargo, también se puede lograr escuchando cómo se producen los sonidos. Hay pocos sonidos que no se puedan aprender mediante una escucha intensiva y con explicaciones verbales sobre cómo producirlos.

El uso de otras tecnologías, como las interacciones telefónicas o visuales en internet, impone demasiadas restricciones de tiempo, lugar y costo, lo que impide que se convierta en un referente en cualquier momento y lugar. Sobre todo, el hecho de que estas tecnologías siempre requieran la participación de terceros demuestra que no son medios realmente prácticos.

CAPÍTULO 9

Cómo enseñar: BTM Nivel 2 - Añadiendo entrenamiento de balbuceo para la lectura

1

Ideas para el diseño de clases

Al completar con éxito el curso de balbuceo de nivel 1, se espera que los estudiantes, como mínimo, participen en conversaciones sobre temas cotidianos. En otras palabras, podrán comunicarse por sí mismos basándose en las expresiones que han adquirido mediante el balbuceo. Serán capaces de reproducir las expresiones reemplazando partes de ellas con las palabras necesarias para transmitir un mensaje. En este nivel, los estudiantes podrán producir muchas expresiones si cuentan con un amplio vocabulario y recursos lingüísticos de la lengua materna.

Sin embargo, aunque pudieran hablar la lengua materna hasta cierto punto, sufrirían gravemente la falta de recursos lingüísticos. Por lo tanto, su rendimiento comunicativo se vería gravemente limitado debido a la insuficiente disponibilidad inmediata de recursos lingüísticos.

Al mismo tiempo, los estudiantes aún necesitan adquirir un conjunto mucho mayor de expresiones nuevas para mejorar su capacidad de dominar un nivel más alto de expresión en lengua de señas. Además de las expresiones basadas en actividades cotidianas, también necesitan aprender habilidades de comunicación para actividades sociales o empresariales en lengua de señas.

Las siguientes son algunas de las ideas a tener en cuenta al diseñar la clase de entrenamiento de balbuceo de nivel 2 :

1. De ser posible, se debe aplicar un método directo con cierta flexibilidad para dirigir la clase. Un método directo con cierta flexibilidad implica casi siempre usar solo la lengua materna. Algunos conceptos complejos y abstractos pueden explicarse en la lengua materna de los estudiantes.

2. El tiempo requerido para el nivel 2 de balbuceo también varía según la edad de los estudiantes, el número de alumnos por clase, el número de clases semanales y otras circunstancias. Para estudiantes universitarios con cinco horas de clase semanales, tomaría aproximadamente de uno a dos semestres.

3. Los objetivos para el nivel 2 de Babble Training son: continuar con Babble Training para ayudar a los estudiantes a adquirir alrededor de 200 lenguajes sociales[29]; y hacer que los estudiantes lean alrededor de 2 o 3 libros de 150 a 200 páginas en lengua materna con traducción inversa al idioma de origen, y alentar a los estudiantes a desarrollar recursos lingüísticos sólidos para aumentar la competencia oral.

4. Se debe animar a los estudiantes a utilizar las expresiones aprendidas previamente. Se debe insistir en que sean productivos al expresar su propio significado.

---

[29] Utilizo el término, lenguajes sociales, en referencia a los lenguajes coloquiales hablados por hablantes de TL en entornos de actividad social como reunirse con amigos, presentarse a sí mismo y a los demás, hacer llamadas telefónicas, mostrar direcciones, ir a restaurantes con amigos, hablar sobre eventos de fines de semana pasados o futuros, visitar casas de amigos, ir a fiestas, enviar correos electrónicos, invitar personas, establecer planes para actividades de grupo, comentar sobre la apariencia de uno, alentar a los amigos, compartir la tristeza juntos, felicitar, ofrecer regalos, dar el pésame y hablar sobre noticias, pasatiempos, temas favoritos, religión, senderismo, escuelas, los sentimientos de uno, jugar al golf, ir al cine, vacaciones, ir a conciertos, citas, hacer propuestas, organizar horarios, accidentes, etc.

5. La cantidad objetivo de lectura para estudiantes adultos en el nivel 2 de balbuceo es de aproximadamente 1 a 2 libros de 150 a 200 páginas.

6. Los estudiantes, especialmente los más pequeños que no pueden seguir su propia agenda por sí solos, pueden confiar en el método de narración de historias por parte de los profesores o en presentaciones de video/audio en lugar de leer los libros por sí mismos.

7. La enseñanza de la lectura a través de Babble debe basarse únicamente en los significados individuales de los morfemas, palabras y expresiones idiomáticas en relación con el contexto, en lugar de en el análisis gramatical de las oraciones.

8. Las evaluaciones deben centrarse, entre otras cosas, en la capacidad de los estudiantes para utilizar las expresiones adquiridas para expresar su propio significado, en la comprensión lectora, así como en el vocabulario de la lectura.

Al considerar las clases de balbuceo de nivel 2, hay algunos aspectos importantes a tener en cuenta. Lo primero que hay que tener claro es que, si bien el entrenamiento de balbuceo para leer se añade en el nivel II, el enfoque principal del nivel 2 sigue siendo el entrenamiento de balbuceo para hablar. En otras palabras, el entrenamiento de balbuceo debe ser la parte principal del nivel II, y el entrenamiento de balbuceo para leer debe complementar el desarrollo de las habilidades de habla. Lo más importante en el entrenamiento de balbuceo es aprender siempre nuevas expresiones con fluidez para que los estudiantes puedan utilizarlas en situaciones similares.

En segundo lugar, es importante recordar que, a partir del nivel 2 de balbuceo, el entrenamiento de balbuceo debe centrarse en la adquisición de expresiones relacionadas con la actividad social. Siempre se debe animar y pedir a los estudiantes que participen en actividades de conversación activa durante la clase. En este nivel, los estudiantes pueden escuchar y comprender con claridad la mayoría de los diálogos cotidianos. También pueden hablar sobre actividades cotidianas utilizando las expresiones que aprendieron previamente. Brindar oportunidades para conversaciones activas entre el profesor y los estudiantes, o entre ellos, los motivará a utilizar las expresiones y a crear nuevas.

En tercer lugar, es importante recordar que el entrenamiento de lectura Babble no requiere un enfoque gramatical de las oraciones. Una vez que se abre la puerta a la gramática, se abren las puertas a todo tipo de clases de gramática, lo que sin duda consumirá mucho tiempo valioso tanto para el profesor como para los alumnos, sin que resulte muy gratificante. Los profesores deberían centrarse en ayudar a los alumnos a leer con los sonidos correctos y a adivinar el significado de las oraciones basándose en el significado de cada componente.

Además, Babble Training to Read ofrece a los estudiantes capacitación para adquirir habilidades de lectura que les permitan comprender el lenguaje escrito. Sin embargo, sin el desarrollo del vocabulario, las habilidades de lectura por sí solas carecen de significado. Es como un robot de lenguaje sin recursos lingüísticos. Por lo tanto, incluso después de adquirir las habilidades de lectura, los estudiantes deben centrarse en la lectura continua para desarrollar su vocabulario.

Por consiguiente, dependiendo de las circunstancias individuales de cada escuela y de las capacidades de los estudiantes, el balbuceo de nivel 2 se puede ampliar tanto como sea necesario.

2

Agregar entrenamiento de balbuceo a la lectura

La finalización exitosa del nivel 1 de balbuceo con alrededor de 500 expresiones independientes se puede comparar con la finalización del desarrollo de un robot de lenguaje que puede utilizar alrededor de 500 Diferentes tipos de formas lingüísticas para hablar y escuchar. Si alguien completa con éxito el nivel 1 de Balbubble con 600 expresiones independientes, sería como desarrollar un robot de lenguaje capaz de utilizar 600 tipos diferentes de formas lingüísticas para una comunicación bidireccional efectiva, mucho más fluida y eficiente que el otro robot. Desarrollar con éxito un robot de lenguaje de este tipo es muy gratificante. Dependiendo de los materiales de capacitación de Balbubble utilizados en la clase, completar con éxito el nivel 1 con las 500 formas diferentes de expresión produciría estudiantes con un nivel de competencia intermedio-alto, según las directrices de competencia.

robot lingüístico tan asombroso no tendría tanto valor sin la abundancia de recursos lingüísticos disponibles en su base de datos. Sin el apoyo de amplios recursos lingüísticos en diversos sectores, incluso el robot lingüístico no tendría más opción que limitarse a usar repetidamente las expresiones inicialmente creadas para situaciones específicas. reconocer nuevas expresiones ni ser productivo para significados creativos para nuevas situaciones.

El nivel 2 de BTM se compone de entrenamiento de balbuceo y lectura. Idealmente, se espera que los estudiantes adquieran y dominen con fluidez unas 500 expresiones relacionadas con actividades cotidianas, como parte de los recursos lingüísticos. Al finalizar el nivel 1, con tantos recursos lingüísticos, los estudiantes deberían poseer una intuición lingüística bastante sólida, así como una capacidad física muy alta. Con estas intuiciones y capacidad física, los estudiantes deberían ser capaces de dominar la lengua materna con bastante fluidez, incluso en situaciones nuevas, siempre que tengan a mano los recursos lingüísticos.

Por lo tanto, uno de los objetivos del nivel 2 es ayudar a los estudiantes a ser realmente fluidos y productivos con las expresiones relacionadas con la actividad diaria obtenidas previamente, y mejorar la capacidad y la calidad del robot lingüístico o de los estudiantes para manejar recursos lingüísticos relacionados con la actividad social hasta aproximadamente 200 expresiones independientes o más. El otro objetivo es apoyar a los estudiantes para... Asegurar la mayor cantidad posible de recursos lingüísticos para que los utilicen. Por supuesto, que los estudiantes experimenten con diversos tipos de estructuras oracionales es otro objetivo del nivel 2 de BTM.

Uno de los objetivos más importantes de la lectura en la formación para la adquisición de lenguas extranjeras es recopilar los distintos tipos de recursos lingüísticos que utilizarán los estudiantes. Por supuesto, se pueden recopilar recursos de otras fuentes, como... Hablar con gente o ver películas. Sin embargo, entre los muchos métodos para recopilar recursos lingüísticos, creo que la forma más eficaz es la lectura, por muchas razones.

la propia agenda. Además, no se requiere hablar con un tercero. Por lo tanto, se puede controlar el progreso de la lectura. Cuando se necesita más tiempo para comprender, se puede dedicar más tiempo a reflexionar sobre lo que dificulta la comprensión. Poder hacer las cosas en la propia agenda ofrece muchos beneficios.

En segundo lugar, se pueden mantener los recursos lingüísticos eficazmente. Cada vez que se introducen nuevas expresiones o palabras, se pueden anotar en el cuaderno de vocabulario y repasarlas más tarde para aprenderlas. Dado que uno de los objetivos más importantes de la lectura en FLE es recopilar los diversos tipos de recursos lingüísticos, siempre es importante anotar los nuevos recursos en un lugar donde se puedan repasar tantas veces como se desee.

Sin embargo, la recopilación de recursos lingüísticos a través de la lectura conlleva un par de riesgos importantes. El primero es que no se obtiene toda la información lingüística sobre cómo pronunciar las expresiones a partir de la propia lectura. Es decir, al leer, no se puede captar la pronunciación del hablante nativo del libro, ya que se debe confiar en la información lingüística que se percibe visualmente. Al examinar los recursos, se corre el riesgo de adquirir malos hábitos de pronunciación. Muchos recursos lingüísticos adquiridos sin los sonidos reales podrían causar dificultades en la comunicación real debido a errores de pronunciación.

Otro riesgo es que los estudiantes puedan infectarse fácilmente con el virus gramatical. En otras palabras, al enfrentarse a oraciones difíciles, intentarían comprender la gramática aplicada a ellas. Esto es especialmente cierto en el caso de los estudiantes que no han adquirido la Lengua de Señas (LE) a través del nivel 1. Sin un esfuerzo minucioso en el nivel 1, no se adquiriría la intuición lingüística de la LE sobre los sonidos, la estructura y el uso de los recursos lingüísticos. Sin el apoyo de una sólida intuición lingüística, uno tiende naturalmente a basarse en el análisis gramatical de las oraciones al leer.

Esta es una de las principales razones para que los estudiantes realicen un entrenamiento intensivo de balbuceo en el nivel 1 y un entrenamiento de lectura en el nivel 2. Si se han adquirido unas 500 expresiones independientes en el nivel 1, se debería haber adquirido un nivel de intuición lingüística bastante sólido como para comprender las estructuras oracionales y familiarizarse gradualmente con las sofisticadas estructuras oracionales de la lengua de origen. Por lo tanto, para quienes han alcanzado el nivel 1 de lengua de origen, comenzar a comprender la lectura no es tan difícil, siempre que se pueda reconocer el texto escrito.

Los estudiantes en general parecen adquirir intuición lingüística sobre los distintos tipos de estructuras oracionales de la lengua de base durante el proceso del nivel 1, que, dependiendo de la distancia lingüística a la lengua de base y la respectiva agenda de la lengua de base, podría ser tan pequeña como 1 Semestre y hasta 4 semestres o más. Por lo tanto, comenzar a leer después del nivel 1 es muy sencillo. Sin embargo, para idiomas que no utilizan sistemas de escritura alfabética, como el chino, realizar el entrenamiento de Babble para leer requiere un esfuerzo y tiempo adicionales.

Comenzar a leer tras adquirir las formas coloquiales de la Lengua de Señas (LT) es el mismo camino que siguen los niños durante el aprendizaje y desarrollo de la Lengua Materna (MT). En el proceso de adquisición del lenguaje natural, la lectura no se produce hasta que el alumno domina completamente la MT. Alrededor de los 36-40 meses, los niños adquieren fluidez en su ML. Su intuición lingüística sobre la MT está bien desarrollada; sus capacidades físicas están plenamente desarrolladas, salvo por algunos recursos particularmente difíciles; sus recursos lingüísticos son suficientes para las interacciones verbales cotidianas con los demás ; y pueden hablar la MT productivamente por sí mismos.

Además, aún hay millones de adultos que hablan sus idiomas con fluidez, pero no saben leer ni escribir. Esto nos indica que el lenguaje solo se puede adquirir mediante el entrenamiento de balbuceo, y que no se requiere leer ni escribir para obtener fluidez en el habla. En otras palabras, el lenguaje en sí mismo se puede adquirir completamente con el nivel 1 de BTM, entrenamiento de balbuceo. Para hablar, solamente. Sin embargo, en la sociedad moderna, la comunicación escrita es crucial en nuestras vidas, por lo que es fundamental desarrollar una buena comprensión lectora. El nivel II de BTM está diseñado, además de continuar desarrollando las habilidades de comunicación oral de la lengua materna, para desarrollar la comprensión lectora.

3

Libro de texto vs. Libro de ejercicios

Antes de añadir el entrenamiento de lectura a la conversación, es necesario elegir y recomendar los libros adecuados. Para ello, hay varios aspectos a considerar. Sin embargo, al igual que con el entrenamiento de lectura, el concepto básico para el entrenamiento de lectura es seguir el proceso de lectura que se ha aplicado con éxito a todos los estudiantes de idiomas en la adquisición natural del lenguaje y aprovechar las capacidades cerebrales mejoradas de los estudiantes para ser más eficaces.

En esencia, el entrenamiento de lectura de Babble consiste en entrenar a los estudiantes para que adquieran la habilidad de adivinar el significado de las oraciones con precisión basándose en el significado de cada componente. Al fin y al cabo, se trata de un proceso concreto que consiste primero en encontrar el significado de cada componente de la oración y, luego, en demostrarles cómo inducir el significado correcto de la oración basándose en dichos hallazgos.

Sin embargo, a medida que los estudiantes, a través del nivel 1 de BTM, han desarrollado un alto grado de capacidad intuitiva para comprender las estructuras oracionales básicas y los patrones de interpretación del significado de la lengua materna, también pueden abordar oraciones complejas sin mayor dificultad. Por lo tanto, no necesitarán clases intensivas sobre cómo interpretar oraciones en lengua materna, pero sí un currículo sistemático para realizar el entrenamiento de lectura de balbuceo por sí mismos. Este tipo de entrenamiento para la lectura es muy diferente del método de traducción.

Dado que el nivel 2 combina el entrenamiento de balbuceo para actividades sociales y para la lectura, el libro de texto ideal para iniciarse en el nivel 2 sería aquel que combina conjuntos de diálogos relacionados con diversas actividades de la vida social y cuentos cortos relacionados con los temas de los diálogos. La extensión del cuento puede aumentarse gradualmente. De esta manera, los estudiantes pueden comenzar a leer con facilidad y también les ayudará a comprender los recursos lingüísticos estrechamente relacionados con los temas dados.

Sin embargo, dado que el desarrollo de las habilidades para hablar en lengua de aprendizaje (TL) sigue siendo la prioridad principal en el nivel 2 de BTM, no resulta tan efectivo que los profesores dediquen tanto tiempo a cubrir la cantidad de material de lectura requerido durante la clase. Por lo tanto, para promover un aprendizaje lector eficaz en los estudiantes, los profesores deberían considerar el uso de cuadernos de ejercicios, además del libro de texto. Es decir, el libro de texto debe estar diseñado para un entrenamiento intensivo de balbuceo en actividades de la vida social y para demostrar cómo interpretar significados.

Por otro lado, los cuadernos de ejercicios de lectura de Babble Training deben utilizarse como parte del currículo para que los estudiantes puedan realizar la lectura requerida por sí mismos. Es fundamental que el currículo incluya un método de evaluación adecuado para que los estudiantes mantengan los recursos lingüísticos adquiridos en las lecturas.

Ahora, consideremos ideas para elegir libros de trabajo eficientes para que los estudiantes realicen el entrenamiento de Babble para la lectura requerido por un plan de estudios de clase sistemático.

Primero, elige un comienzo fácil. El objetivo de Babble Training para la lectura es adquirir intuiciones sobre las estructuras de la lengua materna y el uso de expresiones, especialmente las escritas. Por lo tanto, el contenido del libro de texto no tiene por qué ser difícil en absoluto. Debe ser interesante y fácil de entender.

Además, debe ser adecuado al nivel de comprensión de los estudiantes. Obviamente, usar cuentos de preescolar como material de lectura para estudiantes adultos sería inadecuado. Incluso si los estudiantes son profesionales, usar revistas industriales altamente profesionales como material de lectura para el entrenamiento de lectura de nivel inicial tampoco sería efectivo. El material de lectura de nivel inicial debe incluir historias relacionadas con la vida cotidiana y social sobre diversos temas.

En cuanto al formato de los materiales de texto, recomendaría libros sólidos y algo gruesos de entre 150 y 200 páginas en lugar de folletos, impresiones o volantes temporales. Más adelante, explicaré por qué prefiero libros sólidos y algo gruesos como material de texto. No quiero decir necesariamente que las historias tengan que ser tan largas. Pueden tener tan solo dos o incluso una página. La longitud de las historias no importa.

En segundo lugar, elige un ritmo tranquilo. Los cuadernos de trabajo para la lectura... Sería mejor editarlo en modo bilingüe, tanto en la lengua materna como en la materna. Sería ideal que cada página de la materna se mostrara inmediatamente después de la correspondiente en la lengua materna. De esta manera, los estudiantes pueden comparar fácilmente el significado de las expresiones en la lengua materna con el significado real de su lengua materna en la página siguiente.

No solo es importante el formato bilingüe de los cuadernos, sino también que incluyan glosarios de palabras clave y expresiones idiomáticas en la parte inferior de cada página. Para los principiantes, especialmente en un idioma desconocido, encontrarían numerosos elementos léxicos nuevos en cada página. Consultar cada vez todos esos elementos en el diccionario no sería tarea fácil. Además, algunas expresiones idiomáticas no serían fáciles de encontrar en los diccionarios.

Además, consumiría mucho tiempo. Los estudiantes tendrían que consultar diccionarios para encontrar el significado de algunas palabras que no están glosadas. Aun así, el glosario les ahorraría mucho tiempo. Por lo tanto, el acceso instantáneo al significado de cada palabra nueva les ayudaría a seguir leyendo. Esto les facilitaría mucho el progreso en la lectura. Les ahorraría tiempo y esfuerzo, y les ayudaría a mantener la concentración.

El modo bilingüe y los glosarios de palabras clave son muy importantes, ya que permiten a los estudiantes estudiar por su cuenta fuera de clase. Además, son eficaces, ya que les permiten ahorrar mucho tiempo y esfuerzo. Más adelante explicaré en detalle cómo pueden usar el modo bilingüe y los glosarios de palabras clave.

En tercer lugar, elige por diversión. El esfuerzo de elegir libros de ejercicios bilingües con glosarios de palabras clave o expresiones idiomáticas puede ser mucho más gratificante si se buscan libros de ejercicios con historias interesantes o bien conocidas por los estudiantes. Esto sería especialmente útil para los estudiantes principiantes, ya que tendrían más dificultades para comprender algunas oraciones complejas en la lengua materna. Por ejemplo, muchas historias de las Fábulas de Esopo son bien conocidas por la mayoría de la gente. Por lo tanto, si se pudieran encontrar las Fábulas de Esopo como libro de ejercicios para el entrenamiento de balbuceo, se les ayudaría a leer y comprender las historias en la lengua materna mejor que las historias específicas de una cultura desconocida.

4

Habilidades de lectura y desarrollo de vocabulario

Durante la última década, aproximadamente, se han producido numerosos debates y reuniones entre profesores de lenguas extranjeras y profesionales de la lengua extranjera (LE) en relación con los nuevos métodos de evaluación de lenguas extranjeras, como el OPI y el iBT TOEFL, que pueden considerarse cambios revolucionarios respecto a los métodos tradicionales de evaluación. Sin embargo, sigo pensando que la realidad de la LLE no ha cambiado tanto. Esto se debe a que los profesores no han cambiado.

Creo que la principal causa del fracaso de las clases tradicionales de lenguas extranjeras para formar hablantes bilingües competentes es el enfoque basado en la traducción gramatical. La gramática no es necesaria, al menos para hablar, leer y escribir con fluidez. No se trata simplemente de que la gramática no sea necesaria para aprender un idioma, sino de que causa graves problemas en la adquisición del idioma o de una lengua extranjera. La gramática les quita la mayor parte del valioso tiempo a los estudiantes y no les deja tiempo para probar algo diferente.

Para cuando se dan cuenta de que la gramática no funciona, ya es demasiado tarde para la mayoría de los estudiantes, pues deben graduarse de la escuela. Además, la gramática crea el horrible hábito de tener que reorganizar la información entrante y saliente para procesarla correctamente, lo que retrasa el proceso de percepción y producción lingüística. Esto es especialmente cierto para el procesamiento de idiomas con puntuaciones bastante altas de distancia lingüística en las características fonéticas. También causa problemas significativos con la pronunciación. Debido a la falta de balbuceos repetidos o al entrenamiento repetido de balbuceo sobre sonidos incorrectos, se crea un fuerte hábito de pronunciación deficiente. Sin embargo, los profesores no reconocen este tipo de problemas.

Algunas personas me preguntaron cómo podían los estudiantes leer en lengua materna sin conocer la gramática. Cuando les dije que podían leer en lengua extranjera principalmente buscando el significado de los morfemas, palabras y modismos que se usan en una oración, no lo aceptaron. En cambio, dijeron que sería mucho más efectivo y preciso leer en lengua materna con una comprensión gramatical de las oraciones. Aunque les dije con vehemencia que no es necesariamente así, no querían que me molestaran. Realmente lo creían porque era la única manera en que aprendieron a leer en lengua materna.

Desarrollar habilidades de lectura sin gramática es simple y claro. Si se habla una lengua extranjera, se puede leer en ella con naturalidad sin gramática. Por eso es tan importante que los estudiantes completen con éxito el proceso de formación BTM nivel 1. Sin embargo, no ocurre lo contrario.

Cuando los estudiantes lean oraciones complejas, debemos permitirles que deduzcan el significado primero conjeturando y luego verificando su significado con el significado auténtico proporcionado por los profesores de lengua extranjera o la versión de la historia en lengua materna. Gracias a la intuición lingüística en lengua materna adquirida mediante el balbuceo de nivel 1, los estudiantes pueden comprender la lectura con bastante precisión en la mayoría de las oraciones simples. Al abordar oraciones complejas con conjeturas, los estudiantes desarrollarán la intuición lingüística necesaria mediante sus propios procesos de corrección de errores con la ayuda de los profesores o de la versión de la historia en lengua materna.

Una vez que los estudiantes comienzan a leer tras alcanzar con éxito el nivel 1 de balbuceo, la recopilación de una gran cantidad de recursos lingüísticos se convierte en la herramienta más importante y crucial para avanzar en su nivel de adquisición de la lengua materna. Esto acelerará el proceso de mejora de habilidades como hablar, leer, escuchar y escribir. Por lo tanto, una práctica eficaz de desarrollo de vocabulario es crucial para el éxito en la adquisición de la lengua materna.

Muchas personas han recurrido a diversos métodos para memorizar las palabras y expresiones idiomáticas que aprenden al leer. Muchos optan por escribir cada una de ellas varias veces en una hoja de papel, como 10 o 20 veces seguidas.

Algunas personas leen libros continuamente sin distinguir las palabras o expresiones idiomáticas del texto como ejercicio extra para memorizarlas. Buscan el significado en un diccionario y continúan leyendo. Otras ni siquiera se molestan en buscar el significado de las palabras nuevas. Creen que el significado surgirá naturalmente del contexto al continuar leyendo mucho.

Sin embargo, para que sea más eficaz, creo que los esfuerzos por memorizar recursos lingüísticos deben realizarse repetidamente a lo largo del tiempo para que estén disponibles para su uso en el habla.

Por las razones mencionadas, recomiendo libros de volumen grueso en lugar de libros de volumen delgado como cuadernos de lectura. Los libros de volumen grueso tienen muchas páginas, y estas páginas ofrecen mucho espacio libre para que los estudiantes anoten las palabras y expresiones idiomáticas que encuentran durante el proceso de lectura. Esta es una idea que utilicé personalmente cuando enseñaba inglés en Corea. Cada vez que encontraba palabras o expresiones idiomáticas nuevas, las anotaba un total de seis a siete veces: unas seis veces en seis lugares diferentes del libro, con una separación de diez a veinte páginas, y una última vez en mi cuaderno de vocabulario. De esta manera, casi todos los espacios en blanco del libro estarían llenos de las palabras y expresiones idiomáticas escritas a mano por mí.

Luego, cada vez que pasaba una página, y antes de empezar a leerla, leía e intentaba memorizar las palabras o expresiones idiomáticas que había escrito anteriormente. Si encontraba algunas palabras o expresiones idiomáticas tan extrañas que parecían nuevas, las escribía unas seis o siete veces, como se muestra arriba. De esta manera, las palabras léxicas se repetían para memorizarlas.

Además, cuando no estoy leyendo y tengo tiempo, consulto el libro de vocabulario para repasar todo el vocabulario que he recopilado. De esta manera, incluso después de terminar con ciertos libros, lo tengo guardado en un lugar para mis revisiones frecuentes. Esto siempre me ha sido muy útil para aprender mucho vocabulario en inglés. Además, en mis notas, guardo toda la información importante que aprendí corrigiendo errores para no tener que repetirlos.

Los profesores de lenguas extranjeras (LE) deberían enfatizar la importancia del vocabulario y recomendar a los estudiantes que desarrollen sus propios métodos para mantenerlo siempre disponible en la memoria. Es evidente que un volumen de gramática excesivamente extenso solo obstaculizaría el desarrollo de la competencia oral en lenguas extranjeras. Por otro lado, recopilar un volumen de palabras y modismos en lenguas extranjeras sin duda aceleraría su adquisición.

CAPÍTULO 10

Cómo enseñar: BTM Nivel 3: Añadiendo balbuceos para la comprensión auditiva

1

Ideas para el diseño de clases

Al finalizar el curso de balbuceo de nivel 2, se espera que los estudiantes dominen el lenguaje oral relacionado con las actividades de la vida personal y social. Deberían ser capaces de expresar sus propios significados utilizando las expresiones y el léxico adquirido en estudios de niveles anteriores. En otras palabras, pueden ser bastante comunicativos en lengua materna si así lo desean.

Sin embargo, aunque puedan ser bastante comunicativos sobre sus actividades personales y sociales, los estudiantes se verán desafiados por la falta de expresión para desenvolverse en el mundo empresarial. Además, se verán desafiados por los lenguajes mediáticos[30], algo que no les preocupaba en los niveles anteriores, ya que se sentirían demasiado alejados de dichos lenguajes.

Ser capaz de escuchar los lenguajes mediáticos y comprenderlos son dos cosas diferentes. Ser capaz de escuchar los lenguajes mediáticos significa poder escuchar con claridad e identificar las formas individuales de las palabras y las estructuras de las expresiones utilizadas en ellos. En otras palabras, se refiere a la habilidad de comprensión auditiva, que sin duda requiere mucha práctica.

---

[30] Utilizo el término "lenguajes mediáticos" en referencia a ese tipo de idiomas hablados por hablantes de lenguas tradicionales en el entorno de los medios de comunicación masivos, como la radio y la televisión.

Sin embargo, para comprender los lenguajes mediáticos que se escuchan con claridad se requiere el uso de vocabulario. Sin conocer o poder descifrar el significado de las palabras según el contexto, simplemente no se pueden entender. A partir de esta etapa, el uso de vocabulario lo es todo en el dominio de la lengua materna.

El entrenamiento de balbuceo de nivel 3 se compone de balbuceos para hablar, leer y escuchar. A continuación, se presentan algunas ideas a considerar al diseñar la clase:

1. Las instrucciones de clase deben realizarse mediante un método directo para que los estudiantes puedan comprometerse plenamente a hablar en lengua materna.

2. El objetivo de Babble Training es que los estudiantes adquieran alrededor de 200 idiomas de negocios[3133].

3. El enfoque principal de la clase debe estar siempre en el entrenamiento de balbuceo para las expresiones relacionadas con la actividad empresarial y en mejorar las habilidades de expresión oral con el propio significado.

4. El entrenamiento de lectura Babble debe tener como objetivo que los estudiantes lean aproximadamente 2 o 3

---

[31] Utilizo el término, idiomas de negocios, en referencia a los idiomas coloquiales hablados por hablantes de TL en entornos de actividad comercial tales como abrir cuentas bancarias, informar a la policía, contactar a agentes gubernamentales, participar en reuniones de negocios, limpieza en seco, concertar citas, ir a viajes de negocios, hablar con la policía en la calle, reunión para una entrevista de trabajo, reunión de padres en la escuela, comprar pólizas de seguro, comprar una computadora, comprar flores, comprar boletos, reunión de desayuno, intercambio de autos, reparación de autos, compra de un auto, solicitud de préstamo, cierre, reunión con un abogado, en una gasolinera, mostrar identificación, obtener una multa de tránsito, ordenar comida en un restaurante, saludos en el trabajo, reunión con un jefe, reunión con un empleado, hacer llamadas telefónicas de negocios, reunirse con clientes, invitar a clientes, responder a quejas de los clientes, pedir excusas, asistir a fiestas de negocios, recomendar personas, etc.

libros en lengua materna y mantengan con éxito los elementos léxicos recopilados de las lecturas.

5. El entrenamiento de Babble para la comprensión auditiva debe tener como objetivo que los estudiantes adquieran las habilidades de comprensión auditiva de los lenguajes de los medios estándar en el mundo real, como la televisión, el cine y la radio.

6. El tiempo requerido para el nivel 3 de balbuceo también varía según la edad de los estudiantes, el número de alumnos por clase, el número de clases semanales y otras circunstancias. Para estudiantes universitarios con cinco horas de clase semanales, tomaría aproximadamente de uno a dos semestres.

7. Se debe animar a los estudiantes a utilizar las expresiones aprendidas previamente. Se debe insistir en que sean productivos al expresar su propio significado.

8. El entrenamiento para la comprensión auditiva debe basarse únicamente en los significados individuales de los morfemas, palabras y expresiones idiomáticas en relación con el contexto, en lugar de en el análisis gramatical de las oraciones.

9. Las evaluaciones deben centrarse, entre otras cosas, en la capacidad de los estudiantes para utilizar las expresiones adquiridas para expresar su propio significado; en la comprensión lectora, así como del vocabulario de la lectura; y en las habilidades de comprensión auditiva.

de los estudiantes en lengua de aprendizaje se ve fuertemente influenciada por su capacidad para hablar en lengua de aprendizaje. Si hablan en lengua de aprendizaje con fluidez y una articulación clara, sin duda mejorarán su comprensión auditiva. Cualquier expresión que puedan expresar con fluidez, los estudiantes no tendrán problemas para escucharla y comprenderla, independientemente de la velocidad de los lenguajes de comunicación en lengua de aprendizaje. Sin embargo, si los estudiantes no tienen una buena articulación, tendrán dificultades para escuchar los lenguajes de comunicación, incluso a un ritmo mucho más lento.

de los estudiantes en el dominio de las expresiones mínimas requeridas en los niveles anteriores del balbuceo es la clave para el éxito inicial en la adquisición de las habilidades de comprensión auditiva.

Por lo tanto, avanzar sin adquirir las bases sólidas de los niveles anteriores no sería efectivo. Por lo tanto, para los estudiantes jóvenes y dependientes del maestro, sería más efectivo dedicar tiempo suficiente a construir bases sólidas en los balbuceos de nivel inferior antes de abordar los de nivel superior.

Si bien el nivel 3 de balbuceo incluye entrenamiento para adquirir habilidades de comprensión auditiva, esto no significa que los estudiantes puedan comprender todos los lenguajes de la lengua materna. Requiere mucho más apoyo del vocabulario, además del entrenamiento, para adquirir habilidades de comprensión auditiva. Para ello, la lectura continua para recopilar y mantener una mayor cantidad de recursos lingüísticos cobra mayor importancia.

El vocabulario disponible, basado en los volúmenes de lectura de balbuceos de niveles 2 y 3, es muy limitado, y sería abrumador para los estudiantes desafiar los lenguajes mediáticos. Se requeriría el vocabulario de al menos 20 volúmenes de libros para comprender los lenguajes mediáticos en temas generales. Por lo tanto, los estudiantes deben concentrarse continuamente en desarrollar el vocabulario más completo posible leyendo continuamente en lengua materna.

2

Añadiendo entrenamiento de balbuceo para la comprensión auditiva

Los estudiantes deberían ser capaces de escuchar y comprender el lenguaje oral de la lengua de aprendizaje (TL) al completar el nivel 2 de balbuceo. El entrenamiento intensivo para hablar con la ayuda de hablantes nativos o profesores nativos les permitirá adquirir las habilidades no solo de hablar, sino también de escuchar en la TL. Además, según mi propia experiencia, los estudiantes que aprenden por su cuenta con la ayuda de la tecnología de audio también deberían desarrollar estas habilidades.

El entrenamiento de balbuceo para desarrollar la comprensión auditiva puede realizarse con bastante eficacia en el nivel inicial utilizando las versiones de audio, si están disponibles, de los libros de ejercicios de balbuceo para leer que se utilizan en niveles anteriores. Por supuesto, sería mejor si la versión de audio incluyera los textos hablados a diferentes velocidades.

Una de las ventajas de utilizar las versiones en audio de los cuadernos de ejercicios de lectura es que facilitan el inicio, ya que los estudiantes aún recuerdan la historia que leyeron anteriormente.

Como la historia y el vocabulario les resultan familiares, les resulta mucho más fácil concentrarse en escuchar la historia.

Además, los estudiantes tendrán la oportunidad de aprender la pronunciación de las palabras cuyos sonidos les resultan difíciles de aprender. Además, podrán repasar el vocabulario estudiado previamente. Una vez que los estudiantes establezcan una base sólida de comprensión auditiva, podrán usar los medios de comunicación en lengua materna para mejorar su comprensión auditiva.

Si las versiones en audio de los libros de ejercicios de lectura para niños no están disponibles, se pueden utilizar los medios masivos de comunicación TL desde la etapa inicial. Una cosa que abruma a los estudiantes cuando se exponen a los lenguajes de los medios es la velocidad y la extensión del lenguaje.

Además, los estudiantes tienden a desanimarse por la gran cantidad de vocabulario en los lenguajes multimedia. Sentirse abrumado y desanimado es muy natural al principio. Sin embargo, dependiendo de los logros individuales, algunos estudiantes pueden sentirse muy orgullosos y seguros al descubrir que escuchar los lenguajes multimedia no es tan difícil.

Aunque la velocidad y la extensión de los lenguajes mediáticos parecen amenazantes al principio, los estudiantes pronto descubren que lo que realmente los desafía no es la velocidad ni la extensión, sino el nivel de vocabulario. Se dan cuenta fácilmente de la importancia de retener el vocabulario. Acostumbrarse a la velocidad de los lenguajes mediáticos es bastante fácil.

Es evidente que el vocabulario adquirido hasta el nivel 2 de balbuceo no sería suficiente para abarcar los diversos eventos que ocurren en cada campo de la industria. El número de vocabularios variaría según los materiales utilizados.

Sin embargo, teniendo en cuenta los volúmenes objetivo para cada nivel de balbuceo, uno podría tener aproximadamente una idea de la cantidad de vocabulario adquirido para entonces: alrededor de 2.000 vocabularios de nivel muy básico del objetivo de balbuceo de nivel 1 de alrededor de 500 expresiones independientes relacionadas con la actividad individual de la vida diaria; y, dependiendo del número de libros leídos por cada estudiante, alrededor de 1.500 a 3.000 vocabularios del objetivo de balbuceo de nivel 2 de alrededor de 200 expresiones independientes relacionadas con la actividad social, y alrededor de dos a tres libros de 100-150 páginas.

Incluso si los estudiantes adquieren y mantienen todo el vocabulario, lo cual no sería el caso para la mayoría, excepto para aquellos que se comprometen firmemente con la adquisición de la Lengua de Señas (TL), el número total de vocabulario adquirido tras el nivel 2 de balbuceo sería de aproximadamente 5000. Sin embargo, dado que muchos de estos vocabularios corresponden a situaciones de la vida cotidiana, no se puede esperar que los estudiantes se familiaricen con los idiomas utilizados en los medios de comunicación. Por lo tanto, es importante comprender esta nueva situación desafiante y no desanimarlos en absoluto.

El primer paso para desafiar los lenguajes mediáticos de la lengua materna consiste en producir los materiales de estudio grabando fragmentos de dichos lenguajes. Al grabarlos, los estudiantes podrán obtener discursos con una articulación muy clara y sin ruido de fondo. La duración de la grabación puede ser de unos 5 minutos. De ser posible, lo ideal para los principiantes es grabar a diferentes velocidades.

En lugar de grabar manualmente los idiomas de los medios, los profesores pueden utilizar materiales de audio producidos por entidades comerciales para fines similares. Por ejemplo, la colección de discursos presidenciales famosos en lengua materna puede ser una buena opción como texto de balbuceo para desarrollar la comprensión auditiva. También se pueden utilizar fácilmente copias de audio de idiomas de los medios grabadas profesionalmente.

Ahora debería comenzar el entrenamiento para desarrollar la comprensión auditiva. Es recomendable que los estudiantes escuchen primero la versión a velocidad normal varias veces. De esta manera, localizarán las partes que les cuesta comprender. Después, podrán escuchar la versión más lenta para comprender los elementos de las expresiones. Una vez que hayan comprendido los componentes de esas partes difíciles de escuchar a velocidad normal, podrán volver a escucharla a velocidad normal.

Una vez que los estudiantes se familiaricen con la velocidad de los lenguajes de los medios de comunicación, se les debe alentar a seguir escuchando dichos lenguajes continuamente como parte de la vida diaria.

3 Mantener saldos eficientes

A medida que los estudiantes avanzan hacia niveles más avanzados de balbuceo, la gestión eficaz de la clase requiere que los docentes sean más sofisticados en el diseño de las clases. Diría que el éxito de la enseñanza de Lengua de Señas a estudiantes de este nivel depende de la gestión eficaz de las diferentes áreas del Entrenamiento de Balbuceo.

Considerando la realidad del FLE contemporáneo, podría ser solo un objetivo nominal para la mayoría de los programas escolares de lenguas extranjeras (LE) guiar a los estudiantes hacia la adquisición de la lengua materna. Si bien casi todas las escuelas afirman tener programas de LE para promover la competencia oral, no es exagerado decir que muchas de ellas no han logrado corroborar tales afirmaciones.

Algunas de las principales razones son que no han adoptado métodos FLE adecuados; y que, aun si lo han hecho, no han mantenido el equilibrio sistemático entre las diferentes áreas de habilidades que se desarrollan a lo largo de los programas. Cuando los programas FLE no están bien orientados, los factores del estudiante no influyen en el éxito de un programa FLE.

Los estudiantes que alcanzan el nivel 3 de balbuceo deberían sentirse cómodos con el dominio del lenguaje personal y social de la lengua de aprendizaje. Deberían ser capaces de continuar la comunicación en lengua de aprendizaje con los profesores, utilizando habilidades como la formulación de preguntas para aclarar palabras difíciles y expresiones idiomáticas, así como la solicitud de repetición o la parafraseo de expresiones poco claras. En otras palabras, los estudiantes pueden tomar la iniciativa en la comunicación para controlar el flujo de significados entrantes y salientes.

Sin embargo, es evidente que los estudiantes de este nivel pueden dominar expresiones similares o inventadas a partir de las que adquirieron mediante el balbuceo con mucha más fluidez que las nuevas expresiones que tendrían que inventar por sí mismos. Esto indica indirectamente la importancia de que los estudiantes adquieran tantas expresiones como sea posible durante el proceso de entrenamiento del balbuceo para hablar.

Por lo tanto, es mucho más efectivo que los estudiantes, durante la etapa inicial del aprendizaje de la lengua materna, se familiaricen con las expresiones adecuadas que deben adquirir, en lugar de verse obligados a inventar sus propias formas de expresión. Por ello, los profesores siempre deben ofrecer nuevas expresiones útiles durante la clase.

Para la clase de balbuceo de nivel 3, la instrucción debe realizarse en lengua de señas (TL). Las nuevas expresiones que se introducirán en balbuceo de nivel 3 corresponden a expresiones reales de situaciones relacionadas con la actividad empresarial. Dado que los estudiantes ya han adquirido las habilidades de expresión oral en situaciones de la vida cotidiana, como las actividades personales y sociales, les resulta mucho más fácil aprender las nuevas expresiones que se les presentan.

Es decir, los estudiantes, que antes necesitaban repetir la escucha y recurrir al libro de texto para comprender los elementos de las oraciones y el significado de las nuevas expresiones, ahora pueden escuchar y comprenderlas sin tener que repetir el audio ni pedir que se las repitan. Además, pueden recitar y aprender las expresiones con menos esfuerzo de balbuceo. Dependiendo de las habilidades individuales de la lengua materna, algunos estudiantes pueden aprender nuevas expresiones simplemente escuchándolas unas cuantas veces.

Aunque los estudiantes parezcan tener un buen dominio de la lengua materna para temas específicos, aún no producirán expresiones idiomáticas que no hayan oído o leído antes. Por lo tanto, se les debe introducir gradualmente a expresiones de temas más amplios.

Por lo tanto, es mejor comenzar a introducir expresiones del entorno empresarial con las que sean más realistas para los estudiantes y luego continuar con las que puedan serlo en el futuro. La mejor manera de descubrir las expresiones empresariales más necesarias para los estudiantes es preguntándoles.

Los estudiantes que aprenden Lengua de Señas (TL) por sí mismos no cuentan con un ambiente de clase regular. Esto retrasaría su adquisición. Sin embargo, centrarse continuamente en las pistas de Entrenamiento de Balbuceo para hablar con los equipos de audio, así como en el Entrenamiento de Balbuceo para leer, escuchar y escribir (nivel 4 de Balbuceo BTM), les ayudará a adquirir la TL.

Para mantener un equilibrio eficiente en la enseñanza entre las áreas de balbuceo (hablar, leer y escuchar) en las clases de BTM nivel 3, los profesores de lenguas extranjeras (LE) deberán diseñar las actividades de la manera más efectiva, considerando la edad de los estudiantes, las horas de clase semanales y la duración del programa. Sin embargo, el enfoque principal de la clase debe ser ayudar a los estudiantes a adquirir un mayor nivel de habilidades de habla, basándose en las nuevas expresiones que se les presentan a través de las respectivas áreas de balbuceo.

Por ejemplo, los profesores pueden rotar las clases para los balbuceos de diferentes áreas de entrenamiento como hablar, leer y comprender escuchar: los lunes para hablar, los martes para leer, los miércoles para comprender escuchar, los jueves para revisar hablar, leer y escribir, y los viernes para evaluar, por ejemplo.

Además, las horas de clase semanales para cada área de los balbuceos se pueden asignar como 2, 2 y 1 horas respectivamente para el balbuceo para hablar, leer y comprender auditiva.

En la clase de lectura, a medida que los alumnos desarrollan la habilidad de leer sin mayor dificultad por sí solos, los profesores pueden utilizar nuevas palabras y expresiones idiomáticas del material de lectura para introducir nuevas expresiones que los alumnos puedan aprender. En la clase de comprensión auditiva, los profesores deberán explicar en detalle los fenómenos fonológicos que se producen con morfemas, palabras y frases específicos en determinados fragmentos de sonido para que los alumnos puedan comprenderlos y aprenderlos eficazmente.

Una vez que los estudiantes se familiaricen con los fenómenos sonoros, los profesores pueden llevar las clases a un nivel superior, por ejemplo, pidiéndoles que practiquen el lenguaje mediático. Este proceso les ayudará a adquirir los ritmos de los lenguajes formales de la lengua materna.

CAPÍTULO 11

Cómo enseñar: BTM Nivel 4: Adición de entrenamiento de balbuceo para la escritura

1

Ideas para el diseño de clases

El objetivo principal de los cursos de balbuceo hasta el nivel 3 era ayudar a los estudiantes a desarrollar la competencia oral en las formas coloquiales. Todo el proceso de capacitación se ha centrado en el desarrollo de la intuición lingüística, el desarrollo de la capacidad física no solo para la expresión oral, sino también para la comprensión auditiva, y la acumulación de recursos lingüísticos de la lengua materna. Gracias al desarrollo de la intuición, la fluidez de los significados entrantes y salientes se ha vuelto muy natural: los estudiantes no tienen que depender de conocimientos de la lengua materna ni de habilidades analíticas para procesar los significados. Gracias al desarrollo de la capacidad física, se mejora la capacidad de articular y escuchar las expresiones adquiridas o recién creadas. Se ha vuelto bastante fluido. Con los recursos lingüísticos acumulados hasta ahora, las expresiones necesarias en situaciones específicas se pueden recuperar y utilizar fácilmente del conjunto de recursos.

El balbuceo del cuarto nivel añade el entrenamiento para escribir. La escritura está orientada a desarrollar las habilidades creativas en las formas coloquiales y no coloquiales de la lengua de trabajo. Además, la escritura balbuceada permite presentar a los estudiantes diversos estilos de escritura de la lengua de trabajo. Otro concepto nuevo añadido a este nivel de formación en balbuceo son los idiomas profesionales, [32]en contraposición a los idiomas coloquiales, como los personales, sociales y de negocios, que se presentaron previamente. Los idiomas profesionales no son coloquiales, sino lenguajes de estilo oral, de presentación o de clase para presentar ideas o información. El entrenamiento en escritura complementará la formación en balbuceo de idiomas profesionales.

Nivel El entrenamiento de balbuceo se compone de balbuceos para aprender a hablar, leer, escuchar y escribir en idiomas profesionales. Las siguientes son algunas ideas a considerar al diseñar la clase:

1. Las instrucciones de clase deben realizarse mediante un método directo para que los estudiantes puedan comprometerse plenamente a hablar en lengua materna.

2. El entrenamiento de Babble debe ofrecer a los estudiantes la oportunidad de realizar presentaciones de aproximadamente 10 minutos en lengua materna sobre diversas ideas o productos unas 30 veces. Después de las presentaciones, se les invitará a debatir y comentar.

3. El enfoque principal de la clase debe estar siempre en el entrenamiento de Babble para idiomas profesionales y en la mejora de las habilidades de expresión oral con significado propio.

4. El entrenamiento de lectura Babble debe tener como objetivo que los estudiantes lean alrededor de 3 a 4 libros en lengua de aprendizaje y mantengan con éxito los elementos léxicos recopilados de las lecturas.

5. El entrenamiento de Babble para la comprensión auditiva debe continuar para que los estudiantes desarrollen sus habilidades de comprensión auditiva en los idiomas de

---

[32] Utilizo el término "lenguas profesionales" en referencia a las lenguas no coloquiales habladas por hablantes de lenguas tradicionales en entornos tales como presentaciones, conferencias y discursos ante un grupo de personas.

medios estándar, como la televisión, el cine y la radio. Además, las versiones en audio de los cuadernos de ejercicios pueden utilizarse para mejorar la comprensión auditiva.

6. El entrenamiento de escritura en Babble debe comenzar con la redacción de diarios personales. Después de escribir diarios personales, se les debe presentar a los estudiantes varios tipos de documentos comerciales de muestra en lengua de aprendizaje (TL) para que practiquen la redacción de documentos comerciales.

7. Se debe animar a los estudiantes a utilizar los estilos y las habilidades de los documentos de muestra. Además, se les debe animar a que se sientan libres de citar los idiomas de los documentos de muestra, así como de los materiales de lectura.

8. El lapso de tiempo requerido para el balbuceo de nivel 4 Varía según la edad de los estudiantes, el número de alumnos por clase, el número de clases semanales y otras cuestiones del entorno. Para estudiantes universitarios con cinco horas de clase semanales, tomaría aproximadamente de uno a dos semestres.

9. Las evaluaciones deben centrarse, entre otras cosas, en la capacidad de los estudiantes para utilizar las expresiones adquiridas para su propio significado (hablar, hacer presentaciones, comprender la lectura, así como el vocabulario adquirido en la lectura); las habilidades de comprensión auditiva y las habilidades de escritura creativa.

2

Añadiendo entrenamiento de balbuceo a la escritura

Para los estudiantes que han adquirido dominio oral de las formas coloquiales de las lenguas personales, sociales y de negocios, con amplios recursos lingüísticos disponibles, el aprendizaje de la escritura en lengua de origen será mucho más sencillo. No necesitarán ningún enfoque gramatical para empezar a escribir en lengua de origen. Al principio, será simplemente escribir sus propios significados en lugar de decirlos en lengua de origen. Pronto se encontrarán escribiendo páginas en lengua de origen como si lo hicieran en su propio idioma. Sin embargo, sin el éxito de los entrenamientos requeridos en los niveles anteriores, los esfuerzos por desarrollar las habilidades de escritura no serán efectivos.

Los profesores pueden comenzar la capacitación pidiendo a los estudiantes que escriban diarios de aproximadamente media página. De esta manera, escribirán actividades muy básicas de cada día sin añadir mucho lenguaje emocional ni descriptivo.

Luego, aproximadamente en un mes, los profesores pueden pedirles que escriban una página completa. Al aumentar la extensión del diario, los estudiantes deberán ser más específicos o detallados al describir actividades cotidianas aparentemente similares o rutinarias, utilizando lenguaje descriptivo o emocional. Para los estudiantes de grados superiores, los profesores pueden aumentar la extensión del diario a una página y media o dos, según su progreso. Luego, los estudiantes deberán escribir no solo sobre las actividades físicas, sino también sobre las actividades emocionales del día para cumplir con la cantidad requerida.

Para agilizar el progreso y ahorrar tiempo, los profesores pueden ofrecer ejemplos de diarios escritos en lengua de aprendizaje (LM) para que los alumnos tengan ideas de cómo empezar y continuar con el diario en LM. Además, se debe animar a los alumnos a utilizar todos los materiales que han usado para alcanzar el nivel actual: los libros de texto utilizados en cada nivel del vocabulario. Esto les animará a repasar los libros en busca de vocabulario y expresiones que aún recuerden o que se están desvaneciendo de su memoria.

Revisar los libros de texto o materiales utilizados anteriormente les ayudará a refrescar la memoria de la historia, así como el vocabulario recopilado, parte del cual podrían haber olvidado. El rendimiento de los estudiantes en la escritura puede variar según las bases lingüísticas que cada uno haya adquirido en las etapas previas de sus respectivas capacitaciones.

Animar a los estudiantes a que se sientan libres de citar las expresiones de ejemplo, ya sea parcial o totalmente, según su grado de adaptación a la situación, también les ayudará a desarrollar habilidades de escritura sin errores. Al imitar o citar las expresiones sin errores para transmitir su propio significado, desarrollarán el hábito y la intuición de escribir oraciones sin errores.

A veces, los estudiantes se enfrentan a situaciones en las que no pueden encontrar ejemplos de oraciones y no saben cómo expresar por escrito significados específicos. En tales casos, los profesores pueden mostrarles cómo expresarlos en lengua materna o pedirles que busquen en diccionarios significados claros y ejemplos, si los hay. Así, incluso si no encuentran ejemplos de escrituras correctas de dichos significados, los estudiantes los recordarán cuando reciban pistas o encuentren respuestas a la pregunta más adelante. Escribir un diario, como se mencionó anteriormente, ayudará a los estudiantes a hablar en lengua materna de forma narrativa. Los estudiantes pueden describir verbalmente lo que hicieron, vieron y cómo se sintieron.

A medida que los estudiantes se familiarizan con la descripción de sus actividades diarias, se les debe introducir en el vocabulario para la escritura comercial profesional. Por supuesto, se les debe animar a que sigan escribiendo diarios, ya que pueden hacerlo con mucha rapidez y facilidad.

Las personas tienden a sentirse muy agobiadas al producir documentos comerciales como cartas, tarjetas de invitación, avisos, solicitudes de patrocinio, currículum vítae, cartas de autopromoción, anuncios, quejas, declaraciones juradas, actas de reuniones, etc. Incluso muchos hablantes nativos con educación superior se sienten incómodos al producir este tipo de documentos. La razón por la que no se sienten cómodos no es porque no sepan cómo plasmar sus opiniones por escrito, sino porque simplemente no están familiarizados con el estilo de estos documentos.

Sin embargo, sigue siendo importante que los estudiantes se familiaricen con este tipo de documentos profesionales. Una vez que se familiaricen con diversos tipos de documentos profesionales y tengan la oportunidad de practicar imitando o citando ejemplos de estos documentos, adquirirán mucha más confianza para manejar estos asuntos por sí mismos o con la ayuda de otros.

3

Mantener los equilibrios

El nivel 4 de balbuceo es, de hecho, el último paso para desarrollar las habilidades lingüísticas, ya que el siguiente nivel es el primer paso para mejorar la competencia oral al nivel avanzado o incluso al nivel superior, según las habilidades lingüísticas. Al completar este nivel, se espera que los estudiantes puedan desenvolverse con fluidez en actividades personales, sociales y profesionales de la comunidad de hablantes nativos. Todas las interacciones intensivas en hablantes nativos durante el balbuceo tienen como objetivo ayudar a los estudiantes a lograr el objetivo práctico de poder interactuar con los miembros de la comunidad de hablantes nativos.

El entrenamiento de balbuceo de nivel 1 es fundamental para obtener la lengua materna, ya que el éxito en este nivel garantiza una base sólida de los factores de adquisición: intuición lingüística, capacidad física, recursos lingüísticos y capacidad productiva. Por lo tanto, al principio, es mucho más importante que los estudiantes comprendan los fenómenos sonoros, las estructuras y el uso de las expresiones de la lengua materna, articulen los sonidos de la lengua materna con fluidez, mantengan las expresiones adquiridas y las utilicen en entornos similares, que comprendan las reglas sistemáticas de la lengua materna y sepan leer y escribir en ella.

Dado que el nivel 1 es crucial para el éxito en el aprendizaje de la lengua materna, ningún estudiante podrá adquirirla sin el entrenamiento de balbuceo de nivel 1. Por lo tanto, quien logre dominar los factores básicos de adquisición podrá desenvolverse en la vida en comunidad.

El segundo requisito para adquirir la lengua materna es el mantenimiento exitoso de los recursos lingüísticos. Este mantenimiento requiere un compromiso constante y constante para revisarlos periódicamente. Sin esto, los logros en el nivel superior no se mantendrán a largo plazo. Se desvanecerán rápidamente con el tiempo. La comprensión temporal de los recursos, como si se pasara por los niveles superiores del balbuceo, no conducirá a una adquisición exitosa. El hecho de que incluso personas que han usado su lengua materna durante décadas a lo largo de su vida puedan perderla por no mantenerla durante muchos años demuestra claramente la importancia de mantener los recursos con frecuencia y constancia.

Por lo tanto, el concepto principal de equilibrio a lo largo de las etapas del Entrenamiento del Balbuceo debe entenderse en términos del equilibrio entre el desempeño oral y el mantenimiento de recursos. Ninguna habilidad de escritura, lectura o comprensión auditiva justifica una competencia oral insuficiente. Las habilidades de escritura, lectura y comprensión auditiva solo pueden reconocerse con créditos completos cuando se reconoce plenamente la competencia oral.

Por lo tanto, es importante animar y motivar a los estudiantes para que practiquen las destrezas de hablar, leer, escuchar y escribir sin fallar en cada área. Sin embargo, es mucho más importante que desarrollemos ideas y planes para hacerlo eficazmente, centrándonos en fortalecer la mejora de los factores de adquisición y el conjunto dinámico de recursos lingüísticos. Necesitamos diseñar las clases de tal manera que los estudiantes demuestren lo que han aprendido en los respectivos niveles de adquisición mediante un desempeño equilibrado de la competencia oral. En otras palabras, todos los esfuerzos en las destrezas de hablar, leer, escuchar y escribir deben converger para lograr una competencia oral de alto nivel.

CAPÍTULO 12

Cómo enseñar: BTM Nivel 5 : Incorporación del entrenamiento de balbuceo para una competencia oral integral

1

Ideas para el diseño de clases

Al completar con éxito el entrenamiento de balbuceo de nivel 4, se puede considerar que los estudiantes han adquirido la lengua de señas (TL) a un nivel avanzado de competencia oral. Hay tres factores clave para alcanzar altos niveles de competencia oral: la calidad de la capacidad física, la cantidad de recursos lingüísticos y la capacidad de comprender la cultura. Si la calidad de la adquisición es deficiente, el mal hábito de la TL puede persistir durante toda la vida.

Por ejemplo, si la capacidad física es muy baja debido a la falta de práctica suficiente, es probable que dicha articulación deficiente no desaparezca. La insuficiencia de recursos lingüísticos afectaría directamente la competencia oral, ya que podría dificultar la comunicación efectiva. La falta de comprensión de la cultura impide procesar algunos de los significados entrantes culturalmente sensibles, lo que a su vez provoca un procesamiento inadecuado de los significados salientes.

Este nivel es el curso final del BTM orientado a la competencia oral. Como curso final, se centra en ampliar el vocabulario y las experiencias culturales de los estudiantes para maximizar su competencia oral. Este nivel se caracteriza por su formación integral en competencia oral. Una competencia oral de alto nivel no se logra simplemente mediante la comprensión del significado léxico entrante y la producción de formas léxicas salientes. Requiere la comprensión no solo de los significados superficiales, sino también de los significados de fondo relacionados con la cultura del país de la lengua de origen. También requiere una comprensión profunda de los antecedentes políticos e históricos de la sociedad de la lengua de origen, además de la cultura. Cuanto más se conozca el país de la lengua de origen, mayor será la competencia oral que se pueda alcanzar.

Un nuevo concepto que se añade a esta etapa final del Entrenamiento Babble son los lenguajes culturales[33] que se distinguen de los tipos de lenguajes introducidos en los niveles anteriores del Entrenamiento Babble.

El entrenamiento de balbuceo de nivel 5 se compone de balbuceos para aprender a hablar en idiomas culturales, leer, escuchar y escribir. Las siguientes son algunas ideas a considerar al diseñar la clase:

1. El entrenamiento integral de competencia oral debe tener como objetivo invitar a los estudiantes a debates flexibles y creativos sobre una amplia gama de áreas de interés. Además, se les debe animar a familiarizarse con los lenguajes específicos de la cultura, como proverbios, dichos, chistes y citas textuales de personajes famosos de la comunidad lingüística. Se les debe invitar a debatir y comentar, incluyendo citas de las lenguas culturales.

2. El funcionamiento de la clase no debe limitarse a la formalidad ni a ciertos patrones regularizados. Más bien, debe ser muy flexible en función de las necesidades de

---

[33] Utilizo el término "lenguas culturales" para referirme a las lenguas idiomáticas o proverbiales habladas por hablantes de lenguas de lenguas extranjeras (LT) como instrumentos metafóricos para transmitir significados implícitos. También lo utilizo para referirme a las lenguas específicas de la cultura, basadas en la tradición y la historia de la comunidad LT.

los estudiantes. entusiasmos, intereses, respuestas y deseos sobre temas o asuntos en curso.

3. Son importantes los esfuerzos continuos para actualizar el vocabulario utilizado por los estudiantes y para que los profesores introduzcan nuevos términos útiles.

4. El enfoque principal de la clase siempre debe estar en el entrenamiento de la competencia oral en torno a los lenguajes culturales.

5. Se debe alentar a los estudiantes a familiarizarse con los aspectos detallados de la cultura TL, especialmente con las culturas que contrastan con la suya.

6. Los libros de ejercicios de lectura de Babble Training ya no tienen que incluir la traducción. Los estudiantes deben poder leer libros y revistas solo en lengua materna con una comprensión precisa. Se les debe animar a leer libros sobre historia, tradición y otras culturas para que puedan aplicar lo aprendido en la práctica de la competencia oral.

7. Se debe animar a los estudiantes a escuchar la radio o ver la televisión en busca de idiomas culturales. Además, se les debe animar a compartir noticias, ideas e información con otros para participar en debates.

8. Duración: Uno a dos semestres.

9. Las evaluaciones deben centrarse, entre otras cosas, en la capacidad de los estudiantes para utilizar los lenguajes culturales para expresar sus propios significados, en la comprensión lectora, así como en el vocabulario adquirido durante la lectura; En las habilidades de comprensión auditiva y escritura creativa. Ninguna evaluación debe centrarse en los errores gramaticales.

2

Entrenamiento de balbuceo Para una competencia oral integral

Los estudiantes que se han esforzado al máximo para completar el entrenamiento de balbuceo previo ya han alcanzado un nivel avanzado de competencia oral. Ahora pueden enfrentarse al mundo real de la lengua extranjera e integrarse en la comunidad sin mayor dificultad. Deberían ser capaces de realizar actividades comerciales, incluyendo conseguir un trabajo que no se especialice en el uso profesional de la lengua extranjera. Con este nivel de balbuceo exitoso, los estudiantes pueden optar por enfrentarse a la vida real en la comunidad de lengua extranjera y mejorar su competencia oral.

Una vez que los estudiantes alcanzan con éxito este alto nivel de Entrenamiento del Balbuceo, lo fundamental es el dominio del vocabulario. Al fin y al cabo, se puede decir que el aprendizaje del lenguaje comienza con el balbuceo, pero termina con el dominio del vocabulario. Es decir, no se adquiriría la Lengua de Señas sin el balbuceo, ni se alcanzaría la competencia oral sin el dominio del vocabulario. Por consiguiente, quien fracase en el primer nivel de Entrenamiento del Balbuceo no adquirirá la Lengua de Señas, lo que a su vez conllevará un mayor fracaso en el intento de alcanzar la competencia oral.

Incluso si se logra alcanzar un nivel avanzado de lengua materna mediante programas intensivos durante un período relativamente corto, la lengua materna adquirida aún no es sólida y es muy vulnerable, ya que la lengua materna es muy joven. Sin un mantenimiento adecuado, una lengua tan joven puede oxidarse fácilmente en poco tiempo. Por lo tanto, siempre es necesario esforzarse para que la lengua materna se convierta en una lengua sólida.

Mientras los estudiantes asistan a clases de Lengua Extranjera (LE), no será tan difícil mantener la LDE, ya que podrán participar en diversas actividades de conversación. Se debe guiar a los estudiantes para que elijan temas o materias para debates o discusiones. Los profesores de LE deben procurar mantener el equilibrio entre los miembros de la clase para que todos tengan las mismas oportunidades y ejercicios para hablar en LDE.

Para que los estudiantes participen activamente en las charlas en vivo, es fundamental elegir temas de su interés. Una forma de elegir temas para las discusiones es que el profesorado elija temas que los estudiantes ya estén discutiendo antes de que comience la clase. En este caso, el profesorado solo debe invitar a los estudiantes a cambiar a Lengua de Secundaria (TL) y brindar apoyo para que la discusión continúe. De esta manera, el profesorado puede coordinar la discusión, distribuyendo oportunidades equitativas para todos.

que los estudiantes estaban comentando antes de mi entrada. Los estudiantes disfrutan hablando del mismo tema; la hora de clase siempre es insuficiente; prestan mucha atención a las palabras de los demás y se toman muy en serio lo que aprenden. Como coordinador, procurando no interrumpir el flujo de la interesante discusión y la atención de los estudiantes, los ayudo ofreciéndoles vocabulario más adecuado y expresiones útiles que se ajusten al contexto. También participo de forma natural en la discusión, compartiendo mis puntos de vista y reflexiones.

Un método típico para elegir temas de debate es asignarlos con antelación para que los estudiantes puedan prepararse con antelación. Dependiendo de la coordinación creativa del profesor, se puede incentivar a los estudiantes a participar activamente en debates. Sin embargo, el ambiente suele ser seco y parece una especie de presentación por turnos, en lugar de que todos estén dispuestos a participar en la discusión. Por muy interesantes que fueran los temas que les ofreciera a los estudiantes para su preparación, los temas candentes que traen a clase de forma natural. habitación, siempre han tenido más éxito en llevar a los estudiantes a involucrarse en conversaciones emocionadas.

La finalización exitosa de este nivel debería permitir a los estudiantes asistir a clases universitarias en la comunidad de lenguas extranjeras. Los estudiantes deberían estar bien equipados con las habilidades de habla, lectura, comprensión auditiva y escritura en lenguas extranjeras para la formación universitaria. Si bien todo el enfoque y los resultados de los cursos de lectura, comprensión auditiva y escritura se han dedicado íntegramente al perfeccionamiento de la competencia oral, estas habilidades siempre serán subproductos muy útiles, disponibles en cualquier momento, como competencias alternativas.

Sin embargo, completar el Entrenamiento de Balbuceo de 5.º nivel no significa que el aprendizaje de la Lengua de Señas (TL) haya concluido. Es solo el final del programa mediante el cual los estudiantes adquirieron y perfeccionaron su dominio oral de la TL hasta alcanzar un nivel de ejecución competente. Sin embargo, requiere un esfuerzo constante y constante de mantenimiento. En este nivel de entrenamiento, se incluyen actividades reales para mantener y desarrollar continuamente las habilidades de TL.

Para aquellos profesores que se autodidactas, ahora es el momento de buscar compañeros hablantes de lenguas extranjeras para experimentar la inmersión en la comunidad lingüística. Hasta el nivel anterior, podían realizar entrenamientos de BTM por su cuenta con la ayuda de equipos de audio. Podrían adquirir idiomas personales, sociales, empresariales y profesionales mediante Babble Training, una vez que estos se hubieran producido. Por supuesto, dependiendo de la disponibilidad de libros de texto de BTM para cada nivel y de las capacidades individuales de los profesores, los recursos lingüísticos ofrecidos para cada nivel de BTM podrían no estar clasificados de forma sistemática en diferentes tipos. En otras palabras, aunque no sea tan fácil, los profesores autodidactas pueden realizar Babble Training por su cuenta hasta el nivel anterior sin la ayuda de guías ni tutores. Podrían adquirir y mejorar su competencia oral en lenguas extranjeras con bastante éxito. Sin embargo, para perfeccionar sus habilidades en lenguas extranjeras antes de enfrentarse al mundo real de la lengua, necesitarían interactuar con hablantes de lenguas extranjeras y enfrentarse al flujo real del idioma.

Para mantener la lengua materna recién adquirida, los estudiantes necesitan vivir en ella al menos un rato al día, ya sea hablando, leyendo, escribiendo o viendo programas de televisión. Por supuesto, la mejor manera es participar en actividades de conversación a diario.

3

Entrenamientos para ser culturalmente correctos

Es bien sabido que la lengua y la cultura son inseparables. La lengua refleja claramente la cultura de las personas. Por lo tanto, sin comprender la cultura, uno se enfrentaría a muchas situaciones de incomprensión u ofensas hacia otras personas.

A medida que se adquiere mayor dominio oral de la lengua materna, la importancia de expresarse culturalmente de forma correcta se vuelve mayor, ya que se espera que el comportamiento cultural de una persona se corresponda con un nivel similar de sus habilidades lingüísticas. Si una persona tiene un dominio lingüístico deficiente, la gente podría ser bastante generosa con su falta de etiqueta cultural e incluso estar dispuesta a enseñarle a integrarse culturalmente en la comunidad.

Sin embargo, si alguien habla muy bien la lengua materna, pero comete actos culturalmente inaceptables por falta de comprensión cultural, la gente podría sentirse ofendida y, dependiendo del grado de la ofensa, ni siquiera le darían la oportunidad de aclarar sus errores. Por lo tanto, es fundamental que los estudiantes con un alto nivel de competencia oral en la lengua materna adquieran las características culturales de la comunidad lingüística.

Después de todo, se puede afirmar que el criterio para determinar la corrección cultural se basa en el nivel de competencia oral. Se esperaría que alguien con un alto nivel de competencia oral fuera más culturalmente correcto que alguien con un nivel bajo.

Además, creo que la distancia cultural entre dos culturas podría medirse en proporción a la distancia lingüística de las dos lenguas habladas en las comunidades. Por lo tanto, habría menos distancia cultural entre las culturas de dos comunidades lingüísticas cuya distancia lingüística entre sí es menor. Obviamente, dos culturas con menor distancia entre sí causarían un menor impacto cultural a los recién llegados.

La formación para ser culturalmente correcto no solo implica aprender la cultura de la comunidad TL, sino también no transmitir la propia cultura a dicha comunidad. Sin embargo, aunque los actos basados en la propia cultura puedan generar malentendidos u ofensas, no es fácil desobedecer intencionalmente la propia cultura. Por eso, ser culturalmente correcto no es fácil.

El propósito de la formación cultural no es solo evitar errores involuntarios. A veces, comprender correctamente la cultura de una lengua extranjera se convierte en una cuestión de suerte para personas inocentes. Por ejemplo, hace muchos años leí un artículo sobre un niño que murió al caerle encima un televisor de un cajón. En ese momento, la madre estaba trabajando. Sin embargo, con el corazón roto por la pérdida del niño, lamentó repetidamente en voz alta: « Maté a mi bebé » en coreano.

Para resumir, la declaración de la madre fue interpretada por la gente como una confesión de haber matado a su propio hijo. Por consiguiente, fue acusada de asesinato. Desconozco la verdad del caso y no estoy defendiendo ni la postura de la fiscalía ni la de la madre. Lo que el artículo intentaba cuestionar era la interpretación del lenguaje de la madre : no se trataba de una confesión de haber matado a su propio hijo.

En otras palabras, se trataba de un lenguaje puramente cultural que no tenía nada que ver con los asesinatos. Según el artículo, la circunstancia era clara: la madre estaba trabajando. Sin embargo, solo porque la madre lo dijo, los fiscales lo consideraron como un plan de asesinato y la encarcelaron. Aunque luego cambió su declaración de que no había matado al bebé, los fiscales ya no confiaban en ella.

En la cultura coreana, la mayoría de los padres tienen un sentido indefinido de responsabilidad o culpa por cualquier problema grave, incluyendo la muerte de sus hijos. Creo que esto se basa en las creencias tradicionales del pueblo coreano sobre la retribución o el karma. Por lo tanto, en una situación como la descrita, muchos padres coreanos dicen que son ellos quienes deben ser castigados, aunque no hayan causado tales problemas a sus hijos.

Si el incidente fue realmente un accidente, lo que la fiscalía le hizo a la madre basándose en sus dichos es resultado de una mala interpretación del lenguaje cultural coreano. Si la madre hubiera comprendido la cultura estadounidense, no habría hecho declaraciones tan engañosas, que habrían llevado a la fiscalía y a los investigadores a pensar de forma diferente.

Además, si los fiscales y las autoridades hubieran comprendido la cultura de cómo los padres típicos de Corea dirían y reaccionarían ante una situación así, tal vez habrían adoptado enfoques diferentes desde el principio.

La forma en que los niños coreanos usan la palabra "matar" también causa muchos problemas, tanto a ellos como a los demás. En una ocasión, ayudé a una familia inmigrante relativamente nueva cuyo hijo de secundaria fue suspendido por amenazar de muerte a otro estudiante, lo cual parece una amenaza muy grave. Sin embargo, la palabra "matar" en la cultura coreana suele significar hacer pasar un mal rato o dar golpes. Sin embargo, este tipo de amenaza no suele significar matar a alguien.

De nuevo, si el estudiante coreano hubiera comprendido la gravedad de usar ese tipo de lenguaje en EE. UU., quizá no lo habría usado. Además, si el otro niño hubiera sabido lo que suele significar cuando los coreanos usan ese lenguaje, quizá no se habría asustado tanto.

Otra historia que escuché de un hombre coreano es también un ejemplo de lo que ocurre debido a la falta de comprensión de idiomas. Poco después de llegar a Estados Unidos, conoció a una mujer rubia en el trabajo. Era tan hermosa que soñaba despierto con salir con ella. Un día, el sueño se hizo realidad. Quedó con ella para almorzar. Almorzaba con más frecuencia, ya que él la invitaba a comer cada vez.

Ahora, empezó a soñar despierto con casarse con ella. Un día, la vio a cenar y la llevó a su casa. Al bajar del coche, le dio las gracias por la cena y le dijo: « Te llamaré mañana », y corrió a casa. Parecía algo tímida al decirlo. Finalmente, el sueño se hizo realidad. Le propuso matrimonio y le daría un anillo como prenda. Estaba tan emocionado que no pudo dormir bien esa noche. Al día siguiente, ella lo llamó, pero no le dijo nada del anillo. Esperó días en vano.

Cansado de esperar, finalmente le preguntó por el anillo, a lo que, por supuesto, ella negó haberle dicho que le diera tal clase de anillo. Finalmente, comprendió la causa del malentendido y le explicó a qué se refería al decirle que le daría un anillo. También le contó que tenía novio.

Aunque muchas de las expresiones de lengua de aprendizaje aprendidas durante el entrenamiento de balbuceo pueden estar relacionadas con la cultura, no cubren todos los aspectos de la cultura de la lengua de aprendizaje. Por lo tanto, ofrecer entrenamientos lingüísticos específicos para los aspectos culturales de la lengua de aprendizaje sería una de las maneras más efectivas de mejorar las habilidades lingüísticas de los estudiantes.

En el caso de idiomas con conjuntos específicos de registros para la jerarquía social, como el coreano y el japonés, por ejemplo, sería útil revisarlos una vez que los estudiantes adquieran fluidez en el uso de estos. Si se intentara introducir todos los niveles de registro a la vez, se generaría una gran confusión en los estudiantes y se les disuadiría de continuar la clase. Por consiguiente, durante el proceso de formación para la adquisición de lenguas de aprendizaje (LM) y la competencia oral, los profesores deberían guiar a los estudiantes de la forma más sencilla posible, centrándose en un registro general.

La formación cultural en lengua materna debe impartirse de forma natural mediante la formación integral en competencia oral. Los temas de debate deben incluir, entre otros, aspectos como la religión, las creencias, los valores tradicionales, las formas de pensar, los tabúes, los valores sociales, las supersticiones, las relaciones entre hombres y mujeres, la vida familiar, el protocolo en el hogar, las ceremonias, las festividades, las relaciones humanas, la vida matrimonial, la educación infantil, los gestos corporales, las estructuras sociales y la jerarquía, la gastronomía, las expresiones proverbiales que representan los valores y las formas de vida de las personas, los antecedentes políticos, la historia, la geografía, las tradiciones culturales, etc.

CAPÍTULO 13

Cómo enseñar: BTM Nivel 6 : Añadiendo Balbuceo a la Gramática

1

¿Qué es la gramática?

Según las fuentes, la definición de gramática varía considerablemente. Algunas de las definiciones que encontré en algunas fuentes son: (1) el estudio de las características formales de una lengua, como los sonidos, morfemas, palabras u oraciones ; (2) el conocimiento o uso de las formas preferidas o prescritas al hablar o escribir; y (3) las reglas aceptadas mediante las cuales las palabras se forman y combinan en oraciones. Según *el Diccionario de Lingüística y Fonética* de David Crystal, las definiciones de gramática se subdividen según los tipos de gramática.

Uno de los tipos de gramática es la gramática descriptiva, que se define como una descripción sistemática de una lengua tal como se encuentra en una muestra de habla o escritura. Otro tipo de gramática, en contraste con la gramática descriptiva, se denomina gramática prescriptiva. Establece reglas de corrección sobre cómo debe usarse la lengua y busca preservar estándares imaginarios insistiendo en normas de uso y criticando cualquier desviación de estas normas.

Con tanta variedad de definiciones, ¿qué queremos decir realmente cuando decimos que deberíamos o no enseñar gramática para empezar? Creo que el significado común y genérico de la gramática se asemeja más a las reglas aceptadas según las cuales se forman las palabras y se combinan en oraciones.

Entonces, ¿quién establece estas reglas y cómo? La gramática descriptiva proporciona la respuesta. Es decir, la descripción sistemática de una lengua, basada en ejemplos de discursos o escritos, se convierte en las reglas aceptadas. Estas reglas se refieren a los sonidos, morfemas, palabras, oraciones e interpretaciones del significado de una lengua. Posteriormente, se aplica el concepto de gramática prescriptiva para evaluar las habilidades lingüísticas de otras personas.

Entonces, el concepto de ser aceptado es muy subjetivo, y es muy vago trazar una línea clara entre ser aceptado y no aceptado. Pensemos en las dos formas de "Él no tiene buenos amigos" y "Él no *tiene buenos amigos". Con base en el enfoque de la gramática* prescriptiva, a las personas se les enseña que una es aceptada o aceptable, y la otra no es aceptada o inaceptable. Las personas toman la otra con un par de subrayados azules debajo de las palabras *"no"* y *"no". Eso es exactamente lo que hacen los programas informáticos inteligentes para avisarnos de algunos problemas cuando escribimos usando una computadora. Sin embargo,* como muchas personas dicen tales expresiones de doble negación, se vuelve menos inaceptable y eventualmente resulta ser aceptable.

Se dice que este tipo de doble negación lo usan sobre todo las personas con bajo nivel educativo, lo cual es falso. Además de estos problemas de doble negación, se pueden encontrar fácilmente muchos ejemplos reales de idiomas que, según la gramática prescriptiva, son inaceptables y se convierten en aceptables. Uno de ellos es el uso *de "me" "en lugar de "yo",* como en *"no me gusta"* en lugar de *"no me gusta". "Soy yo" en* lugar de *"Soy yo"* ; y *"Yo tampoco"* en lugar de *"yo tampoco".*

¿Cual es mi punto?

En primer lugar, intento persuadir a los profesores y estudiantes de FLE para que comprendan que el lenguaje es un ser vivo. Siempre cambia y madura. El lenguaje cambia con el tiempo, las personas y las ubicaciones geográficas. Así es como el único idioma humano, proveniente de Dios, se ha dividido en miles de idiomas locales. No debemos insistir en que exista un único estándar gramatical o aceptable.

En segundo lugar, quiero dejar claro que la gramática no representa una lengua en sí misma. Por lo tanto, es un error creer que se enseña lengua de aprendizaje al enseñar gramática a los estudiantes. Además, la creencia de que la enseñanza de la gramática proporciona la base para que los estudiantes aprendan lengua de aprendizaje es obsoleta. Antiguamente, el objetivo principal de la enseñanza de la gramática era enseñar técnicas para que los estudiantes leyeran y comprendieran la forma escrita de la lengua de aprendizaje.

Sin embargo, el objetivo principal y último de la enseñanza de lenguas extranjeras (LEF) contemporánea es enseñar a los estudiantes a adquirir la competencia oral en lenguas extranjeras (LE). Incluso si empezáramos a enseñar a hablar en lenguas extranjeras desde la primera clase del programa inicial de LE, es posible que no dispongamos del tiempo suficiente para enseñarles a adquirir el nivel deseado de competencia oral durante el programa escolar de LE. Por lo tanto, no deberíamos dedicar años únicamente a enseñar a los estudiantes a leer y comprender lenguas extranjeras.

Además, no es una materia que los profesores ni los estudiantes de lenguas extranjeras puedan abordar adecuadamente. Se trata de objetos de investigación muy complejos para los gramáticos. La gramática es producto de profesionales de la investigación con un alto nivel de formación. Son hablantes fluidos de las lenguas antes de ser gramáticos.

Sin embargo, incluso estas personas no siempre coinciden en la descripción de algunos fenómenos lingüísticos. Por lo tanto, es muy previsible que los estudiantes que no adquieren la gramática ni dominan el idioma no aprendan la gramática.

En tercer lugar, quiero señalar que no podríamos ayudar a los estudiantes a dominar eficazmente la lengua materna enseñándoles gramática o el lenguaje escrito. Enseñar un volumen completo de gramática sobre morfemas, palabras y estructuras oracionales escritas en papel no contribuiría a la adquisición de la lengua materna ni a un alto nivel de competencia oral. Tampoco sentaría una base sólida para la adquisición y la competencia oral en la lengua materna.

Después de todo, basándose en la naturaleza de la gramática, enseñar la gramática de un dialecto a estudiantes que desean aprender un dialecto de su propia lengua les ayudaría a dominarlo, ya que no requeriría la adquisición de nuevos factores de aprendizaje desde cero. Un dialecto tendría una distancia lingüística mínima o casi nula con respecto al dialecto estándar. Por lo tanto, la simple comprensión de algunas características particulares permitiría adquirir el dialecto y alcanzar una alta competencia oral. Sin embargo, enseñar un idioma, especialmente uno con una distancia lingüística drástica con respecto a la propia lengua, mediante gramática no funcionaría, ya que se ha demostrado su ineficacia a lo largo de siglos de historia de la FLE. Mi punto es que se debería desaconsejar la FLE orientada a la gramática.

2

¿Por qué la gente piensa primero en la gramática ?

¿Crees que los estudiantes de secundaria y bachillerato deberían empezar con la gramática para aprender lenguas extranjeras? De ser así, ¿por qué? ¿Alguna vez has reflexionado seriamente sobre el motivo?

No hace falta mucha especulación para comprender cómo comenzó a extenderse la preocupación por la educación formal en las escuelas públicas. Con la llegada de la industrialización en el siglo XVIII, los países del mundo se despertaron y se dedicaron a disfrutar de lo que esta podía aportar a sus territorios. Comenzaron a impulsar el desarrollo revolucionario de su nueva industria. A medida que el comercio con países extranjeros seguía en aumento, pronto comprendieron la urgencia de establecer comunicaciones efectivas con sus socios comerciales.

No pretendo remontarme al origen de la FLE. Solo quiero especular sobre cómo se inició una FLE sistemática. Sabemos con certeza que la FLE impartida por hablantes nativos en las escuelas no era viable en los inicios de la industrialización, principalmente debido a la falta de transporte para traer hablantes nativos desde cientos, si no miles, de kilómetros de distancia. También sabemos que los dispositivos de audio y las radios no estuvieron disponibles para el público hasta mediados del siglo XX.

En consecuencia, el aprendizaje de idiomas extranjeros antes del siglo XX debía realizarse mediante libros, sin sonidos propios de los idiomas. Además, no era tan crucial como hoy en día para las personas poder comunicarse verbalmente con tanta fluidez. Siempre que pudieran leer y comprender las cartas o documentos escritos en lengua de señas, dedicándoles el tiempo necesario y utilizando diccionarios, eran adecuados para el negocio. Solo necesitaban saber cómo redactar documentos comerciales en lengua de señas, en respuesta a las cartas comerciales, para tener éxito en sus negocios.

En otras palabras, se comunicaban mediante documentos con bastante tiempo entre cada uso. Por ello, tenían tiempo de sobra para trabajar en sus respuestas en lengua de transmisión. No era como hoy en día, cuando se nos exige interactuar verbalmente simultáneamente con otras personas. Por lo tanto, no tenían que hablar el idioma de forma casi instintiva. En otras palabras, podían producir expresiones con bastante tiempo mediante el proceso de ensamblaje paso a paso, basándose en su conocimiento gramatical de la lengua de transmisión.

Este hecho basado en especulaciones no requeriría muchos argumentos. Entre nosotros para estar de acuerdo. Además, cuando estudiaban lenguas extranjeras, era probable que enseñaran las lenguas de los países vecinos a los estudiantes, ya que los oficios en ese entonces se desarrollaban principalmente en países con transporte relativamente conveniente. Además, es más probable que las lenguas de los países vecinos pertenezcan al mismo grupo lingüístico, lo que significa que comparten muchas características lingüísticas comunes o bastante similares, como la ortografía, los sonidos, el vocabulario, la estructura de las oraciones, la estructura de las palabras, etc.

Posteriormente, a medida que el comercio internacional se expandió con rapidez, se planteó la necesidad de un aprendizaje de lengua extranjera (LEF) masivo en las escuelas. Por lo tanto, se introdujeron ideas para un aprendizaje sistemático de LEF para que los estudiantes pudieran aprender LE de forma más eficaz. Las ideas buscaban ayudarles a comprender la LE de forma escrita con fluidez y a redactar cartas y documentos comerciales en LE.

Para ello, los lingüistas se reunieron y analizaron los fenómenos lingüísticos de la lengua extranjera, como las estructuras de las oraciones, las estructuras de las palabras, los patrones de sonido y, finalmente, introdujeron la gramática que muestra cómo deben interpretarse los elementos de las oraciones.

Por las razones mencionadas, creo que el método de Traducción Gramatical se desarrolló como el método FLE de primera generación. Además, podemos observar que era prácticamente el único método FLE disponible en aquel momento. Es decir, no se pudieron idear otros métodos debido a la escasez de recursos.

Al parecer, la gramática ayudó mucho a los estudiantes a analizar las oraciones y a comprender el significado. Durante siglos, pocas personas se han opuesto a que la gramática se enseñara primero en las escuelas como base para comenzar a aprender un idioma. Por lo tanto, las escuelas comenzaron a enseñarla como la base fundamental para que los estudiantes pudieran leer y escribir documentos en lenguas extranjeras.

A medida que este sistema de educación de lenguas extranjeras se ha transmitido de generación en generación, nuestros padres, abuelos, bisabuelos y tatarabuelos comenzaron a aprender lenguas extranjeras de la misma manera: empezando por la gramática. Además, nuestros tatarabuelos también aconsejaron y enseñaron a nuestros bisabuelos a estudiar lenguas extranjeras de la misma manera.

Además, los profesores de idiomas que aprendieron de nuestros antepasados enseñaron a sus alumnos exactamente igual que a ellos. Con el tiempo, este tipo de educación sistemática se convirtió en una sólida tradición. Esta tradición se transmitió de generación en generación y, finalmente, hasta nosotros. Confiamos en nuestros padres y abuelos, como nuestros padres y abuelos confiaron en sus padres y abuelos, pues nos daban los mejores consejos basados en su experiencia.

También confiamos en que nuestros profesores nos enseñarán lo mejor posible basándose en su experiencia. Creemos que comprenderían claramente qué es la gramática y cómo funciona para ayudarnos a adquirir el idioma. Por lo tanto, no les preguntamos qué es la gramática ni cómo se supone que funciona para ayudarnos a ser bilingües. Simplemente tomamos sus clases y nos esforzamos por seguir sus instrucciones. Sin embargo, nuestros profesores hicieron exactamente lo mismo con sus profesores que nosotros con los nuestros. Así que, sin saber la verdadera razón, creemos que la gramática es la que debemos usar para empezar a aprender una lengua extranjera.

¿Es esta la misma respuesta que das sobre por qué crees que deberíamos empezar con la gramática para aprender un idioma? Conozco a mucha gente para la que es cierto. Te daré un ejemplo de por qué la gente piensa primero en la gramática cuando piensa en FLE.

Hace unos años, recibí una llamada de una señora coreana. Casualmente, coincidió con la llamada de una señora estadounidense que tiene un hijo en Montana.

"¿Podrías decirme qué tipo de libro de gramática usas para tus clases?", de alguna manera ella ya sabía que estaba enseñando en una universidad.

"Tengo muchos de ellos en mi oficina, pero no uso libros de gramática en mi clase", dije.

"Entonces, ¿podrías recomendarme uno por favor?", preguntó.

"¿Por qué necesitarías un libro de gramática?", pregunté por curiosidad.

"Lo necesito para enseñar coreano en mi iglesia porque me convertí en profesor de coreano de mi iglesia".

"¿Por qué enseñarías gramática coreana a los estudiantes?", continué preguntando.

"Simplemente porque sí. ¿De qué otra manera puedo enseñar los fundamentos del coreano?", respondió sin dudarlo.

"¿Quién te dijo que la gramática es la base para empezar primero?"

—No, nadie. Pero así es como nos enseñaban inglés en la escuela en Corea, así que creo que debería enseñar gramática coreana para empezar. —Sabía a qué se refería, pero seguí preguntando.

"Entonces, ¿aprendiste inglés en la escuela de esa manera?"

"No."

"Entonces, ¿puedes hablar inglés ahora?", le pregunté.

"Sí."

"¿Cómo?"

"Me casé con mi marido, que es estadounidense, y aprendí inglés viviendo con él después de llegar a Estados Unidos".

"Si no aprendiste inglés con la gramática en la escuela, ¿esperas que tus estudiantes aprendan coreano con la gramática que enseñas?"

"No, pero ¿qué puedo hacer?", realmente parecía no tener idea de qué más podía hacer.

3

Malentendidos sobre los fundamentos del aprendizaje de lenguas extranjeras

Hace muchos años, me ofrecí como voluntario para enseñar inglés a la comunidad coreana en Denver durante poco más de un año. Era una sesión semanal de dos horas los sábados por la tarde. No había muchos estudiantes: solo unos quince. La mayoría eran personas mayores que tenían dificultades para articular los sonidos del inglés después de muchos ejercicios repetidos.

Sabía que no era la mejor estrategia para que los miembros aprendieran inglés, ya que es muy difícil, y casi imposible, aprender una lengua extranjera con una sesión de dos horas semanales. Sin embargo, se me ocurrieron ideas para ayudarlos a estudiar durante la semana por sí mismos. Por lo tanto, impartí la clase de inglés durante aproximadamente un año. Algunos miembros lograron usar expresiones básicas para la vida diaria. Sin embargo, ninguno captó la intuición lingüística que creo que se obtuvo de la clase. Por lo tanto, considero que no fue un éxito. Se me ocurren muchas razones obvias para estos resultados fallidos.

En lugar de ilustrar todas las razones, presentaré uno de los conflictos sin resolver entre los estudiantes y yo. Se trataba del concepto de los fundamentos para aprender inglés. La mayoría de los estudiantes tenían expectativas diferentes de la clase. Cuando se corrió la voz sobre la clase de inglés, muchos me llamaron para preguntarme si podía empezar a enseñar los fundamentos. Aunque entendía perfectamente lo que querían decir con "fundamentos", que es completamente diferente de mi concepto de fundamentos, decía que sí. De lo contrario, sabía que tendría que discutir o dar una charla telefónica a cada persona que me llamara con la misma pregunta.

Cuando llegaron a clase, me di cuenta de inmediato de su decepción. Todos los sábados, revisaba la tarea de balbuceo que les había dado la semana anterior. Luego, les presentaba nuevos capítulos para que balbucearan repetidamente durante la semana siguiente. Por supuesto, les explicaba el significado de las nuevas expresiones y palabras. También les explicaba cómo articular las palabras nuevas individualmente y cómo sonarían esas palabras o frases en una conversación real.

Sin embargo, después de la clase, los estudiantes me decían que lo que hacía era demasiado avanzado para ellos. Me confrontaban porque les había dicho que empezaría por lo básico. Como sabía a qué se referían, les preguntaba qué entendían por "básico". Como esperaba, insistían en que lo básico era la gramática y la lectura.

Luego, les explicaba que lo más básico para aprender cualquier idioma es balbucear las expresiones cotidianas de supervivencia en diversas situaciones para poder usarlas. Sin embargo, sus respuestas eran como si uno hiciera esas cosas sin conocer la gramática ni poder leerla. Su tono era tan fuerte que creían que estaba equivocado. Les explicaba de nuevo cómo todos adquirimos un idioma desde que nacemos y les decía que, fundamentalmente, aprender una lengua extranjera no debería ser diferente. Nosotros, como adultos con cerebros completamente desarrollados, podríamos esforzarnos mucho y desarrollar ciertas habilidades para acortar el proceso de adquisición del idioma.

Cuando tanta gente creía en la gramática y en la capacidad de lectura como fundamentos de una lengua, y aún así se esforzaban por aprenderlas, mis gritos solitarios no eran lo suficientemente fuertes para superar la gran sombra.

Esta creencia en la gramática como elemento fundamental para aprender una lengua extranjera no solo prevalece entre los coreanos. Ni tampoco solo entre las personas mayores. Es una creencia mundial, independientemente de la edad, el género, el nivel educativo o la profesión.

Hace unos años, cuando estaba trabajando en mi primer libro, *El nuevo TESL Plus,* publicado en coreano en 2005, me llamó una señora. De alguna manera, se enteró de que estaba enseñando coreano en la Universidad de Colorado en Boulder.

Ella se presentó primero y me preguntó.

"Me preguntaba si podría recomendarme un libro de gramática coreana", fue muy amable y educada al hacer la pregunta.

"¿Por qué lo necesitarías?", le pregunté con sorpresa.

"Tengo un hijo que va a la universidad en Montana. Conoció a una amiga de la escuela, que es coreana. Mi hijo la adora y quiere aprender coreano. Me emociona mucho que quiera aprender coreano. Así que estoy buscando un libro de gramática coreana para su regalo de cumpleaños", dijo con entusiasmo.

"¿Por qué crees que un libro de gramática le ayudaría?", pregunté.

Dado que mi hijo no tiene conocimientos de coreano, supongo que debería empezar con eso.

Pensé que tenía suerte de que me pidiera mi opinión. De lo contrario, estoy seguro de que su hijo acabaría perdiendo el tiempo y finalmente se rendiría sin haber ganado nada.

Le hablé durante una hora sobre cómo adquirimos nuestra lengua materna y por qué creía que deberíamos aprenderla de maneras diferentes a las que aprendimos con nuestra lengua materna. Por supuesto, le hablé del importante requisito inicial del entrenamiento de balbuceo sobre diversas expresiones de la vida cotidiana. También corregí su malentendido sobre el concepto de gramática. La gramática de cualquier idioma no se limita a los fundamentos de la lengua en el sentido estricto de las habilidades lingüísticas. Es una de las áreas de investigación de mayor importancia para los lingüistas profesionales.

No es sorprendente que muchos profesores de idiomas consideren la gramática como algo fundamental. De hecho, no he conocido a ningún profesor que la niegue como el elemento básico para aprender una lengua extranjera. Me sorprendió mucho encontrar en la página principal de un famoso autor de libros de texto de conversación en inglés que este enfatizaba, como elemento fundamental, la importancia de un conocimiento profundo de la gramática para aprender una lengua extranjera.

¿Por qué la gramática no debería ser la base de una lengua extranjera? Porque es demasiado difícil incluso para hablantes nativos; y porque se puede aprender una lengua extranjera sin necesidad de conocer la gramática, al igual que cualquiera aprende la lengua materna sin saber gramática. Además, los hábitos de enfoques gramaticales arraigados en la estructura de una lengua extranjera interfieren con el proceso natural de hablar una lengua extranjera con fluidez.

¿Por qué se cree que la gramática es fundamental para aprender una lengua extranjera? Creo que se debe al popular método FLE: el método de Traducción Gramatical, que se ha convertido en una tradición indiscutible durante generaciones. Si la primera generación de personas que usaban FLE hubiera empezado con el método de traducción gramatical (BTM), que propongo aquí, estoy seguro de que la gente creería que el parloteo, que presentaré en detalle más adelante, era fundamental para aprender una lengua extranjera. Desafortunadamente, no empezó así.

Entonces, ¿cuál debería ser la base para aprender una lengua extranjera? Creo que el entrenamiento de Babble, basado en expresiones de diálogo sencillas y cotidianas, debería ser la base para empezar. Es mucho más fácil de usar que la gramática; proporciona la capacidad de hablar en lengua extranjera para afrontar situaciones cotidianas comunes; y, a medida que el estudiante acumula estas expresiones, adquiere intuición lingüística sobre la estructura, los sonidos, el significado y los usos de la lengua extranjera.

4

¿Por qué me opongo al FLE orientado a la gramática?

He hablado con muchas personas que creen que las escuelas no deberían priorizar la gramática en su aprendizaje de lenguas extranjeras, al menos al principio, o incluso para siempre. Entre ellas se encuentran profesores y estudiantes de lenguas extranjeras. Es especialmente difícil convencer a los profesores de lenguas extranjeras de esta creencia. Normalmente, rebaten rotundamente mis argumentos, insistiendo en que la gramática es fundamental al principio, ya que ayuda a los estudiantes a comprender sistemáticamente las características lingüísticas de la lengua materna, como la estructura de las palabras, la estructura de las oraciones, los tiempos verbales, etc. Además, me preguntan cómo los estudiantes pueden producir oraciones en lengua materna sin conocer la gramática.

La razón por la que me opongo al FLE basado en gramática es muy simple y clara. Basándome en los testimonios y la observación a largo plazo de quienes han recibido una educación intensiva centrada en la gramática como lengua extranjera durante muchos años, creo que dicha educación perjudica o al menos retrasa gravemente el proceso de adquisición de la lengua materna.

Entre quienes se muestran preocupados por la enseñanza tradicional de lenguas extranjeras (LE) centrada en la gramática, diferentes grupos argumentan de distintas maneras sobre la necesidad de la enseñanza gramatical. Algunos argumentan que esta enseñanza no es necesaria en absoluto. Otros opinan que debería reducirse significativamente. También hay quienes sostienen que se necesita una formación gramatical mínima para enseñar lenguas extranjeras.

El hecho de que la educación gramatical no sea necesaria ni requerida para aprender un idioma ha sido comprobado a lo largo de la historia por las personas que han adquirido la lengua materna de forma natural. También lo han demostrado decenas de miles, si no millones, de personas que se han vuelto bilingües sin cursar clases de gramática. Basándose en sus propias experiencias de haber aprendido o enseñado la lengua materna a sus hijos, es fácil comprender el fundamento del argumento de que la educación gramatical no es necesaria para aprender un idioma.

Por la misma razón, todos los profesores de FLE conocen muy bien estos hechos. Sin embargo, siguen insistiendo en enseñar gramática en las clases de lengua extranjera. Su única convicción parece ser que la enseñanza de la gramática ayudaría de alguna manera a los estudiantes a aprender lengua extranjera. Sin embargo, la enseñanza de FLE, centrada en la gramática y con un programa de varios años, ha fracasado durante doscientos años en la formación de hablantes bilingües sólidos.

Quienes defienden el aprendizaje de idiomas basado en la gramática argumentan que, sin el conocimiento gramatical, los estudiantes de lenguas extranjeras no podrían leer ni comprender bien la lengua extranjera. Por ejemplo, uno de mis lectores me envió recientemente un correo electrónico desde Corea preguntándome cómo se podía entender una frase como "Debería ir a la escuela a estudiar inglés" sin conocer la gramática, el orden de las palabras y las funciones del verbo con infinitivo. Escribió que creía firmemente en el entrenamiento del balbuceo para adquirir habilidades lingüísticas. Sin embargo, seguía creyendo que la gramática básica debía enseñarse junto con el balbuceo.

La pregunta anterior se refería a la necesidad de la educación gramatical para que los estudiantes comprendieran el significado de la oración. Mi respuesta fue que cualquiera podría adivinar fácilmente el significado de la oración de ejemplo simplemente relacionando los significados de cada palabra. Incluso para oraciones más complejas, sería igual. Además, las funciones de los infinitivos con to se pueden aprender de forma natural, una por una, a medida que se adquiere cada expresión mediante el entrenamiento de balbuceo. Este tipo de características gramaticales se pueden adquirir junto con las expresiones como parte de la intuición lingüística sobre las estructuras oracionales y el uso de los elementos léxicos. Esto se demuestra fácilmente mediante el proceso del lenguaje natural. Por lo tanto, no se requiere una enseñanza específica basada en la gramática.

Por otro lado, la gente no comprende fácilmente mis argumentos de que la gramática es un reservorio de virus dañinos y, por lo tanto, no debería enseñarse como se ha hecho en los métodos tradicionales porque perjudica o retrasa el proceso de adquisición del lenguaje. Los virus gramaticales habituales más frecuentes y dañinos son los patrones muy marcados de acentos o pronunciaciones incorrectas de palabras, que utilizan la gramática como una pantalla para filtrar entre la lengua materna y la lengua materna al hablar o escuchar la lengua materna, lo que causa retrasos o incorrecciones al hablar y escuchar la lengua materna; serias preocupaciones sobre errores gramaticales; y un retraso serio al hablar la lengua materna. Todos estos tipos de problemas son causados por una atención demasiado centrada principalmente en la gramática sin comprender la importancia de los entrenamientos especiales necesarios para articular y producir expresiones en la lengua materna.

Una vez que las personas se acostumbran y se quedan atrapadas con los virus dañinos de la gramática mediante una educación gramatical muy intensiva, esto interfiere gravemente con el proceso de adquisición. Generalmente, se cree que la gramática es muy difícil de dominar, pero, una vez dominada, debería ser útil para aprender la lengua materna. Sin embargo, muchas personas que han recibido una educación gramatical muy intensiva durante muchos años pueden comprender perfectamente el significado de mis argumentos sobre los problemas de la educación gramatical intensiva.

Hasta ahora, he señalado la innecesidad y las funciones virales perjudiciales de la gramática en FLE. Ahora, permítanme explicar con más detalle, para facilitar la comprensión de los lectores, por qué me opongo firmemente a que FLE enseñe la gramática desde el principio y continúe enfocándose en ella.

No recomiendo una sesión de gramática, si uno insiste, al principio para una o dos horas de orientación que muestren las diferencias lingüísticas entre la lengua materna y la lengua materna. Me opongo a lo que se denomina el método de Traducción Gramatical (o similar) de FLE, que sigue siendo el método predominante a nivel mundial, donde las escuelas ofrecen clases intensivas de gramática durante varios años centradas en la lengua materna.

La primera y más importante razón para oponerme al FLE basado en la gramática es que la gramática no es el idioma en sí. Ninguna gramática estructural se centra en presentar qué y cómo se dice realmente en situaciones de la vida real. La gramática puede mostrar los principios de cómo combinar palabras, pero no muestra los usos adecuados de palabras y expresiones en situaciones reales. Cualquier combinación gramatical de palabras consideradas relevantes no permite una comunicación efectiva. Por eso, los estudiantes con una sólida formación gramatical no saben qué decir ni cómo hacerlo en situaciones de la vida real.

Según las perspectivas, la gramática podría definirse de muchas maneras diferentes. Sin embargo, en ningún sentido la naturaleza de la gramática y la del lenguaje pueden definirse como la misma. No son lo mismo, ni pueden serlo.

Por lo tanto, por mucho tiempo que enseñemos gramática a los estudiantes, y por muy bien que la aprendan, no logrará que adquieran la lengua materna. Como máximo, solo les ayudará a comprender cómo se estructura la lengua materna. Insistir en enseñar las reglas o características lingüísticas de la lengua materna no es mejor que insistir en enseñar las reglas o características musicales de la música. Dicho conocimiento no ofrece una ayuda real a los estudiantes para, y lo más importante, adquirir las capacidades físicas necesarias para interpretar el idioma o la música.

En segundo lugar, el método tradicional de traducción gramatical dedica demasiado tiempo a la enseñanza o el aprendizaje de la gramática. Normalmente, las escuelas secundarias dedican unos tres años a este método. Por ejemplo, las escuelas en países asiáticos como Corea, Japón y China ofrecen el curso intensivo de gramática FLE a sus estudiantes de secundaria y preparatoria, lo que supone seis años. Si bien las escuelas secundarias en Corea han introducido recientemente clases de comprensión auditiva en inglés para preparar el examen nacional de admisión a la universidad, no parece que hayan cambiado la filosofía del método FLE.

En consecuencia, creo que este tipo de FLE basado en la gramática realmente les quita a los estudiantes la oportunidad de aprender el idioma. Dedicarían todo su tiempo en la escuela a estudiar gramática y se graduarían sin un dominio real de la lengua materna. No me gusta que la escuela dedique todo su tiempo no a la lengua materna, sino a la gramática de la lengua materna.

En tercer lugar, como la gramática no es la lengua en sí, no es necesario enseñar lengua materna. Es decir, se puede enseñar lengua materna sin necesidad de enseñar gramática. Los profesores de lengua extranjera me decían que conocer la lengua ayudaría a aprender mejor la lengua materna, algo con lo que no estoy de acuerdo. De hecho, parece interferir con el proceso natural de aprendizaje de la lengua en lugar de favorecerlo. Esto es cierto porque, en las clases intensivas de gramática, se adquiere el mal hábito de siempre… Siempre que lea, escuche o hable en TL, intente Aplicar la gramática que uno conoce a cada expresión. Por lo tanto, cuando la gramática que uno posee no puede verificar ciertas expresiones, hay que buscar maneras de descifrarlas antes de aceptarlas. Este tipo de proceso es un hábito muy malo para desarrollar habilidades de lengua extranjera.

En cuarto lugar, ninguna gramática es completa. Existen excepciones en toda la lengua materna, donde las reglas gramaticales regulares no se aplican. No mucha gente puede adquirir un conjunto completo de conocimientos gramaticales. Por lo tanto, no se pueden encontrar todas las gramáticas que se ajustan a las expresiones de la vida real. Sin embargo, incluso con un conocimiento gramatical mínimo, siempre se debe intentar aplicar la gramática para analizar las estructuras antes de interpretar el idioma.

Por último, pero aún muy importante, como demuestra la historia de los métodos FLE para el método de Traducción Gramatical, el objetivo de una educación intensiva centrada en la gramática es que los estudiantes puedan traducir la lengua materna al idioma propio y viceversa. Esto no cumple con los objetivos de FLE requeridos en la era moderna.

En la era moderna, se exige a los estudiantes demostrar dominio oral de la lengua materna. Necesitan expresarse oralmente en la lengua materna con gran eficiencia. Los estudiantes necesitan dominar la lengua materna como si fuera nuestra propia lengua materna. Una vez que la dominen, podrán traducir sin necesidad de cursar estudios gramaticales.

Volviendo a la pregunta de los profesores de lengua extranjera sobre cómo producirían los estudiantes las palabras y oraciones sin conocer la gramática. Mi respuesta es: «Miren a los bebés de 36 a 40 meses». Si ellos pudieron hacerlo con solo unos 30 meses de balbuceo, nosotros, con cerebros completamente desarrollados y sentidos atléticos, deberíamos poder hacerlo mucho mejor que ellos.

5

Entrenamiento para ser gramaticalmente correcto

Creo que no se debe ofrecer una educación gramatical intensiva de lenguas de habla hasta que los estudiantes adquieran un alto nivel de competencia oral, por diversas razones. Sin embargo, esto no significa que no me importe en absoluto que los estudiantes cometan errores gramaticales desde el principio. Sí, es importante enseñarles a ser lo más correctos posible desde el principio. Entonces, ¿cómo podemos enseñarles a ser gramaticalmente correctos?

Una de las razones más importantes que he encontrado para que la gente crea en el FLE orientado a la gramática es que no se pueden evitar errores gramaticales sin aprender gramática. Estoy seguro de que esto es totalmente erróneo. Además, la creencia de que se pueden evitar errores gramaticales estudiando gramática es un claro malentendido.

Además, las incorrecciones gramaticales no solo afectan a los hablantes de lenguas extranjeras. La mayoría de los errores gramaticales ocurren no porque las personas no hayan aprendido la gramática, sino porque no han aprendido los idiomas correctos. A veces, los errores gramaticales pueden deberse a que la gramática está desactualizada. En otras palabras, según los criterios de la gramática antigua, cualquier fenómeno nuevo en la lengua puede considerarse agramatical. Como ya se ha estudiado, sería mucho más fácil... Además, la mayoría de los errores gramaticales se deben a errores del habla y no a la ignorancia de la gramática por parte del hablante.

Conozco a muchas personas de diferentes países que obtuvieron casi el 100% en el examen de gramática inglesa. Sin embargo, la mayoría aún comete muchos errores gramaticales al hablar y escribir en inglés. Además, he observado que hablantes nativos de inglés que vivieron toda su vida en Estados Unidos cometen errores gramaticales en sus discursos y escritos. Afirmo tener un nivel bastante alto de gramática inglesa. Sin embargo, incluso después de más de 17 años viviendo en Estados Unidos, sigo cometiendo lo que llaman errores gramaticales al hablar y escribir en inglés.

De hecho, a veces también cometo errores gramaticales al hablar y escribir en mi lengua materna, el coreano. Algunas de las razones de mis errores al hablar o escribir coreano son que las autoridades han modificado algunas de las gramáticas que aprendí de joven; que insisto conscientemente en usar expresiones agramaticales porque no me gustan las supuestas formas gramaticales; y que confío en mi intuición solo porque no entiendo la regla. Al fin y al cabo, la gramática de un idioma puede variar según las preferencias de cada hablante. Es como reconocer que cada músico puede escribir su música con patrones diferentes.

¿Qué debemos hacer para enseñar a los estudiantes a ser lo más gramaticalmente correctos posible sin tener que empezar con un libro de gramática? Ya sabemos la respuesta. Debemos enseñarles a aprender idiomas correctamente desde el principio. Es así de simple. Para enseñarles a aprender idiomas correctamente desde el principio, los profesores de lenguas extranjeras no necesitan tener la misma fluidez que los hablantes nativos de lenguas tradicionales gracias a la tecnología. Por supuesto, sería más ideal que los estudiantes fueran enseñados por hablantes nativos. Sin embargo, proporcionar profesores nativos no necesariamente resuelve los problemas de la ineficiencia de la lengua extranjera.

Si los profesores nativos siguieran los métodos tradicionales de traducción gramatical, los estudiantes no lograrían adquirir ni desarrollar la competencia oral del idioma. Además, si tuvieran que atender a muchos estudiantes a la vez solo durante un tiempo determinado a la semana, no podrían servir como modelos eficaces de aprendizaje para los estudiantes.

Para enseñar a los alumnos a aprender idiomas correctamente desde el principio, la labor de los profesores de lenguas extranjeras es dirigir y coordinar el entrenamiento de Babble de los alumnos con las formas correctas. Para ello, sería excelente que la escuela contara con un número suficiente de profesores que pudieran dirigir el entrenamiento de Babble en persona, ofreciendo ejemplos de idiomas a los alumnos, tal como lo harían los padres con sus hijos.

El mejor modelo de líder de balbuceo que podemos encontrar sería un modelo humano similar a un padre o una madre. Por lo tanto, encontrar una familia anfitriona ideal para los estudiantes sería una buena manera de proporcionar un líder de balbuceo. Sin embargo, este tipo de líderes de balbuceo no son lo que los profesores de lengua extranjera pueden encontrar para los estudiantes. En su lugar, los profesores deberían encontrar los mejores líderes de balbuceo disponibles según las circunstancias. He sugerido el uso de equipos de audio como uno de los líderes de balbuceo más efectivos y disponibles, que pueden proporcionar modelos de lengua extranjera.

Si bien es importante que los profesores de lenguas extranjeras enseñen a los estudiantes con expresiones correctas, también es fundamental proporcionar expresiones realistas a la clase para que los estudiantes se interesen en el idioma. A través del modelo BTM, he sugerido conjuntos de modelos lingüísticos correctos, como lenguajes personales, lenguajes sociales, lenguajes de negocios, lenguajes profesionales y lenguajes culturales, para los estudiantes con un nivel de inglés cada vez mayor.

El rol del profesorado no debería ser enseñar gramática ni ninguna habilidad para la evaluación, sino dirigir y guiar a los estudiantes de forma constante para que adquieran y desarrollen con éxito la competencia oral en lenguas modelo siguiendo las lenguas modelo. Para estas funciones, los profesores de lenguas extranjeras no tienen que ser hablantes nativos de lenguas extranjeras. Comprender correctamente cómo se adquiere una lengua y el proceso de enseñanza de una lengua extranjera es mucho más importante que ser un profesor nativo de lenguas extranjeras.

Los estudiantes que adquieren y desarrollan la competencia oral de la lengua materna (LM) mediante las lenguas modelo correctas desarrollarán intuiciones lingüísticas tan naturales que serán gramaticalmente correctas. No se requieren clases de gramática específicas. De esta manera, los niños desarrollan la intuición para ser gramaticalmente correctos. Posteriormente, cualquier error gramatical de los estudiantes debe ser corregido por el profesorado caso por caso, lo que a su vez les ayudará a desarrollar intuiciones correctas sobre la lengua.

Una vez que los estudiantes alcanzan un alto nivel de competencia oral en lengua de aprendizaje (LE), habrán aprendido de memoria la mayor parte de la gramática. Sin embargo, es posible que no puedan explicar las características gramaticales utilizando los términos gramaticales, lo cual no supone ningún problema para comunicarse con éxito. A diferencia de la gramática que se inculca en la mente mediante programas intensivos de lengua de aprendizaje (LE) de varios años, que generalmente terminan sin adquirir la LE, la gramática adquirida de forma natural no interferirá con el proceso natural y significativo de entrada y salida de significados. Por lo tanto, el proceso lingüístico entre la MT y la LE será muy natural, sin ningún filtro ni filtro artificial entre ambos idiomas.

Si bien los respectivos campos de la gramática pueden adquirirse a través del proceso de desarrollo de la competencia oral, no todas las características individuales pueden ser adquiridas por los estudiantes durante dicho proceso.

En otras palabras, incluso después de que los estudiantes hayan alcanzado un alto nivel de competencia oral, es posible que aún no hayan desarrollado intuiciones suficientes sobre características particulares de la lengua de aprendizaje, principalmente porque esas características no se basan en patrones sino que son características independientes, que no han ocurrido con suficiente frecuencia durante el proceso de adquisición.

Por ejemplo, el coreano cuenta con numerosos marcadores de final de oración, la mayoría de los cuales no se usan comúnmente. Solo unos pocos se usan habitualmente. Los estudiantes que adquirieron coreano como lengua de estudio (LM) deben conocer la categoría gramatical de dichos marcadores de final de oración. También deben conocer su función general. Es decir, los marcadores no modifican la proposición, sino que simplemente denotan las modalidades. Sin embargo, es muy improbable que conozcan las modalidades respectivas que representa cada marcador, ya que no han leído o escuchado previamente.

Además, es cierto que los estudiantes aún pueden confundirse con algunas características gramaticales, ya sea porque no han tenido suficientes oportunidades para adquirirlas o porque son bastante complejas. Normalmente, los estudiantes las adquieren con suficiente tiempo y experiencia. Sin embargo, una serie de sesiones de gramática les puede resultar muy beneficiosa, ya que ahora saben qué no saben y qué les confunde.

Por consiguiente, una vez que los estudiantes adquieren y desarrollan la competencia oral en la lengua de aprendizaje, ofrecer una serie de sesiones de resumen gramatical puede ser útil para que maduren su comprensión. Además, estas sesiones no les resultarán tan áridas ni difíciles, ya que podrán comprender cómo se procesa la gramática. No les llevará mucho tiempo comprenderla. Dependiendo de su nivel de competencia y de la profundidad de la gramática enseñada, puede tardar tan solo un par de semanas o un mes, con 5 horas de clase semanales. Así, los estudiantes tendrán mucha más confianza en su gramática correcta.

No necesitamos dedicar años de tiempo, al principio, a enseñar la gramática que ayudaría a los estudiantes a desarrollar al máximo la competencia lectora.

CAPÍTULO 14

Ideas para un Yo Exitoso BTM

Las ideas sugeridas aquí son una guía para un modelo de programa de nivel básico a corto plazo.

El entrenamiento intensivo de balbuceo es la única manera de superar el acento de la lengua materna y facilitar la adquisición de la misma.

Para mejorar la competencia oral para niveles superiores, se recomienda encarecidamente realizar un entrenamiento de balbuceo mucho más intensivo que una cantidad extendida de entrada real antes de comenzar el entrenamiento de balbuceo de segundo nivel para leer.

Un aporte real de 500 a 1000 expresiones para hablar es el nivel mínimo para el entrenamiento de balbuceo de primer nivel. Para un mejor rendimiento, recomiendo encarecidamente un aporte real de 2000 a 3000 expresiones o incluso más, ya que es la única manera mejor y más rápida de adquirir un nivel superior de competencia oral.

Cuanto mayor sea la cantidad de expresiones de entrada real para hablar, mayor será la competencia oral nativa que se alcanzará.

Los estudiantes que ya han adquirido las habilidades de lectura y escucha a través de los métodos tradicionales querrán centrarse en gran medida en el entrenamiento Babble para obtener un número máximo de expresiones para aprender la variedad de expresiones útiles tal como son y volverse fluidos en sus actividades diarias, sociales y profesionales.

1

Obstáculos para el uso de BTM en programas públicos

Lo que escribí en este libro tiene como objetivo principal introducir el concepto de BTM y mostrar cómo aplicarlo a los programas de lenguaje público en general. Por lo tanto, algunas ideas específicas que propuse, en cuanto a la cantidad de entrada real y la duración del programa, podrían requerir ajustes para adaptarse a los entornos reales de cada individuo. programas.

Los programas de idiomas, ya sea en escuelas públicas o privadas, y ya sea en escuelas primarias o universidades, tienen todo tipo de obstáculos que superar para aplicar con éxito el BTM en sus programas.

Entre los muchos obstáculos que he enfrentado como profesor de idiomas, creo que el desafío más crítico para implementar el BTM en los programas públicos de idiomas reside en las autoridades y los docentes que los han dirigido durante siglos. Deben comprender que los programas convencionales de larga duración han fracasado rotundamente en la adquisición de las lenguas meta; que los programas intensivos de gramática previos a la adquisición son absolutamente perjudiciales en muchos aspectos e interfieren gravemente con la adquisición; y que el lenguaje se adquiere únicamente mediante el entrenamiento de balbuceo repetido con información real, lo que yo llamo BTM, al igual que los bebés adquieren su lengua materna.

Sin el reconocimiento de estos hechos cruciales, no se pueden esperar cambios significativos en los programas de idiomas públicos. Así como a la humanidad le resultó muy difícil aceptar el universo heliocéntrico durante mucho tiempo, sería todo un reto para la mayoría de las autoridades y profesores comprender estos hechos cruciales y abandonar por completo los programas convencionales.

Incluso si descubrieran la eficacia del BTM, no abandonarían el programa convencional por mucho tiempo. En cambio, podrían optar por combinar el BTM con los métodos convencionales y observar cómo funciona, lo cual comprometería significativamente la eficiencia del BTM por diversas razones.

He probado BTM no solo en los programas universitarios que impartí para enseñar coreano, sino también en los programas privados que impartí para enseñar inglés a pequeños grupos de inmigrantes coreanos durante muchos años. Aprendí sobre algunos desafíos importantes para ejecutar los programas con éxito.

Para el programa universitario, el problema más grave es que el currículo no garantiza el mínimo de dos años, que, en mi opinión, se requiere para adquirir un idioma a nivel elemental. Los estudiantes solo necesitaban cursar tres semestres de un programa de idiomas para cumplir con el requisito, y, sin embargo, muy pocos estudiantes completaban siquiera tres semestres para cursar un programa de BTM bastante exigente (para un idioma que no era tan popular, al menos en aquel entonces, ni tan fácil de aprender) en comparación con los programas convencionales menos exigentes. En los programas universitarios, las clases que no alcanzaban el número mínimo requerido de estudiantes se cancelaban.

Sin embargo, observé un éxito considerable en estudiantes que hablaban con fluidez usando las expresiones aprendidas con el programa BTM. Lamentablemente, sabía que pronto las perderían si no mantenían el entrenamiento de balbuceo durante al menos dos años. Basándome en mi propia experiencia con la adquisición del inglés y en la observación de la adquisición del idioma en otros, diría que cada expresión requeriría entrenamiento de balbuceo o práctica repetida durante al menos dos años para permanecer en la memoria a largo plazo y contribuir a su adquisición.

Para los programas privados, los estudiantes eran adultos con trabajos de tiempo completo entre 40 y 50 años, lo que, con base en mi hipótesis de entrada-salida, significa que tienen el nivel más fuerte de resistencia lingüística para superar. La mayoría de los estudiantes lo hicieron bien. Sin embargo, el mayor problema fue nuevamente que los programas no podían durar más de un año. Los estudiantes tuvieron que abandonar el programa por varias razones personales relacionadas con sus trabajos, salud y problemas familiares. Entonces, aunque aprenderían alrededor de 800 a 1000 expresiones independientes durante el tiempo, las perderían pronto a menos que mantuvieran Babble Training sobre ellas al menos durante otro año más o menos hasta que esas expresiones se procesen repetidamente en su LAD lo suficiente para que adquieran los factores de adquisición necesarios, como la intuición lingüística, la capacidad física y el recurso lingüístico.

Como mencioné anteriormente, los programas públicos y privados presentan diversos obstáculos y dificultades para alcanzar el objetivo de aprender un idioma. Por lo tanto, un estudiante puede considerar aplicar el BTM a su propio estudio.

2

Empleo de BTM para el autoaprendizaje

Antes de comenzar el autoaprendizaje, el estudiante debe saber que la gramática (prescriptiva) no solo es innecesaria, sino que también es muy perjudicial para la adquisición. Será difícil aceptar esto. Relájese y tenga la seguridad de que será mucho más exitoso aprender un idioma sin la interferencia de la gramática. Si ya tiene una sólida base gramatical, lo siento, es una mala suerte. Quien tenga una sólida base gramatical tendrá mucho más tiempo y dificultades para atravesar el túnel de la adquisición. La gramática, que principalmente sirve como regla para controlar las expresiones y la lógica del pensamiento, es básicamente un conjunto de malos hábitos adquiridos durante el proceso y como resultado del aprendizaje gramatical. Así que, deshágase de ella. Gramática. Evita la gramática tanto como puedas. Empieza con el BTM y la gramática se adquirirá de forma natural durante el proceso y como resultado de la adquisición.

El estudiante también debe saber que no se requieren habilidades de lectura, comprensión auditiva ni escritura para adquirir un idioma. Mientras se posean las habilidades de escuchar, repetir, recitar e imitar expresiones, no se necesitarán otras habilidades para adquirirlo. Sin embargo, sería de gran ayuda poder reconocer los sonidos de las letras, caracteres o alfabetos del idioma meta.

Para comenzar el autoaprendizaje con BTM, es necesario encontrar libros de texto con información real o expresiones personales que se puedan usar en las actividades diarias. Además, el libro de texto debe incluir audios con la voz de un hablante nativo. Lo ideal sería que los libros de texto fueran bilingües para que el estudiante pueda comprender fácilmente las expresiones.

Estos libros de texto sirven para entrenar el habla. Para adquirir el idioma meta a un nivel principiante, se necesitan al menos mil expresiones reales. Cuantas más expresiones reales se aprendan, mayor fluidez y nivel avanzado de aprendizaje se alcanzará.

3

Entrenamiento de balbuceo para hablar

Una vez que uno encuentra u obtiene libros de texto que utilizan información real, puede hacer Babble Training de la siguiente manera:

1. Dedique de una a dos horas intensivas, o según sea necesario, cada día a escuchar, repetir después del audio para memorizar y practicar nuevas expresiones, y a crear un conjunto de información real en su Dispositivo de Adquisición del Lenguaje. De diez a quince expresiones al día, o tanto como pueda, será suficiente. Al principio, puede ser bastante difícil aprender de diez a quince expresiones en una o dos horas. Sin embargo, a medida que uno se familiariza con el idioma, y dependiendo de las habilidades individuales, solo se necesitarán unos 30 minutos para aprender de diez a quince expresiones.

2. Dedica una o dos horas de relajación, o según sea necesario, cada día a practicar las expresiones aprendidas durante los últimos 7 días. Las horas de relajación se refieren a aquellos momentos en los que puedes escuchar y repetir

después, o recitar esas expresiones mientras realizas varias tareas al mismo tiempo, como conducir, descansar, ir en bicicleta, tomar el autobús, hacer ejercicio, etc.

3. Dedica aproximadamente una o dos horas de descanso o según sea necesario cada semana para practicar las expresiones adquiridas durante los últimos 15 días.

4. Dedica aproximadamente una o dos horas de relax o según sea necesario cada mes para practicar las expresiones adquiridas durante el mes pasado.

5. Al terminar un libro, tómate el tiempo necesario para repetirlo dos veces más antes de empezar uno nuevo. Para esta reseña, empieza desde el último escenario, repasando el libro en orden inverso.

6. Cuando el libro haya sido revisado dos veces con éxito, comience un nuevo libro siguiendo los pasos 1 a 5 anteriores.

7. Siguiendo los pasos del 1 al 5, tómate el tiempo que necesites cada tres meses para repetir todos los libros o expresiones adquiridos en el pasado.

Todo el proceso de Babble Training llevará a los estudiantes a fuertes niveles de inmersión mental en el idioma objetivo y aumentará la eficiencia de la adquisición.

Si un estudiante puede adquirir con fluidez unas dos mil expresiones reales de esta manera, se puede decir que ha alcanzado el nivel elemental del idioma. De esta manera, los estudiantes pueden adquirir un idioma a este nivel en dos o tres años. Si se continúa con el entrenamiento de Babble para obtener más expresiones reales, se puede avanzar a niveles superiores. De esta manera, se puede adquirir el idioma a un nivel avanzado, algo que un adulto no podría lograr mediante la inmersión física en el país de la lengua meta durante el mismo período.

4

Entrenamiento de autobalbuceo para leer

Tras un entrenamiento de balbuceo exitoso para captar entre 500 y 1000 expresiones (o más, según se desee) de entrada real, y manteniendo el entrenamiento para una mayor cantidad y un nivel más alto de entrada real, se puede añadir el entrenamiento de balbuceo a la lectura. El libro de texto de entrenamiento de balbuceo para leer debe incluir audiolibros con la voz de un hablante nativo para que el entrenamiento de balbuceo también pueda escucharse.

Los libros de texto ideales para el entrenamiento de balbuceo serían bilingües, lo que permite a los estudiantes comprender las oraciones agilizar el proceso. Además, este formato bilingüe les permitirá comparar su comprensión de las oraciones con la traducción y corregir errores al comprender palabras u oraciones específicas. Se pueden elegir libros sobre temas de interés.

Además, uno necesitaría cuadernos para guardar el vocabulario que uno adquiere durante el entrenamiento Babble para poder leer.

1. Dedica una o dos horas intensivas, o según sea necesario, cada día a estudiar vocabulario; adivinar el significado de las oraciones basándose únicamente en el significado de las

palabras correspondientes; comparar el significado con la traducción; y corregir los errores que hayan llevado a una mala interpretación de la oración. Al principio, es posible que solo puedas leer algunas oraciones durante las dos horas intensivas. Sin embargo, el ritmo irá aumentando a medida que avances gradualmente.

2. Anota el vocabulario nuevo en el cuaderno. Luego, coloca cada palabra en cuatro o cinco páginas diferentes para que aparezcan en el libro, con intervalos de páginas crecientes, como 5, 10, 15 y 20 páginas, respectivamente. De esta manera, podrás memorizar las palabras a medida que avanzas en la lectura.

3. Utilice los tiempos libres cada día para visitar el cuaderno de vocabulario para revisar los elementos léxicos ingresados en el cuaderno previamente.

4. Una vez que se haya terminado de leer un libro, léalo tres o cuatro veces más antes de comenzar a leer uno nuevo, siguiendo los pasos 1 a 3 mencionados anteriormente. Al repetir el libro, se desarrollará una intuición sólida para comprender las oraciones del idioma meta. Además, se obtendrán expresiones que se podrán usar en la conversación creativa y en el entrenamiento de balbuceo para escribir posteriormente.

5

Entrenamiento de autobalbuceo para escuchar

Cuando el entrenamiento de lectura del libro n.º 1 se repite con éxito tres o cuatro veces, se puede añadir el entrenamiento de escucha comenzando a escuchar la versión en audio del mismo libro n.º 1. Se puede empezar a practicar la escucha durante 5 a 10 minutos, cubriendo unas 2 o 3 páginas a la vez, y repetirlo tantas veces como se pueda al día.

Luego, completa la repetición tres o más veces de la escucha del libro n.º 1 antes de comenzar el entrenamiento de balbuceo para leer el libro n.º 2. Con esto termina el entrenamiento de balbuceo para leer y escuchar el libro n.º 1.

El entrenamiento de escucha auditiva, basado en la escucha de los mismos libros de texto, con los que ya se está familiarizado gracias a repetidas sesiones de entrenamiento, ayudará a mejorar la comprensión auditiva de forma muy eficaz. Además, al repetir el mismo libro seis u ocho veces al leer y escuchar, el vocabulario y las oraciones se enriquecerán y serán fáciles de usar en conversaciones reales.

A través de este método de entrenamiento para escuchar, uno descubrirá que es mucho más fácil y efectivo que intentar escuchar programas de televisión, películas o programas de radio.

Se necesitaría entrenamiento de balbuceo para leer y escuchar cinco o seis libros, o más, según se desee. Esto sin duda permitirá adquirir habilidades de lectura y escucha.

6

Entrenamiento de autobalbuceo para escribir

Si bien uno sigue con éxito el entrenamiento de auto-balbuceo para hablar, leer y escuchar, como se describió anteriormente, puede incorporarlo a la escritura comenzando a escribir un diario. Escribir un diario no tiene por qué ser una escritura creativa. Se pueden copiar oraciones de los libros de texto que se usaron para aprender a hablar, leer y escuchar. O bien, se pueden hacer pequeños cambios en esas oraciones, reemplazando palabras según sea necesario para escribir el significado propio en el diario. Escribir el primer diario será el más difícil. Sin embargo, se volverá más rápido y fácil a medida que se escribe cada día.

7

Entrenamiento de autobalbuceo para aprender gramática

Una vez que el estudiante alcance el nivel de entrenamiento de Babble para escribir, habrá adquirido un nivel muy sólido de gramática intuitiva. No es necesario estudiar la gramática sistemática. Basta con revisar el libro de gramática y descubrir que ya ha adquirido la mayoría de las habilidades gramaticales.

Sin embargo, estudiar la gramática a fondo en este nivel ayudará a manejar expresiones gramaticalmente complejas. Al estudiar gramática, se experimentarán muchos momentos de revelación.

8

Finalización del BTM para autoaprendizaje

Todo el proceso de entrenamiento acumulado de Babble para hablar, leer, escuchar y escribir puede tomar al menos unos buenos tres o cuatro años, si no más, dependiendo de las variables del deseo del individuo y de sus contribuciones al programa.

Al finalizar un entrenamiento Babble exitoso, uno tendrá una adquisición muy fuerte y sólida de factores de adquisición tales como la intuición lingüística, la capacidad física y los recursos lingüísticos para dominar el habla, la lectura y la escritura en el idioma meta.

REFERENCIAS

Bloom, Paul (1994) *Adquisición del lenguaje.* The MIT Press.

Bragger, Jeannette D. (1986) "Enseñanza para la competencia: ¿estamos preparados?".

ADFL Boletín 18, no. 1 (septiembre 1986): 11-14.

Crystal, David. (1991) *Diccionario de lingüística y fonética.* Blackwell Publishers Ltd.

Freed, Barbara F. (1989) "Perspectivas sobre el futuro de la enseñanza y la evaluación basadas en la competencia". Boletín ADFL 20, n.º 2 (enero de 1989): 52-57.

Hudson, Mutsuko Endo. (2007) " Taller sobre instrucción de idiomas orientada a la competencia ".

Lee, Cheol Beom. (2005) *Nuevo TESL Plus.* Chonghap Press.

Phillips, June K. (1985) "Resultados y expectativas en un programa orientado a la competencia: Hacia objetivos realistas". Boletín ADFL 16, n.º 3 (abril de 1985): 9-12.

Slobin, Dan Isaac (1979) *Psicolingüística.* Scott, Foresman and Company.

Universidad de Idaho en línea. (2007) "Métodos de enseñanza y su correlación con el aprendizaje en el aula de idiomas". http://ivc.uidaho.edu/flbrain/learning.htm.

Stephen Krashen (15 de octubre de 2010), Stephen Krashen sobre la adquisición del lenguaje (https://www.google.com/search?q=krashen&rlz=1C1CHBD_enUS851US851&sxsrf=ALiCzsYuNsyxIYdBbfHtD2xZZnUj37B5e-Q:1670791715029&source=lnms&tbm=vid&sa=X-&ved=2ahUKEwjw0auVuPL7AhXRIDQIHf3eCK8Q0pQ-JegQIBRAG&biw=1600&bih=757&dpr=1#fpstate=ive&vld=cid:9baca7e6,vid:NiTsduRreug)

Stephen Krashen (26 de diciembre de 2019), Entrada óptima

(https://www.google.com/search?q=optimal+input&rlz=1C1CHBD_enUS851US851&biw=1600&bih=757&tbm=vid&sxsrf=ALiCzsbJLhEpiMtsdSoiAgN4z-7tImJIArw%3A1670791723672&ei=K0KWY_POKIGB0PEPo4mp6Ac&oq=op&gs_lcp=Cg1nd3Mt-d2l6LXZpZGVvEAEYADIECAAQQzIFCAAQgAQy-CAgAEIAEELEDMgsIABCABBCxAxCDATIL-CAAQgAQQsQMQgwEyCwgAEIAEELEDEIMBMg-gIABCxAxCDATIFCAAQgAQyBQgAEIAEMgsIAB-CABBCxAxCDAToECCMQJ1CnFFiKF2DqLWgC-cAB4AIABmgGIAeACkgEDMS4ymAEAoAEBwAEB&s-client=gws-wiz-video#fpstate=ive&vld=cid:7cebafee,vid:S_j4JELf8DA)